한 손에 잡히는

학급경영과
교직실무

조동섭 · 김왕준
안병천 · 김수미 · 김민규 · 서석호 · 문준영 공저

Teaching Profession

학지사

요즘 교사되기가 하늘의 별따기만큼 어렵다. 우선 교사를 양성하는 대학에 들어가기가 소위 'SKY대학'만큼이나 힘들고, 대학을 졸업하고도 이른바 '교원고시'라고 부르는 교원임용시험에 합격하기가 너무나도 어렵기 때문이다. 그렇지만 그 어려운 교원임용시험에 합격하여 교사가 되었다고 하더라도 교사되기의 어려움은 끝나지 않는다.

지금 교사는 거친 학생과 극성인 학부모로 인해 교사 노릇하기가 너무 힘들다고 하소연한다. 학교폭력이 사회문제로 등장할 정도로 인성교육과 생활지도 문제가 심각한 상황이며, 자녀교육에 대한 열성을 넘어 극성인 학부모가 교사의 일거수일투족을 지켜보며 학교교육에 참여하고 관여하고 있다. 그래서 교사되기보다는 좋은 교사되기가 더 어렵다는 말이 나오고 있다.

대부분의 교사는 교직의 과업과 직무 중에서 가장 어려운 일이 학급경영이라고 말한다. 수업이나 교과지도보다는 생활지도와 훈육, 다양한 사무와 학부모 관리 등을 훨씬 더 어렵게 느끼는 것이다. 일반교사도 이러한 상황인데, 새로 교직에 입문하는 초임교사의 경우는 말할 것도 없을 것이다. 따라서 담임교사의 학급경영 역량을 길러 주는 일은 학교교육의 성공과 우리 교육의 발전에 가장 시급하고도 필요한 일이라고 말할 수 있다.

그동안 우리나라에서 예비교사의 학급경영 능력을 함양하기 위한 학급경영과 교직실무에 대한 전문서적이 다수 출판되었다. 그러나 대부분의 서적은 이론에 치우쳐 예비교사나 초임교사에게 실질적인 도움을 주기에는 미흡한 측면이 많았다. 이에 우리는 실제적인 측면에서 예비

교사와 초임교사가 학급경영 실무를 체계적이고 효과적으로 익힐 수 있도록 학급경영 역량계발 프로그램을 개발하고 이를 책으로 만들어 출판하게 되었다.

따라서 이 책은 효과적인 학급경영과 교직실무를 위한 입문서라고 할 수 있다. 우리는 이를 위해 학교현장에서의 활용성을 고려하여 학급경영의 세부 주제를 설정하고, 각 주제별로 기본 이론과 실제 사례 등을 정리하여 제시하였으며, 이를 토대로 학급경영의 각 세부 활동에 대해 스스로 계획을 수립해 보고 가상적으로 실행해 보도록 전체 내용을 구성하였다.

이 책은 13개 주제로 구성되어 있다. 제1장에서는 학급경영에 대한 전반적인 개요를 다루었고, 제2장에서는 학급경영 계획하기, 제3장에서는 학생실태조사, 제4장에서는 학급규칙 만들기, 제5장에서는 학급조직의 구성과 운영하기, 제6장에서는 학급환경 구성하기, 제7장에서는 학습지도하기, 제8장에서는 생활지도하기, 제9장에서는 학급특색 프로그램 개발하기, 제10장에서는 학교행사활동 운영하기, 제11장에서는 학급사무 관리하기, 제12장에서는 학부모와의 관계 형성하기, 제13장에서는 학교폭력과 안전사고 대응하기를 다루었다.

이러한 주제와 내용을 설계하기 위해 우리 집필진은 수많은 검토와 토론과정을 거쳤다. 교육경력 5년에서 10년 사이의 초등교사 5인이 이 책의 집필에 참여하였다. 그들은 실제적인 경험을 통해 초임교사가 정말 어려워하고 꼭 필요로 하는 내용과 자료가 무엇인지를 매우 잘 알고 있는 교사다. 교육대학원에서 학급경영론 강좌를 통해 그 이론과 실제를 공부하면서 학문적으로도 튼튼한 기반을 갖춘 것도 이들의 장점이다.

그래서 이 책은 예비교사의 학급경영 능력을 함양하기 위한 지도서로서뿐만 아니라 경력교사가 자신의 학급경영을 반성하고 새롭게 학급경영을 설계하고 운영하는 데에도 의미 있는 참고서로서 활용할 수 있을 것으로 생각한다. 그렇지만 우리의 능력 부족과 한계로 미흡한 점도 있다. 앞으로 보완해야 할 것은 기회가 닿는 대로 개정하여 더욱더 유익한 책으로 발전시켜 나가고자 한다. 독자의 많은 지도와 편달을 부탁드린다.

이 책이 나오기까지 우리는 많은 도움을 받았다. 각자의 강의와 수업을 마치고 늦은 밤까지 그리고 주말조차도 반납하고 연구실에 모여 집필내용을 검토하고 토론하는 동안 묵묵히 기다려 준 가족의 희생에 먼저 미안함과 함께 감사의 마음을 전한다. 또 집필진으로 참여하지는 않았지만, 관련 주제와 내용에 대한 정보와 자료를 제공하고 조언을 아끼지 않은 많은 선생님, 그리고 미흡한 내용을 발간할 수 있도록 지원하고, 이렇게 훌륭한 책으로 만들어 준 학지사 김진환 사장님과 관계자 여러분에게도 심심한 감사의 말씀을 드린다.

2014년 2월 삼막산 기슭에서
집필진을 대표하여
조동섭, 김왕준

차 례

제1장

학급경영이란

       교육대학교를 졸업하고 임용시험에도 합격하여 마침내 꿈에 그리던 초등학교 교사가 되었다. 오늘은 교사로서의 첫날, 아침 일찍 신규 발령지인 하늘초등학교로 출근하였다. 신임 인사를 드리기 위해 교장실에 들른 나는 5학년 2반의 담임을 맡아 달라는 교장 선생님의 말에 깜짝 놀랐다. 막연히 교사가 된다는 설렘과 기쁨으로 들떠 있었는데, 막상 한 학급의 담임이 된다는 말을 들으니 당혹스럽고 두렵기까지 했다.

       오늘 교실에 들어가 처음 할 일은 무엇일까? 아이들에게는 도대체 무슨 말을 해야 할까? 30명이나 되는 이 학생들을 어떻게 가르쳐야 하고, 아이들에게 어떤 비전을 심어 주고 어떻게 생활하도록 지도해야 할까? 그야말로 학급 담임을 맡는다는 것이 크나큰 부담으로 다가왔다. 교육대학교를 다니면서 수업을 통해 학급경영을 잠깐 배우고, 교육실습을 나가 2주 동안 실무실습을 하긴 했지만, 막상 담임교사가 된다고 하니, 담임교사가 무엇을 하고 어떻게 학급을 맡아 경영하는 것인지에 대해 막막하기만 했다.

〈이준우, 증포초등학교 교사, 교직 경력 1년차 신규교사〉

- 학급경영이 무엇인지를 이해한다.
- 학급경영을 보는 시각에는 어떤 관점이 있는지를 이해한다.
- 학급의 조직적 특성에 대해 이해한다.
- 학급경영의 핵심적인 과업은 무엇인지를 이해한다.

1. 학급경영이란

학급경영(class management)은 학교 학습에서 핵심적 요인이다. Wang 등(1993: 75)의 연구에 따르면, 학급경영은 학생의 학습에 영향을 미치는 여러 가지 요인 가운데 가장 큰 영향을 끼치는 요소다. 그것은 학생의 가정환경이나 또래집단, 학교 문화, 교육과정과 수업, 그리고 학교정책보다도 큰 영향을 미치는 것으로 나타나고 있다[그림 1-1]. 그런데 교사가 가장 어렵다고 느끼는 과업 또한 학급경영인 것으로 나타나고 있다(류방란, 이혜영, 2002: 66-67).

학급경영이란 무엇인가? 그것은 말 그대로 학급을 경영하는 활동이다. 이때, '학급'이란 교육의 목적을 달성하기 위해 합리적이고 의도적으로 구성한 일단의 학생 집단을 말한다. 구체적으로 말해, 보다 효과적인 교육을 위해 신체적·정신적으로 발달 단계가 비슷한 연령의 학생을 인위적이고

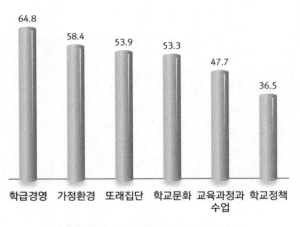

그림 1-1 학생의 학습에 미치는 요인

합리적으로 구성해 놓은 학습 집단이고 생활 집단인 것이다. 또 '경영'이란 기업이나 사업, 혹은 조직 등을 관리하고 운영하는 것을 말한다. 즉, 어떠한 목적을 달성하기 위하여 활동하는 일단의 조직체를 계획적이고 체계적으로 운용·관리하는 일을 말한다.

따라서 학급경영은 교육의 목적을 효율적으로 달성하기 위해 구성된 학급을 계획적이고 체계적으로 관리하고 운영하는 활동을 말한다. 구체적으로, 그것은 학급을 대상으로 교육활동을 계획하고 실천하고 평가하는 직접적인 교육활동이면서 동시에 그 교육활동이 효율적으로 이루어질 수 있도록 이끌어 가고 도와주는 교육지원 활동이다.

이러한 학급경영에 대해 학자는 크게 세 가지 관점으로 나누어 그 개념을 정의하고 있다. 즉, 학급경영을 질서유지 활동으로 보는 관점, 조건정비 활동으로 보는 관점, 교육경영 활동으로 보는 관점이다(윤정일 외, 2012; 박병량, 2003).

첫째, 질서유지 활동으로 보는 관점은 학급경영을 교육과정과 수업의 목적을 효과적으로 달성하기 위해 학급 질서를 유지하는 활동으로 정의한다. 훈육의 측면에서는 '학급에서 발생하는 문제행동을 다루는 일', 학생생활지도의 측면에서는 '문제행동을 예방하고 선도하는 일', 학급행동지도의 측면에서는 '학급상황에 따라 요구되는 행동을 수행하도록 하는 일'이라고 보는 관점 등이 모두 여기에 속한다. 학급경영을 '학급 내 질서 문제를 해결하기 위해 교사가 사용하는 행동과 전략'이라고 말하는 Doyle(1986: 397)의 정의가 이러한 입장을 대표하고 있다.

둘째, 조건정비 활동으로 보는 관점은 학급경영을 교육의 조건을 정비하고 조성하는 활동으로 정의한다. 즉, 학급경영은 수업을 위한 바람직한 환경을 정비하고 조성하는 활동이다. 이는 학급활동을 수업활동과 경영활동으로 분리하고 경영활동은 수업을 위한 조건정비와 유지활동으로 한정하는 입장이라고 할 수 있다. 학급경영은 '교수와 학습이 일어날 수 있는 환경을 확립하고 유지하는 데 필요한 조건과 규정을 만드는 일'이라고 말하는 Duke(1979: xii)의 정의가 이러한 시각을 대표하고 있다.

셋째, 교육경영 활동으로 보는 관점은 학급경영을 학급을 효율적으로 경영하는 활동으로 정의한다. 즉, 학급이라는 교육조직을 경영학적 관점에서 관리·운영하는 일이다. 그래서 학급의 관리와 운영에 다른 조직을 경영하는 방식을 적용하여 효율적으로 관리·운영하려고 하는 것이 바로 학급경영이다. 학급경영을 '교육목표를 달성하기 위해 필요한 조정과 협동에 초점을 두어 수행하는 교사의 활동'으로 정의하는 Johnson과 Brooks(1979: 41)가 이 시각의 대표자다.

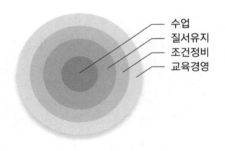

그림 1-2 학급경영을 보는 관점

2. 학급의 조직적 특성

일반적으로 조직은 공동의 목적을 가지고, 수행해야 할 일정한 과업을 가지며, 구성원이 일정한 지위와 역할을 바탕으로 상호작용하고, 집단적으로 함께 한다는 집합 의식과 응집력을 지니고 있다. 학급도 하나의 조직으로서 그러한

그림 1-3 초등학교 교실 모습

특성을 가지고 나름대로 독특한 특성을 지니고 있다. 학급이라는 조직도 특정한 지위와 역할로 구조화된 구성원이 상호작용하면서, 공동의 목적 달성을 위해 노력하는 독특한 특성을 가지고 있는 것이다.

사실 학급이라는 조직은 교육 목적의 달성을 위해 특정 연령층의 학생을 모아 의도적이고 합리적으로 구성한 집합체다. 그래서 학급은 일차적으로 수업을 효율적으로 실시하기 위해 구성된 집단이라고 할 수 있다. 학생을 교육하기 위해 특별히 만든 것이 학교이고, 거기에 교실을 만들어 일정한 학생을 효과적으로 가르치기 위해 만든 것이 학급인 것이다. 그러나 교실은 수업만을 하는 곳이 아니다. 학생은 거기서 수업을 받고 학습을 하기도 하지만, 다른 학생과 상호작용하면서 공동생활을 영위해 나간다. 그래서 학급은 수업과 학습의 장이기도 하지만 생활의 장이고

삶의 장이라고 할 수 있다. 학생은 학급에서 다른 학생과 때로는 교사와 공동의 삶
과 생활을 영위하고 있는 것이다.

그렇게 볼 때, 학급은 하나의 독특한 사회체제라고 할 수 있다. Getzels와 Thelen
(1960)은 이러한 학급을 하나의 독특한 사회체제라고 부르면서, 그 특징을 학급의
목적, 참가자, 리더십, 관계 측면에서 다음과 같이 설명하고 있다.

구 분	특 성
목 적	• 학습하는 것이 일차적 목적이다. • 학습의 목표와 성취 과정은 학급이 구성되기 전에 이미 정해져 있다. • 평가와 목표의 설정, 그리고 교수-학습 방법의 결정 단계에서 구성원의 참여는 거의 이루어지지 않는다.
참여자	• 학생은 규범에 따라 의무적으로 참여하기로 되어 있다. • 출생연도와 거주 지역이 학교와 학급 배치를 결정짓는다. • 학급의 구성원은 그룹의 구성에 어떤 결정권도 갖지 못한다.
리더십	• 리더는 구성원의 동의 혹은 참여 없이 선택된다. • 집단의 합의보다는 법과 관습이 리더의 권한을 결정한다. • 표현과 이동의 자유는 리더에 의해 통제된다.
관 계	• 타인에 의해 학급에서 허용되는 것과 금지되는 것이 대부분 결정된다. • 다른 집단에서의 멤버십이 학급 규범의 수용과 거부에 강력한 영향을 발휘하기도 한다. • 다른 집단이 종종 학생과 교사의 일을 주의 깊게 면밀히 살펴본다.

박병량과 주철안(2001: 479), 박병량(2003: 113)은 이러한 학급의 특성을 Schmuck과
Schmuck(1992)를 인용하여 다음과 같이 네 가지 특성으로 정리하면서 학급경영에
서 유의해야 할 점을 설명하고 있다(유길한 외, 2005: 46).

첫째, 학급집단은 상호작용과 구성원 간의 의존성을 특징으로 한다. 학급에서
교사와 학생, 학생과 학생 간의 상호작용은 학생의 지적·정의적 행동에 큰 영향을
미친다. 따라서 학급은 그러한 개인 상호 간 그리고 학급소집단 간 상호의존적 관
계를 가지면서 과업을 수행하기 때문에 그 상호작용의 효율화를 위해 많은 관심을
기울여야 한다.

둘째, 학급집단에서는 급우 간의 상호작용이 매우 중요하다는 특징을 가진다. 좋은 급우 관계는 학생에게 긍정적인 피드백을 주고 좋은 학급 분위기를 형성한다. 따라서 교사는 급우 간의 관계의 중요성을 인식하고 좋은 급우 관계를 발전시킬 수 있는 기회를 주고 또 권장하여야 한다.

셋째, 학급집단은 공동 목표를 수행하는 집단이라는 특성을 가진다. 학급에서는 학급공동의 학습 목표가 추구되고 또 소집단이나 학생 각자의 목표가 추구된다. 따라서 공동 목표를 체계적으로 설정하고 소집단과 학생 각자의 목표가 이와 관련될 수 있도록 해야 한다.

넷째, 학급집단은 사회적 구조를 통해 상호작용한다. 학급에서는 반복되는 상호작용의 형태는 규범, 역할, 지위 등과 같은 사회적 구조를 형성한다. 따라서 학급경영에서는 학급의 원활한 운영을 위한 효율적인 사회적 구조의 형성에 많은 관심을 기울여야 한다.

3. 학급경영의 과업

학급경영에서는 무엇을 하는가? 이에 대답하기 위해서는 먼저 학급경영에 대한 두 가지 다른 견해를 살펴볼 필요가 있다. 즉, 학급경영은 수업을 포함하여 학급에서 이루어지는 모든 활동을 대상으로 한다는 견해, 그리고 학급활동 중에서 수업을 제외한 나머지 활동만을 대상으로 한다는 견해다(윤정일 외, 2012).

학급경영에 대한 이러한 다른 견해는 앞에서 설명한 학급경영에 대한 관점과 관련되어 있다. 다시 말해, 전자의 견해는 학급경영을 교육경영 활동으로 보는 관점과 관련되어 있으며, 후자의 견해는 학급경영을 질서유지 활동으로 보는 관점과 조건정비 활동으로 보는 관점과 관련되어 있다.

우선 학급경영을, 수업을 포함한 학급활동 전체로 보는 견해는 교육경영으로서의 학급경영관에서 나타난다. 이러한 견해를 보이는 학자는 학급경영의 과업이 수업을 포함한 학급활동 전반이라고 생각한다. 교사의 역할 중에서 가장 중요한 것이 수업이다. 따라서 학급경영의 과업은 그 수업의 효율화를 위해 교육과정과 수업을 계획하고, 학급의 자원을 조직하고, 학급의 행동규칙과 절차를 정비하고, 학급환경을 정비 조성하고, 학생의 학습 진도 등을 점검한다. 또한 학급에서 발생 가능한 문제를 예측하고 해결하는 활동 등을 통해 학급활동 전체를 조화시키고 활성화시키는 활동을 포함한다(Lemlech, 1988: 5).

한편 학급활동을 수업과 경영활동으로 구분하고, 학급경영은 수업을 제외한 모든 활동이라고 보는 견해는 질서유지로서의 학급경영관과 조건정비로서의 학급경영관에서 나타난다. 이러한 견해를 보이는 학자는 학급경영의 과업이 수업을 효율적으로 지원하기 위한 활동이라고 생각한다. 즉, 효과적인 수업을 위해 환경을 조장하고 수업 분위기를 유지하는 다음과 같은 조장과 유지활동이라고 주장하고 있다(Johnson & Bany, 1970: 63-65).

- **조장활동**(facilitation activities): 학급을 협동적 사회체제로 발전시키는 활동으로, ① 학급집단의 통합적이고 협동적인 관계 수립, ② 학급에서의 행동 기준이나 규칙의 확립과 과업 수행 절차의 조정, ③ 문제해결 방식에 의한 학급체제 내의 조건 개선, ④ 학급체제 조건의 수정 및 변화 등의 활동이 포함된다.
- **유지활동**(maintenance activities): 학급집단의 인간관계에서 발생되는 문제를 조정하는 과정으로서 역동적이고 안정감 있는 학급 분위기를 조성 유지하는 활동으로, 학급 구성원의 갈등을 해소하고 사기를 진작시키며, 환경의 변화에 대한 적응력을 키워 주는 활동 등이 포함된다.

이러한 두 가지 다른 견해는 나름대로 의의를 가진다. 그러나 학급경영을 수업을 제외한 활동으로만 보는 것은 아무래도 무리가 있다. 그것은 ① 학급경영을 질서유지나 조건정비의 측면에서만 파악하면 학급생활에서 가장 핵심적인 활동인 수업이 학급경영에서 소홀하게 취급될 수 있고, ② 학급은 최하위 단위조직이므로 분업적이라기보다는 통합적인 성격을 지녀야 하며, ③ 실질적으로 학급에서 수업활동과 경영활동은 유기적 관련을 맺고 있어 경영활동과 수업활동을 명확히 구별하기가 힘들기 때문이다(김명한 외, 1988: 435).

이러한 점은 학급담임제를 채택하고 있는 초등학교의 경우에는 아주 분명하다. 다만 교과담임제를 채택하고 있는 중등학교에서는 학급담임교사를 제외한 다른 교사의 수업활동이 해당 학급에서 이루어지고 있기 때문에 그들의 수업활동을 학급경영의 영역에서 제외하는 것이 일견 타당해 보인다. 그러나 학급경영은 어디까지나 수업의 효율화를 위해 학급을 관리·운영하는 활동이다. 따라서 그 핵심에는 항상 수업이 있고, 그 초점이 효과적인 수업의 구현과 교육목적의 달성에 맞추어져 있다. 그런 점에서 교과지도 활동을 포함한 모든 학급활동을 학급경영의 대상으로 하는 것이 보다 타당하기 때문에 여기서는 수업을 포함시켜 학급경영의 과업을 다음과 같이 제시한다.

- 교과지도: 교과지도, 특수아지도, 가정학습지도 등
- 교과 외 활동지도: 학생자치활동지도, 클럽활동지도, 학교행사 등
- 생활지도: 규범지도, 학급규칙 제정, 학교 및 학급 생활지도, 학업 및 교우관계 지도, 진학 및 진로지도, 건강지도 상담 등
- 학생 이해: 학생 특성 파악, 가정환경 및 교우관계 조사, 학생 상담 등
- 학급조직 및 프로그램 관리: 모둠 조직 및 관리, 학급특색 프로그램 개발 및 운영 등
- 시설 환경 관리: 시설 및 비품 관리, 게시물 관리, 청소 관리, 학급환경 관리 등
- 사무 관리: 전자문서를 포함한 각종 문서 관리, 학생기록물 관리, 각종 잡무 처리 등
- 가정 및 지역사회 관계 관리: 학부모와의 관계 유지, 지역사회와의 유대관계 유지, 봉사활동 등

이렇게 수많은 학급경영의 과업을 체계적이고 효과적으로 수행하기 위해서는 계획을 수립하여 실행하는 것이 필수적이라 할 수 있다. 먼저 교과지도의 경우, 각 학급은 다음과 같이 과목별·주별 연간 교육과정 운영 계획을 수립하여 활용하고 있다. 이 내용은 학급교육과정을 작성할 때 기본적으로 포함된다.

예시자료 1 연간 교육과정 운영 계획(일부)

주	기간	수업일수	수업시간	국어 (듣기, 말하기, 읽기, 쓰기)		도덕		사회		수학		영어	
1	3. 1. ~ 3. 5.	4	20	(듣기·말하기·쓰기) 1. 상상의 세계(4)	4	1. 귀중한 나, 참다운 꿈(1)	1	1. 우리 국토의 모습과 생활(1)	1	1. 분수의 나눗셈(2)	2	1. Where Are You From?(2)	2
2	3. 7. ~ 3. 12.	5	28	(듣기·말하기·쓰기) 1. 상상의 세계(1) ◆ 진단 평가(1) (듣기·말하기·쓰기) 1. 상상의 세계(2) (읽기)1. 상상의 세계 (2)	6			1. 우리 국토의 모습과 생활(1) ◆ 진단 평가(1) 1. 우리 국토의 모습과 생활(1)	3	1. 분수의 나눗셈(1) ◆ 진단 평가(1) 1. 분수의 나눗셈(3)	5	◆ 진단 평가(1) 1. Where Are You From?(2)	3
3	3. 14. ~ 3. 19.	6	33	(읽기) 1. 상상의 세계(5) ◆학부모총회수업(1)	6	1. 귀중한 나, 참다운 꿈(1) ◆학부모총회수업(1)	2	1. 우리 국토의 모습과 생활(3) ◆학부모총회수업(1)	4	1. 분수의 나눗셈(3) 2. 소수의 나눗셈(1) ◆학부모총회수업(1)	5	1. Where Are You From?(1)	1
4	3. 21. ~ 3. 26.	5	29	(듣기·말하기·쓰기) 2. 정보와 이해(6)	6			1. 우리 국토의 모습과 생활(2)	2	2. 소수의 나눗셈(4)	4	1. Where Are You From?(1) 2. Is This York Street?(2)	3
5	3. 28. ~ 4. 2.	6	33	(읽기) 2. 정보와 이해(6)	6	1. 귀중한 나, 참다운 꿈(1)	1	1. 우리 국토의 모습과 생활(3)	3	2. 소수의 나눗셈(4)	4	2. Is This York Street?(2)	2

6	4. 4. ~ 4. 9.	5	29	(듣기·말하기·쓰기) 3. 다양한 주장(6)		1. 우리 국토의 모습과 생활(2)	2	3. 각 기둥과 각뿔(4)	4	2. Is This York Street?(2) 3. Do You Like Spring?(1)	3
7	4. 11. ~ 4. 16.	6	33	(읽기) 3. 다양한 주장(3)	3	1. 우리 국토의 모습과 생활(1) 2. 우리 경제의 성장과 과제(1) ◆6학년 수학여행(1) 2. 우리 경제의 성장과 과제(1) ◆6학년 수학여행(9)	13	3. 각 기둥과 각뿔(1)	1	3. Do You Like Spring?(1)	1
8	4. 18. ~ 4. 23.	5	29	(읽기) 3. 다양한 주장(4) (듣기·말하기·쓰기) 4. 나누는 즐거움(2)	6	2. 우리 경제의 성장과 과제(3)	3	3. 각 기둥과 각뿔(4)	4	3. Do You Like Spring?(2)	2
9	4. 25. ~ 4. 30.	6	29	(듣기·말하기·쓰기) 4. 나누는 즐거움(3)	3	2. 책임을 다하는 삶 (1) — 2. 우리 경제의 성장과 과제(2)	1 / 2	4. 여러 가지 입체도형(4)	4	3. Do You Like Spring?(2) 4. When Is Your Birthday?(1)	3
10	5. 2. ~ 5. 7.	5	27	(읽기) 4. 나누는 즐거움(1) (듣기·말하기·쓰기) 4. 나누는 즐거움(4)	5	2. 우리 경제의 성장과 과제(3)	3	4. 여러 가지 입체도형(3)	3	4. When Is Your Birthday?(2)	2

3. 학급경영의 과업 ▮19

주	기간	계	국어		도덕		사회		수학		영어	
11	5. 9. ~ 5. 14. (4)	22	(읽기) 4. 나누는 즐거움(2) ◆중간 평가(1) (듣기·말하기·쓰기) 5. 사실과 관점(1)	4			2. 우리 경제의 성장과 과제(1) ◆중간 평가(1) 2. 우리 경제의 성장과 과제(1)	3	4. 여러 가지 입체도형(2) ◆중간 평가(1) 5. 원주율과 원의 넓이(1)	4	4. When Is Your Birthday?(1) ◆중간 평가(1) 4. When Is Your Birthday?(1)	3
12	5. 16. ~ 5. 21. (6)	33	(듣기·말하기·쓰기) 5. 사실과 관점(5) (읽기) 5. 사실과 관점(1)	6	2. 책임을 다하는 삶 (1)	1	2. 우리 경제의 성장과 과제(2) ◆(역사) 2. 민족을 다시 통일한 고려(1)	3	5. 원주율과 원의 넓이 (4)	4	4. When Is Your Birthday?(1) 5. May I Help You?(2)	3
13	5. 23. ~ 5. 28. (5)	29	(읽기) 5. 사실과 관점(4)	4	2. 책임을 다하는 삶 (1)	1	◆(역사) 3. 유교를 정치근본 으로 삼은 조선(3)	3	5. 원주율과 원의 넓이 (2)	2	5. May I Help You?(2)	2
14	5. 30. ~ 6. 4. (6)	33	(듣기·말하기·쓰기) 5. 사실과 관점(1) 6. 타당한 근거(5)	6	3. 우리 함께 지켜요 (1)	1	3. 환경을 생각하는 국토 바꾸기(3)	3	6. 비율그래프(4)	3	5. May I Help You?(2) 6. Can I Have Some Water?(1)	3
15	6. 6. ~ 6. 11. (4)	23	(듣기·말하기·쓰기) 6. 타당한 근거(1) (읽기) 6. 타당한 근거(3)	4	3. 우리 함께 지켜요 (1)	1	3. 환경을 생각하는 국토 바꾸기(2)	2	6. 비율그래프(3)	2	6. Can I Have Some Water?(3)	3
16	6. 13. ~ 6. 18. (6)	33	(읽기) 6. 타당한 근거(3) (듣기·말하기·쓰기) 7. 문학의 향기(3)	6	4. 서로 배려하고 봉사하며(1)	1	3. 환경을 생각하는 국토 바꾸기(3)	3	6. 비율그래프(1) 7. 비례식(3)	3	6. Can I Have Some Water?(1) 7. My Father Is a Pilot(2)	3

주	기간	수업일수	총시수	국어		도덕		사회		수학		영어	
17	6. 20. ~ 6. 25.	5	29	(듣기·말하기·쓰기) 7. 문학의 향기(3)	3	◆통일안보 행사(1) 4. 서로 배려하고 봉사하며(1)	2	3. 환경을 생각하는 국토 바꾸기(3)	3	7. 비례식(4)	4	7. My Father Is a Pilot(3)	3
18	6. 27. ~ 7. 2.	6	32	(읽기) 7. 문학의 향기(4) ◆1학기성취도 평가(1)	6	4. 서로 배려하고 봉사하며(1)	1	3. 환경을 생각하는 국토 바꾸기(2) ◆1학기성취도 평가(1)	3	8. 연비와 비례배분(3) ◆1학기성취도 평가(1)	4	8. What Will You Do This Summer?(2) ◆1학기성취도 평가(1)	3
19	7. 4. ~ 7. 9.	5	21	(읽기) 7. 문학의 향기(1) (듣기·말하기·쓰기) 7. 문학의 향기(2) 8. 함께하는 마음(2)	4	5. 통일 한국을 향하여(1)	1	3. 환경을 생각하는 국토 바꾸기(1)	1	8. 연비와 비례배분(3)	3	8. What Will You Do This Summer?(2)	2
20	7. 11. ~ 7. 16.	6	22	(읽기) 8. 함께하는 마음(1) ◆국가성취도 평가(1) (듣기·말하기·쓰기) 8. 함께하는 마음(1) 8. 함께하는 마음(3)	6	5. 통일 한국을 향하여(1)	1	심화보충(담임재량)(1)	1	◆국가성취도 평가(1) 8. 연비와 비례배분(2)	3	◆국가성취도 평가(1) 8. What Will You Do This Summer?(2)	3
		106	567		100		15		61		71		50

출처: 관산중등학교 김민규 선생님의 연간 교육과정 운영 계획

교과지도 이외의 여러 학급경영과업에 대해서도 적절한 운영 계획이 필요하다. 이를 월별·주별로 나누어 필수 활동과 교사 및 학생 활동으로 구분하여 구체적인 사례로 예시를 들면 다음과 같다.

예시자료 2 연간 학급경영과업

월	주	필수 활동	교사	학생
		아이들과 함께하는 교실 만들기		
3	1	학기 초 필요한 기본 양식 준비, 학급경영 계획, 시업식 및 입학식, 삼일절 기념행사, 학급 어린이회 임원선거, 진단 평가	첫 만남-이야기 자료, 학급경영 계획서 적용, 학급 담임의 학급경영 계획 발표, 1인 1역, 좌석 배정, 학급 도우미 선정, 학급 어린이회 구성·운영	친해지기-자기 소개서 작성, 시업식, 입학식, 기념행사 참가, 새 친구 새 선생님과의 만남, 학급임원 선거
	2	전교 어린이회 임원선거, 학급내규와 학급모둠구성, 동아리활동 부서 조직	학급내규 및 모둠 구성, 동아리활동 부서 조직·운영	학급내규 및 모둠 역할 확인, 동아리 활동 부서조직·운영
	3	교실환경 꾸미기, 사물함 관리, 학부모 총회	교실환경 꾸미기, 사물함 이름표, 가정통신문 발송	작품전시, 사물함 정리, 학부모 안내
	4	현장체험학습, 친구사랑 주간	현장체험학습 기획·실행, 현장체험학습 사전지도, 자연의 변화관찰, 교우관계 지도	현지답사체험활동, 공공장소에서 지킬 예의와 질서 알고 실천하기, 현장체험학습 결과 발표하기, 친구 사이의 예절 알기
		더불어 사는 '우리' 학급 만들기		
4	5	1학기 학부모상담주간, 식목일, 인성교육실천주간	학부모상담 준비하기, 나무(화분) 가꾸기 지도	학생과 학부모의 요구 수렴, 1인 1그루 심기
	6	과학행사주간, 과학축제	과학상그리기, 과학글짓기, 모형항공기 날리기	영역별 준비물, 과학축제 영역별 참여 및 소감문 발표
	7	아동상담활동	개인 및 집단상담	상담활동
	8	중간 평가, 장애인주간행사	중간 평가 문제 제출 및 결과 분석	중간 평가, 장애체험
		감사한 마음과 칭찬을 나누는 학급문화 만들기		
5	9	작은체육대회	어린이날 체육대회	체육활동 참가
	10	어버이날(효실천지도), 내 고장 땅 밟기	가정의 날 행사, 황화산 오르기	꽃 드리기, 부모님께 편지 쓰기, 황화산 오르고, 소감문 쓰기

	11	스승의 날(교육자의 날)	스승의 노래지도	선생님께 편지 쓰기
	12	체격체질검사	학년별 체격검사, 교원연수	목욕하고 오기, 신체검사
	13	PAPS 체력검사	학생건강체력 평가 계획 수립 및 실행	1000m 달리기 걷기, 앉아 윗몸 앞으로 굽히기, 악력, 제자리멀리뛰기
	호국보훈 조상님과 군경장병님께 감사하는 마음 갖기			
6	14	현충일, 독도사랑주간	현충일 계기교육, 독도사랑 계기교육	현충일에 대한 글쓰기, 독도사랑 글짓기
	15	1학기 한자 평가	한자 평가 평가실시	한자 평가 시험
	16	호국보훈의 달 행사	호국보훈 행사 준비	군경장병님들께 감사편지 쓰기, 국군묘지 탐방
	17	6.25전쟁일	6.25전쟁 사진 전시	6.25전쟁 사진 관람
	1학기 마무리 및 여름방학 계획 만들기			
7	18	학기말 평가	학기말 평가 계획, 학급경영 평가	부진학습 보충, 방학 중 생활계획
	19	초복	여름 복날의 의미	무더위 생활습관
	20	제헌절, 학급잔치	방학 과제, 가정통신문, 학급잔치	방학 중 생활과제, 학급잔치
	21	방학식, 교원연수	방학식 준비, 자율연수 계획	방학 중 체험학습
	급우들과 사이좋게 지내는 우리 학급 만들기			
9	1	2학기 개학식, 공동체의식 고양, 학급임원선거	2학기 학급경영 계획, 공동체놀이 분위기 조성, 학급 어린이회 구성·운영	방학과제 정리 제출, 2학기 학습준비물, 공동체놀이 활동, 학급임원선거
	2	가을 환경구성, 인성교육 실천주간	2학기 환경구성	환경구성 꾸미기
	3	체육대회(가을운동회)	운동회 준비	운동회 연습
	4	친구사랑주간	교우관계지도, 학교폭력예방교육	학교폭력예방교육 후 소감문 쓰기
	5	독서의 날	감상문쓰기지도, 독서발표회	감상문쓰기, 독서발표회
	수확의 기쁨을 감사하며 이웃에 봉사하는 마음 갖기			
10	6	국군의 날, 개천절, 효행주간	국군의 날 기념 편지쓰기 지도, 효행 행사 추진	태극기 달기, 군경아저씨 편지쓰기, 효행 편지쓰기, 그림그리기
	7	중간 평가, 한글날	중간 평가 문제 제출 및 결과 분석, 한글사랑 교육	중간 평가, 글짓기대회 참가

	8	글빛고을 축제	글빛고을 축제 준비·실행하기	글빛고을축제 참여 및 소감문 작성
	9	2학기 학부모상담주간	학부모상담 준비·실행하기	학부모 요구 수렴 및 학급경영활동 개선에 반영
	10	학예활동	학예회 계획지도	학예회 발표
	불조심을 홍보하는 학급분위기 만들기			
11	11	소방의 날, 농업인의 날	불조심 예방 교육, 농촌 살리기 운동	불조심 웅변대회, 농촌계몽활동 참가
	12	순국선열의 날 독서지도	독서일기 쓰기지도 독서왕 뽑기	독서일기 쓰기 도전 골든벨
	13	독서퀴즈대회	독서퀴즈대회 행사	독서퀴즈대회
	14	학급문집 작성	학급문집 작성 계획	학급문집 편찬위원
	모두가 성취에 기쁨에 만족하는 학급문집 만들기			
12	15	학년말 평가	학년말 평가 계획, 학급경영 평가, 방학 계획서 작성	부진학습보충, 방학 중 생활계획
	16	2학기 한자 평가	한자 평가 평가실시	한자 평가 시험
	17	학급잔치	방학 과제, 가정통신문, 학급잔치	학급잔치, 방학 중 활동 계획 수립
	18	성탄절, 겨울방학식	겨울방학 통지문, 자율연수 계획	자기물건 정리
2	19	개학식	개학식	방학과제 정리 제출
	20	종업식, 졸업식	새 학년 준비	새 학년 계획 세우기

출처: 검단초등학교 안병천 선생님의 연간 학급경영과업

학습과제 및 실천활동

1. 학급경영이란 무엇인지 생각해 보고, 학급경영을 바라보는 관점 3가지를 써 보자.
2. 매 학기, 매주 가장 중요한 학급경영과업은 무엇인지 논의해 보자.
3. 학급경영과업을 중요 순서에 따라 정리해 보자.

🌱 참고문헌

류방란, 이혜영(2002). 초등학교 교사의 생활과 문화(RR 2002-5). 서울: 한국교육개발원.

박병량(2003). 학급경영. 서울: 학지사.

박병량, 주철안(2001). 학교·학급경영. 서울: 학지사.

유길한, 강원근, 고전, 이명주, 박상완, 김용, 윤홍주(2005). 초등교사 교육을 위한 교육학 기본과목(학급경영) 확산 연구. 교육인적자원부.

윤정일, 송기창, 조동섭, 김병주(2012). 교육행정학원론. 서울: 학지사.

정기원, 권현진, 김언지, 안준상, 이현진, 정원엽(2004). 새내기 초등교사를 위한 학급경영 길라잡이. 서울: 양서원.

Doyle, W. (1986). Classroom organization and management. In C. Wittrock (Ed.), *Handbook of research on teaching* (3rd ed.). New York: MacMillan Publishing Co.

Duke, D. L. (1979). Editor's preface. In D. L. Duke (Ed.), *Classroom management*. Chicago: University of Chicago Press.

Getzels, J. W., & Thelen, H. A. (1960). The classroom group as a unique social system. The 56th Yearbook of NSSE.

Johnson, L. V., & Bany, M. A. (1970). *Classroom management: Theory and skill training*. New York: MacMillan Co.

Johnson, M., & Brooks, H. (1979). Conceptualizing classroom management. In D. L. Duke (Ed.), *Classroom management*. Chicago: University of Chicago Press.

Lemlech, J. K. (1988). *Classroom management: Methods and techniques for elementary and secondary teachers* (2nd ed.). Long Grove, IL: Waveland Press, Inc.

Wang, M. C., Haertel, G. D., & Walberg, H. J. (1993). What helps students learn?. *Educational Leadership*. 74-79.

제2장

학급경영 계획하기

작년에 첫 발령을 받아 올해로 2년차에 접어든다. 작년을 돌이켜 생각해 보면 벌써부터 부담이 크다. 작년의 나는 의욕만 넘쳤을 뿐, 무엇을 어찌해야 할지 몰라 좌충우돌 정신이 하나도 없었다. 올해부터는 나도 완벽하게 준비된 상태에서 아이들을 맞아 학급경영을 잘하는 담임이 되고 싶다. 여러 선배 선생님에게 조언을 구해 보니 먼저 학급경영 계획을 세워 보라는 말을 많이 듣게 되었다.

그래서 나는 새로운 학기를 앞두고 아이들에게 무엇을 중점적으로 가르칠 것인지, 우리 학급은 어떻게 운영하는 것이 좋을지 미리 계획을 세우려고 한다. 아이들과 함께 지낼 일 년의 계획을 미리 세워 놓으면 학급을 짜임새 있게 운영할 수 있고 아이들과 만나는 시간도 더욱 즐거워질 것이다. 또 나만의 교육관을 체계적으로 펼칠 수 있는 추진력도 갖게 될 것이라는 생각이 들었다. 그렇지만 나름의 계획을 작성하다 보니 계획을 세우는 것이 쉽지 않고, 문득 '혹시 내가 빠뜨린 것은 없을까?' 하는 생각이 들었다.

학급경영 계획은 어떻게 세우는 것이 좋을까? 어떤 내용이 들어가야 하는 것일까? 무엇을 유의해야 할까? 그리고 어떤 절차를 가지고 계획을 세워야 좋을까?

〈최기영, 해원초등학교 교사, 교직 경력 2년〉

- 학급경영을 계획할 때 포함되는 내용을 안다.
- 학급경영을 계획할 때 작성 절차를 안다.
- 학급경영 계획을 세울 때 유의할 점을 안다.

교육의 목적이 학생의 성장이라면 학급경영의 목적은 학생 성장에 필요한 긍정적 환경을 만드는 것이다. 수업 담당자로서의 역할과 생활지도자로서의 역할이 교사의 핵심역할인 것은 사실이지만, 이러한 교육활동과 별개로 교육활동에 필요한 환경과 여건을 조성하는 활동도 교사의 중요한 역할 중 하나다. 이를 모두 일컬어 교사의 학급경영활동이라고 한다. 이러한 교사의 제반 학급경영활동을 위한 실행계획과 구체적인 방침, 그리고 실행결과를 위한 계획까지를 모두 포함하여 학급경영 계획이라고 한다(박남기 외, 2009: 41). 학급경영 계획은 학급을 합리적이고 효율적으로 운영할 수 있도록 돕는다. 계획은 구체적 목적을 효율적으로 달성하기 위한 미래의 행동 순서 또는 절차이며, 목적과 수단, 그리고 방법을 합리적으로 연결시키는 지적 준비 과정이다(박병량, 1997: 223).

현재 초등학교 현장에서는 각 학급별로 학급교육과정을 작성하고 활용하고 있으며 일반적으로 여기에 학급경영 계획의 내용이 대부분 포함된다. 하지만 교사에 따라서 별도의 학급경영 계획을 구성하여 활용하는 경우도 있다. 학급경영의 세부적인 내용은 각 학급마다 많은 차이가 있겠지만 구성요소는 대부분 비슷하다고 볼 수 있다. 이 책에서는 학급경영 계획에 일반적으로 포함되는 학급 실태, 학교·학년·학급경영목표 및 노력중점, 학급특색, 생활지도 계획, 학력향상 계획, 상담지도 계획, 학급경영 평가 계획 등의 요소를 중심으로 살펴보기로 한다.

1. 학급경영 계획 작성 시 고려사항과 절차

학급운영은 교사의 교육관과 학교교육목표, 학년교육목표, 학교특색, 학년교육 과정의 영향을 받는다. 교사의 교육관이 정립되어야 학급경영목표와 운영 계획을 수립할 수 있으며, 학급운영 계획을 세울 때는 학교와 학년의 교육과정 운영 계획과 관련지어 세밀하고 구체적으로 작성하는 것이 좋다. 따라서 학급운영 계획을 세울 때 작성 절차를 고려하지 않으면, 교사가 의도하지 않은 행사나 활동 때문에 학급운영이 파행적으로 이루어질 수 있다. 단 때때로 예상치 못한 일로 계획되지 않은 일이 생겼을 때 학급운영의 기본 목표나 중심은 변하지 않되, 세부적인 실천 사항이나 학급 행사는 상황에 따라 변경되거나 수정될 수 있다는 것을 유념해 둔다. 그리고 계획은 실천 가능한 내용으로 구성한다. 학급운영 계획을 세울 때 처음에는 좋다는 것은 이것저것 다 포함시켜 실행하는 데 어려움이 많을 수 있으므로, 실천 가능하게 계획을 세우는 것이 필요하다. 다음은 학급경영 계획을 세우기 전에 고려해야 할 사항이다(황순희, 2009).

- 학급경영목표 설정을 위해 관련 교육 이론을 접한다.
- 학교의 교육과정을 고려한다.
- 지역, 학교, 학급, 학생의 특성을 파악한다.
- 교사 자신의 특성과 조건을 살핀다.
- 학생 주도적인 학급경영이 가능한 활동을 모색한다.
- 학급경영의 특성을 살린다.
- 꾸준히 실천할 수 있는 내용과 특정 시기에 실천할 내용을 구별한다.
- 학급경영에 대한 주기적이고 입체적인 평가 방안을 모색한다.

일반적인 학급경영 계획 작성 절차는 다음과 같다. 먼저 학급 실태를 조사·파악하여 분석한다. 분석한 자료와 학교, 학년 경영목표에 따라 학급경영목표를 정하고 그와 관련하여 노력중점을 작성한다. 또한 학급경영목표를 달성하고 노력중점에 어울리는 학급특색, 생활지도, 학습지도, 상담지도 등의 계획을 세운다. 그 외

학급경영 계획에는 학년에 따라 구성내용이 달라지지만, 학급을 경영하는 데 필요한 몇 가지의 서식이 포함된다. 예를 들면, 학급자치활동 조직표, 학년 계발활동 부서명, 아침자습활동, 1인 1역, 학생명부, 학급임원 구성표, 교육지원활동 등이 있다.

- 학급 실태 파악 및 분석
- 학교, 학년, 학급경영목표 및 노력중점 작성
- 학급특색, 생활지도 계획, 학력향상 계획, 상담지도 계획 작성
- 기타내용 작성(학급자치활동 조직표, 학년 계발활동 부서명, 아침자습활동, 1인 1역, 학생명부, 학급임원 구성표, 교육지원활동 등)

2. 학급경영 계획의 주요내용

1) 학급 실태

학급 실태를 파악하고 분석하는 것은 학급담임교사로서 학급경영 계획의 기초가 되는 활동이다. 이를 통해 학급경영목표를 세우고 노력중점 등의 여러 가지 학급경영활동을 정립할 수 있다. 학급 실태의 구성내용은 개인차가 있을 수 있으나, 대체적으로 학생 실태와 학부모 실태를 공통적으로 작성한다. 이 중에서 학부모 실태를 작성할 때는 인권침해를 우려해 학부모의 직업은 조사하지 않는다. 학급 실태는 새 학기 초에 기초 환경조사서와 학년 초 학생의 특성을 파악하는 다양한 활동의 내용 등을 자료로 하여 작성할 수 있다.

(1) 학생 실태 파악

- 기초조사서: 기초조사서는 정해진 틀이 있는 것이 아니라 학교에 따라 구성내용이 다를 수 있다. 대체적으로 기초조사서에는 학생의 이름, 주민등록번호, 주소, 부모님과 형제관계, 연락처, 장래희망, 학부모의 요구사항이나 학생의 건강상의 유의점 등이 공통적으로 들어 있고 그 외에 학생의 학습 파악과 방

과후 활동 파악을 위해 학원 수강 여부 등을 묻는 부분이 포함되기도 한다.

교사는 기초조사서를 통해 학생의 가정환경 및 배경에 관한 정보, 신체 및 건강상태, 적성, 성격, 흥미, 성적 등의 수준과 개인적·사회적·정서적 특성, 학교 내·외에서의 활동범위 및 경험, 장래에 대한 계획 등을 파악할 수 있다. 자세한 내용은 3장에서 알 수 있다.

예시자료 1 기초 환경조사서 양식 ------------------------------------

아동 기초조사표

초등학교   학년   반   번

아동	이름	한글)				
	전화번호			생년월일		–
	현주소					
가족사항 (본교재학 가족 및 아동자신 제외)	관 계	이 름		생년월일	휴대전화 번호	
	아버지					
	어머니					

본교재학가족	이 름	학년 반

학원 수강 여부	순	학원이름(수강과목)	아동의 흥미 및 욕구	
	1		좋아하는 과목	
	2		싫어하는 과목	
	3		특 기	
제일 좋아하는 친구			취 미	
부모님의 장래 희망			아동의 장래희망	
현재 같이 사는 환경에 ○표		부모님, 편모, 편부, 조부모, 기타( )		
부모님의 요구사항 및 의견 (건강상의 유의점, 알레르기 유발 음식)				

출처: 효성남초등학교의 기초조사서 양식

- **특수아 실태 파악**: 안경을 쓴 학생은 학급에서 자리 배치를 할 때 고려할 수 있어서 항목에 들어가 있으나 꼭 필요한 사항은 아니다. 요양호자는 체육시간이나 학급 행사, 활동, 급식 지도 등에서 일어날 수 있는 안전사고에 대비하기 위해 꼭 파악해 두어야 하는 항목이다. 기초조사서를 가정으로 보낼 때도 그 점을 강조하여 꼭 빠짐없이 학부모가 작성할 수 있도록 안내한다.

예시자료 2 특수아 실태 파악

| 구 분 | 신체
부자유아 | 정신
지체아 | 자폐아 | 안 경 | 정서불안 | 요양호자 | 학습부진아 | | 계 |
							국 어	수 학	
실태	–	–	–	12	–	1	1	4	

출처: 효성남초등학교 김수미 선생님의 특수아 실태 파악 자료

(2) 학부모 실태 파악

기초조사서를 통해 보호자 파악을 한다. 특히 한부모 가정, 조손 가정 등의 파악은 학생 지도를 위해서 반드시 파악해 두어야 하고, 학교 행정 업무와 관련해서 인원수를 보고해야 할 때도 있다.

예시자료 3 학부모 실태 파악

구 분	부 모	편 부	편 모	조부모	형제자매	기 타	계
실태	28	1	1	–	–	–	30

18명의 어머니가 가정에서 가사에만 전념하고, 학생의 교육활동에 관심이 매우 높아 학생의 가정학습과 학교 교육의 도우미 활동에 조력자 역할을 충분히 해 줄 수 있을 것으로 나타났다. 대체적으로 학생의 가정 형편이 좋은 편이고, 맞벌이하는 가정이 10가정(파트타임 포함)으로 방과후의 학생 생활이 규칙적인지 자주 점검해 주고 인터넷의 예절 생활을 강조해 지도할 필요가 있다. 맞벌이 가정의 어머니가 학교의 학부모 참여 문화와 학교 교육활동에 대해 긍정적인 인식을 할 수 있도록 학부모 교육에 힘써야 한다.

출처: 효성남초등학교 김수미 선생님의 학부모 실태 파악 자료

(3) 학급 실태 분석

학급 실태 분석은 크게 두 가지로 나눌 수 있다. '학생의 학력 면, 생활 면, 가정환경 실태에 관한 분석'과 '아동발달 단계에 따른 지적·신체적·정서적·사회적 발달 분석'의 두 가지로 나눌 수 있다. 특히 생활 면은 학교와 주변 환경을 살펴보고 조사하여 작성한다. 실태를 파악하고 분석한 다음에는 학생을 좋은 방향으로 발전시키기 위해 일 년 동안 학급에서 노력해야 할 과제나 대책을 각 영역별로 작성하여 실행하도록 노력한다.

기초조사서, 진단 평가, 학교환경 등의 자료를 수집하고 분석하여 실태를 파악하면 학급학생의 학력, 생활, 가정환경 면으로 나누고, 더 나은 방향으로 학급을 경영하기 위한 과제를 작성한다.

학급 실태 분석 중 일반적인 특성을 적은 부분은 학년별 지도서의 내용과 아동발달 단계를 근거로 하여 학년부장이 작성한다. 학년부장은 작성한 자료를 동학년 담임교사에게 자료를 제공하고 각 학급학생의 특성과 대책을 작성할 수 있도록 한다.

예시자료 4 학급 실태 분석

영 역	실 태	과 제
학력 면	• 발표 시 기본자세가 아직 정착되지 않았으며 비교적 말소리가 작고 유아적 말하기 습관이 아직 배어 있어 말 끝 맺기가 서투름 • 진단 평가 결과 (반평균-국어: 76, 수학: 78) -아동 개인이 교과에 차이가 많음 (수학과는 잘하나, 국어과는 부진한 경우 등) • 과제학습 및 학습 준비물을 잘 챙겨 오지 않음 -준비물(특히 교과서) 미지참 시 본인의 실수를 인정치 않고 부모의 평계를 댐(엄마가 안 해 주었다는 등)	• 학급 발표 시 정해진 약속 지키기 -대답 후 한 걸음 옆으로 나가기 -손가락으로 의사 표시하기 • 순시를 통한 개별화 지도 및 격려, 보상하기 • 준비물 지참은 본인이 하는 것임을 인식시키고, 주간학습안내나 알림장 숙지하기 강조

생활 면	• 실내에서 뛰는 어린이는 적으나 곳곳에 모여 웅성거리는 아동이 다소 있음 • 등하교 시 사거리에 신호등이 있지만 우회전하는 차량과 신호등이 없는 좁은 도로가 있어 교통사고의 위험이 많음	• 쉬는 시간에 독서를 하거나 다음 시간 미리 준비하기 등 수시로 지도하기 • 등하교 지도 철저히 하기 • 교통질서 지키기, 수시로 현장 지도하기
가정 환경	• 학원이나 특기 적성 교육을 선호하는 편으로 가정 학습 지도보다는 외부 교육 기관에 대한 의존도가 높은 편임 • 법적인 기초생활 수급자나 경제적으로 어려움을 겪고 있는 가정은 없음	• 자기 스스로 과제 해결하는 습관의 정착 지도하기 • 수시로 학급 아동의 동태 파악하기

앞의 표는 학급아동실태조사와 진단 평가를 통해 학력, 생활, 가정생활 면에서 분석하여 작성한다. 반면 다음의 표는 아동발달 단계 측면에서 나타나는 일반적인 특성과 학급학생의 특성을 지적 발달, 신체발달, 정서발달, 신체발달, 정서발달, 사회발달 측면에서 비교해 분석하고 대책을 세운다. 그러므로 학급 실태 분석은 앞뒤 두 개의 표를 모두 활용해서 작성하면 학습 아동 실태를 파악하는 데 더 큰 도움이 된다.

영 역	일반적인 특성	우리 학급 아동의 특성	대 책
지적 발달 측면	• 변별력, 시간, 시각, 리듬에 대한 이해나 표현이 급격히 발달함 • 문자, 숫자, 도형 등의 암기가 가장 진보함 • 청각적 기억에서 차츰 시각적 기억으로 바뀌고 논리적 사고가 현저히 발달함 • 반 추상적 개념의 시기임	• 대체적으로 발표력이 미흡하고 표현력과 언어 구사력이 부족함 • 수학 계산 능력에 개인차가 있으며 응용 면에서 부진아가 나타남 • 자연관찰에 흥미와 관심이 많음 • 대체로 아는 것을 표현하지 못함 • 문제해결 능력이 부족함 • 학년 발달 기준에 못 미치는 아동이 없이 고른 편임	• 토의 집단 학습의 기회를 늘리고 윤번제로 조장을 하도록 함 • 국어시간 등을 통해 바르게 말하기 능력 신장에 힘씀 • 수학과 기초가 부족한 아동은 방과후 개별 지도함

신체 발달 측면	• 신체가 급속적으로 발달함 • 남자는 어깨가 벌어지고 가슴이 두터워지며, 여자는 가슴과 옆구리가 발달함 • 정상적인 발달로 제2 충실기에 접근함 • 남녀의 성차가 현저함 • 신체의 기초적인 발달로 전신 운동이 발달함	• 매우 활동적이며 집단으로 활동하는 것을 좋아함 • 모든 운동에 흥미를 가짐 • 신체발달이 빠름	• 조화로운 신체 발달을 위해 가정과 연계하여 지도함
정서 발달 측면	• 내면화된 복잡한 정서 현상을 나타냄 • 정서적인 대상은 구체적인 것에서 차츰 추상적인 것으로 변화함 • 친구 관계에서도 동지적 유대 관계가 공고해짐 • 자기와 관련 있는 일에 민감함 • 매사에 비판적이며, 추상적으로 변해 간다. • 미적 감각이 발달하며 외모에 관심이 많다.	• 안정감이 부족한 편이고, 약간 소란함 • 쉽게 화내고 욕설이 나오며 서로 다투는 아동이 다수 있음 • 맞벌이 부모 밑에 자라서 정서적인 면에 불안함을 보이는 아동이 있음 • 완전한 가정을 이루지 못한 아동이 있음	• 철저한 생활지도로 바른 인성을 갖도록 노력함 • 좋은 도서 읽기로 정서 순화에 힘씀
사회 발달 측면	• 도전적 경향이 최고조에 이르며 또 차츰 쇠퇴해지는 시기임 • 정의감, 협력, 관용, 지도성 등 기본적 사회의식이 함양됨 • 외적 상호관계에서 참다운 대인 관계가 성립되는 시기임 • 점차 인격적인 교우 관계가 성립되나 자기 본위로 생각함 • 모든 일에 경쟁의식을 발휘하고 봉사·협력하는 태도가 형성됨	• 남녀 관계가 원만하나 경쟁의식이 있음 • 소집단 놀이를 즐기고 있으나 자기중심적이라 다툼이 잦음 • 집단의식이 강하고 타 집단에 배타적임 • 소극적인 태도에 이기적임	• 모둠별 활동을 통해 서로 협동하도록 유도함 • 수시로 공동체의식을 심어 주도록 함 • 소집단 내에서 역할을 만들어 지도함

출처: 효성남초등학교 김수미 선생님의 학급 실태 분석 자료(3학년)

2) 학급경영목표 및 노력중점

학급경영목표는 학교교육목표와 학년교육목표, 그리고 담임교사의 교육관 세 가지를 고려하여 수립한다. 학교교육목표가 학교교육 계획을 통해 제시되면 학년부장은 학교교육목표를 토대로 학년교육목표를 작성한다. 작성된 학년교육목표를 학년부장이 동학년 교사에게 학급경영 계획 양식과 같이 주면 담임교사는 학급경영목표를 작성한다. 이때 학급경영목표의 구현이 학년교육목표 구현으로 이어지고, 더 나아가 학교교육목표 구현이 되도록 학급경영목표를 작성해야 한다. 우리나라의 교육목표는 전인교육을 목표로 하고 있으므로 교육목표는 인지적(학력)·정의적(인성)·신체적인 면을 고루 고려하여 작성하는 것이 좋다.

예시자료 5 학급경영목표

학교교육목표	학년교육목표	학급경영목표
미래를 여는 참되고 창의적인 어린이	예절 바르고 스스로 공부하는 몸과 마음이 건강한 어린이	나를 사랑하고 다른 사람을 배려하는 행복한 어린이
• 착하고 예절 바른 어린이 • 스스로 열심히 공부하는 어린이 • 몸과 마음이 건강한 어린이 • 소질을 계발하고 가꾸는 어린이	• 예절을 생활화하는 어린이 • 스스로 공부하는 어린이 • 몸과 마음이 건강한 어린이 • 재주를 발견하고 소질을 키우는 어린이	• 기초기본에 충실한 예절 바른 어린이 • 스스로 공부하고 새로운 생각을 가진 어린이 • 나를 사랑하고 남을 배려하는 튼튼한 어린이

출처: 효성남초등학교 김수미 선생님의 학급경영목표

학급경영목표를 수립한 후, 학급담임교사는 자신이 세운 학급경영목표 구현을 위해 세부적 실천사항인 노력중점을 작성해야 한다. 노력중점은 각각의 목표를 달성하기 위해 담임교사가 학급학생에게 어떻게 교육시킬지 구체적으로 계획한 실천사항이라고 할 수 있다.

예시자료 6 　학급 노력중점

학급경영목표	노력중점	비 고
기초기본에 충실한 예절 바른 어린이	• 인사 예절 지키기 • 학교 규칙 지키기 • 학급 약속 지키기 • 정직한 생활하기 • 자기 행동에 책임지기	
스스로 공부하고 새로운 생각을 가진 어린이	• 즐거운 마음으로 공부하기 • 의욕적이고 적극적인 자세로 학습에 참여하기 • 다른 방법과 더 좋은 방법의 궁리를 통해 발전적인 태도 갖기 • 창의적인 생각과 아이디어를 내려고 노력하기 • 결과보다는 과정을, 성과보다는 노력을 중요하게 생각하기	
나를 사랑하고 남을 배려하는 튼튼한 어린이	• 자기보다는 학급을 먼저 생각하기 • 다른 사람의 입장이 되어 생각하기 • 모둠이나 학급활동에 적극 참여하기 • '나' 보다는 '우리'를 먼저 생각하고 행동하기 • 남을 배려하고 봉사의 실천으로 보람 느끼기	

출처: 효성남초등학교 김수미 선생님의 학급노력중점

3) 학급특색활동

학급특색활동을 통해 그 학급만의 개성을 나타내고 고유한 문화를 만들어 나갈 수 있다. 여기서 무엇보다 학생이 얻게 되는 교육적 효과를 고려하는 것이 가장 중요하다. 일회성의 행사 활동보다는 일 년간 꾸준히 운영할 수 있는 내용으로, 과한 욕심을 부리지 않고, 교사와 학생 모두가 즐거워하는 실천 가능한 주제를 선정하는 것이 중요하다. 학급특색 프로그램으로 많은 활동이 있지만 그중 독서 관련 활동을 예로 들어 살펴보겠다.

예시자료 7 학급특색 프로그램(독서·독후활동)

여러 분야의 독서와 독후활동을 통한
고운 마음, 바른 행동, 창의적 사고력 기르기

- 어린이 권장도서 60권 위주의 좋은 책 선정하여 학급문고 조성
- 아침 30분 집중 독서습관 정착
- 이야기 나누기 활동으로 비판적 독서 태도 조성
- 독서록, 역할극, 책 만들기 등의 독후활동 실시
- 책 속의 주인공과 이야기 나누기 활동 등을 통해 긍정적인 생각, 바른 행동에 대한 판단력, 사고력 및 표현력 신장 노력
- 책 속의 위대한 위인의 이야기를 통해 자신의 역할 모델 설정
- 책 속의 이야기 역할극으로 나타내기 활동 등을 통해 표현력, 협동심 신장 노력
- 학교 도서실을 적극적으로 활용(일주일에 최소한 두 번)

출처: 대정초등학교 최선순 선생님의 학급특색 프로그램

4) 생활지도 계획

생활지도는 학생의 정서적이며 인성발달을 바탕으로 의미 있고 올바른 삶을 살도록 도우며 지도하는 교육활동이라고 할 수 있다. 그러므로 학급경영 계획에는 학급학생의 생활지도 계획이 포함되어 있어야 한다. 교사가 추구하는 이상적인 학생상의 구현을 위해 다양한 생활지도 계획을 수립하는 것이 필요하다. 생활지도 계획은 학생이 행동으로 실천할 수 있는 구체적인 활동으로 작성되어야 한다.

예시자료 8 생활지도 계획

- 밝고 알맞은 인사말로 인사할 수 있도록 지속적으로 지도한다.
- 자신감을 갖고 언어의 확실성을 살려 표현할 수 있도록 한다.
- 아름다운 우리말과 우리글을 사용할 수 있도록 한다.
- 저속한 언어(욕설)를 사용하지 않도록 한다.
- 어린이 생활 규범을 실천한다.
- 1일 1선 운동을 전개한다.
- 다양하고 참신한 인성교육 자료의 적극 활용한다.
- 가정과의 지속적인 연계 교육을 실시한다.
- 적절한 보상을 통한 바람직한 행동 강화를 유도한다.
- 문제행동에 대하여 적극적으로 지도하고 예방한다.
- 분실물 찾기, 자신의 물건에 고유번호를 쓰도록 한다.
- 학교 및 가정에서 수돗물, 화장지, 전기 절약하기 등을 지도한다.

출처: 대정초등학교 최선순 선생님의 생활지도 계획

5) 학습지도 계획

학생의 기초학습능력을 기르기 위해 학습지도 계획이 필요하다. 학습지도 계획에는 연간교육과정 운영시수, 교육과정진도표뿐만 아니라 학력향상 계획도 포함되어 있다. 교실에 있는 많은 학생의 학습능력과 수준은 다양하며 개인차가 크다. 이렇게 이질적인 구성원이 모여 있는 개별 학급은 그 상황에 적합한 학력향상 계획을 구비하고 있어야 한다.

학력향상 계획에는 목표, 방침, 세부 계획으로 학습약속, 단원 평가, 공책쓰기 지도 등 학습과 관련된 내용이 포함되어 있으며 학습 부진 학생의 지도 내용을 기록할 수 있는 부분도 있다.

1. 목 표

학습이 가능한 모든 학생이 읽고, 쓰고, 셈할 수 있는 기초적인 학습능력을 기르고 나아가 교육과정에서 요구하는 최저 수준의 기본학습능력을 갖추고자 한다.

> 한글 못 읽고 쉬운 셈 못하는 아동이 없는 교실 만들기
> • 초등학교 3학년까지 모두 한글을 읽을 수 있게 하고,
> • 초등학교 3학년까지 두 자리 수의 가 · 감을 할 수 있도록 하고(받아올림, 내림 있음),
> • 초등학교 3학년까지 구구단을 외울 수 있도록 한다.

2. 방 침

- 주지교과 중심으로 학력향상 계획을 실시한다.
- 주지교과의 각 단원을 학습한 후 단원 평가를 실시한다.
- 각 개인별 학업성취목표를 세워 운영한다.
- 가정과의 연계 교육을 강화하여 학습의 효과를 높인다.
- 학습부진아 지도 단계별 학습 프로그램을 활용한다.

3. 세부 계획

- 좋은 습관형성을 통한 학력향상
  - 학습시간 지키기, 학습 준비 잘하기, 좋은 학습 태도 갖기, 과제이행 힘쓰기, 예습 복습하기, 친구와 함께 공부하기, 자투리시간 활동하기
- 단원 평가 실시
  - 각 단원별 단원 평가 및 수행 평가 후 즉시적인 피드백을 실시
  - 국어(8회), 수학(8회), 사회(3회), 과학(4회)
- 경필쓰기
  - 올바른 모양으로 글자쓰기 지도
- 공책 정리하기
  - 1인 4권의 공책 갖기 운동: 학습장, 오답 공책, 일기장, 알림장
  - 공책 정리하는 방법 지도: 학습하는 방법 지도
- 한자 지도
  - 창의 재량시간과 아침자습 시간 활용
- 독서 지도

4. 기대되는 효과

교과학습 부진 학생이 교과학습 활동에 성취감을 갖게 함으로써 학습에의 의욕과 자신감을 심어 주어 상위 학습이나 차후 학습에 동기를 부여해 줄 수 있다.

5. 개인별 기초 학력 부진아 카드 누가 기록

교과 (영역)	성 명	부진요인	개별 지도 내용	지도결과			
				1/4	2/4	3/4	4/4

출처: 효성남초등학교 김수미 선생님의 학력향상 계획

다음 예시자료는 다른 형식의 학력향상 계획으로 목적, 방침, 학력 향상을 위한 노력중점, 학습약속과 기본학습훈련 내용, 기타 그 외의 내용이 들어 있다. 학력향상 계획은 학교에서 제공하는 양식과 담임에 따라 형식과 구성내용이 달라질 수 있다.

예시자료 10 학력향상 계획2

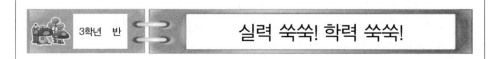

3학년   반   실력 쑥쑥! 학력 쑥쑥!

1. 기초 학력 향상

1) 목 적
- 기본학습 훈련을 통한 학습 분위기 조성
- 수업 활동을 통한 '학습하는 방법의 학습' 터득
- 독, 서, 산의 학습하는 방법을 익혀 기본학력 향상

2) 방 침
- 기본학력 향상에 중점
- 기본학습 훈련안 작성 활용
- 학기 초에 기본학습 훈련 정착을 위한 지도

3) 학력 향상을 위한 노력 중점
- 학생들의 학력 실태를 파악하여 학업 부진 요인을 분석하고, 그에 대한 종합적이고 구체적인 학력 향상 계획을 수립하여 실천
- 자주적 탐구 · 실험 · 조작활동 중심의 수업 전개로 자기 주도적 학습능력 신장
- 다양한 평가 실시로 전인적 학력 관리

4) 학습 약속 지속적 실천: 학습 약속의 지속적 실천을 통해 집중력을 강화하고, 목표 지향적인 활동으로 학력 신장을 도모한다.

실천 영역	세부 실천 내용
수업 시작 전에 학습 준비 갖추기	• 수업 준비 미리하기 • 수업 인사 및 다짐하기
학습문제, 학습방법 알아두기	• 스스로 학습문제 찾기 • 학습방법 알고 수업 시작하기
생각을 바르게 말하고 듣기	• 알맞은 목소리 크기와 태도로 말하기 • 말하는 사람을 바라보며 듣기
수업 활동에 집중하며 적극 참여하기	• 문제해결을 위한 활동 늘리기 • 해야 할 행동과 하지 말아야 할 행동 구분하기
수업 종료 시 학습 내용 알아두기	• 공부한 내용 돌아보기 • 새로 알게 된 사실 돌아보기

- 한글 바로쓰기 및 기초 계산 부진 아동 구제
- 교과별 필수 기본 학습 요소 추출하여 지도
- 교재연구의 충실로 밀도 높은 수업 전개
- 다양한 교수–학습 자료를 활용하여 학습 효과를 극대화
- 학생의 학력 수준에 알맞은 능력별 과제 학습 제시
- 학습 우수아 및 부진아 지도 계획 수립 실천
- 가정과 연계하여 가정 학습 지도 병행

5) 기본학습 훈련 내용

기본학습생활	등교할 때의 생활, 수업 시작 전의 생활, 수업 종료 후의 생활, 학용품 관리 요령, 책걸상 사용, 책상 속 정리 등
수업 시간의 기본학습 훈련	책 읽는 자세, 책 읽는 방법, 듣는 자세, 손 드는 자세, 발표 자세 및 요령, 사회자의 말하기, 학습약속 방법 및 요령, 학습장 사용 등
교과별 학습방법 훈련	바른 생활, 슬기로운 생활, 즐거운 생활, 국어, 수학, 창의적 체험 활동

6) 기 타
- 바른 글씨 쓰기를 통한 자형·어휘력 익히기
- 받아쓰기, 셈하기 등을 통한 기초학력 기르기
- 학습 부진 요소 분석을 통한 맞춤식 지도 방식 구안
- 다양한 학습 지도 및 평가, 가정과의 연계를 통한 기초학력 신장
- 학습 약속 실천 지도를 통한 자기주도적 학습능력 신장

출처: 대정초등학교 최선순 선생님의 학력향상 계획

6) 상담지도 계획

학교에서 수립한 상담지도 계획에 의거하여 학급에서도 상담지도 계획을 세운다. 최근 들어 학교에서는 학교폭력예방교육과 관련지어 상담활동이 중시되고 있으며, 고학년 경우에는 외부에서 상담사를 초빙하여 집단상담 활동을 하는 경우도 있다. 하지만 학생과 가장 친밀하고 밀접한 관계를 가지는 담임교사와의 상담활동은 매우 중요하다. 특히 문제를 감지하였을 경우는 학생과 상담을 하고 이를 반드시 기록으로 남기는 것이 좋다. 학부모와 상담을 하는 경우에도 상담내용에 대한 기록을 남기도록 한다. 상담지도 계획에는 상담 내용, 유형, 시기 등이 포함되어 있다.

예시자료 11 상담지도 계획

순번	내 용	유 형	시 기	비 고
1	학교 적응문제 상담	개인 및 집단상담	3월	
2	기초 기본 학습방법 및 준비도 상담	개인 및 집단상담	3, 4월	
3	친구 관계 및 학교생활 상담	집단상담	연중	
4	학습 방법 및 학습 진행 과정 상담	개인상담	수시	
5	집단 따돌림 및 폭력예방	〃	수시	
6	생활 태도 및 진로탐색	〃	연중	

| 7 | 가정환경, 가정학습, 인터넷 중독 예방 | 〃 | 수시 | |

출처: 효성남초등학교 김수미 선생님의 상담지도 계획

상담지도 계획을 작성한 후, 계획에 따라 또는 어떤 사안이 발생했을 때 상담을 하면 상담기록을 작성하여 지속적으로 지도해야 한다. 상담기록부 양식은 학교에 따라 달라지지만 공통적으로 일시, 장소, 상담교사, 상담학생명, 성별, 상담방법, 문제, 내용, 결과 및 과제로 구성되어 있다.

예시자료 12 교육상담기록부 양식

교육상담기록부

일 시	년 월 일 요일 시			
장 소	–	상담교사		
내담자	학년 반 이름		성 별	남, 여
상담방법	개별상담	○	집단상담	
상담문제	진로, 학업, 성격, 대인관계, 가족문제, 이성문제, 성 학교부적응, 집단따돌림, 학교폭력, 생활습관, 기타( )			
내담자 호소 내용	교우관계, 성격			
상담내용	○○○은 평소 아이들과 잘 어울리지 못함			
상담결과 및 과제				

출처: 효성남초등학교 김수미 선생님의 상담기록부 양식

3. 학급경영 계획의 기타 내용

학급경영 계획에는 이밖에도 학급 자치활동 조직표, 학년 계발(동아리)활동 부서, 아침자습활동, 1인 1역, 학생명부, 학급임원 구성표, 교육지원활동 등이 포함될 수 있다.

1) 학급 자치활동 조직표

학급 임원선거를 치르고 난 후 창의적 체험활동 시간에 학급 자치활동 조직을 한다. 학교에 따라 다르지만 2, 3학년은 회장과 부회장만 조직을 하고, 4, 5, 6학년은 학급 자치활동 조직을 〈예시자료 13〉과 같이 회장, 부회장 외에 여러 부서로 편성한다. 교육과정 운영 시간 중 자율활동 시간에 학급어린이회활동 시간이 배정되어 있어 학급 자치활동 조직을 하고 평상시 학생이 자율적으로 활동한다.

예시자료 13 학급 자치활동 조직표

회장	임 ○ ○

| 부회장 | 백 ○ ○ |
| | 김 ○ ○ |

서기: 김 ○ ○

생활부 유 ○ ○	학습부 김 ○ ○	도서 · 미화부 이 ○ ○	체육부 김 ○ ○	행사부 이 ○ ○
신 ○ ○	임 ○ ○	김 ○ ○	민 ○ ○	김 ○ ○
이 ○ ○	이 ○ ○	권 ○ ○	박 ○ ○	이 ○ ○
이 ○ ○	김 ○ ○	박 ○ ○	박 ○ ○	김 ○ ○
이 ○ ○	홍 ○ ○	김 ○ ○	김 ○ ○	최 ○ ○

출처: 효성남초등학교 김수미 선생님의 학급 자치활동 조직표(5학년)

2) 계발활동 부서

4, 5, 6학년은 창의적 체험활동 시간에 동아리 활동 영역이 있으므로 동아리 활동 조직표를 작성한다. 동아리 활동은 학교에 따라 무학년제와 학년제로 운영된다. 무학년제는 학년 구분 없이 같이 동아리 활동을 하는 것이고, 학년제는 같은 학년끼리 학생을 구성하는 것을 말한다. 또한 학교에 따라 저학년 교사의 지원을 받아 동아리활동 부서를 조직하는 학교도 있다.

예시자료 14 학년 동아리활동 부서

부 서	지도교사(장소)	아동명
만들기부	김○○ (5-1)	이○○, 김○○, 임○○
만화그리기부	신○○ (5-2)	김○○, 이○○, 홍○○
축구부	전○○ (운동장)	백○○, 신○○, 이○○
한자급수부	박○○ (5-4)	김○○, 민○○, 박○○
영어노래부	엄○○ (5-5)	김○○
체스부	김○○ (5-6)	유○○, 이○○, 이○○
십자수부	손○○ (5-7)	권○○, 김○○, 김○○
독서논술부	박○○ (1-2)	김○○, 이○○, 최○○
다큐멘터리 감상부	안○○ (1-4)	김○○, 이○○, 전○○
전자과학부	서○○ (1-3)	김○○
창의부	김○○ (4-5)	박○○, 박○○, 임○○

출처: 효성남초등학교 동아리활동 부서(5학년)

3) 아침자습활동

통상 1교시 시작 전 약 30분가량의 아침자습시간이 주어진다. 교사는 이 시간을 적절하게 활용하여 간단한 활동을 할 수 있다. 애국 조회와 같은 학교 단위의 공통 활동이 없는 날에 담임 재량으로 특색 있고 다양한 활동을 구성한다.

예시자료 15 아침자습활동

요 일	활동내용
월	애국 조회 / 창의학습지
화	재미있는 영어 공부
수	아침독서
목	줄넘기
금	학급특색활동

출처: 효성남초등학교 김수미 선생님의 아침자습활동

4) 1인 1역

학급에 꼭 필요한 여러 가지 역할이 있다. 학생에게 소속감과 주인의식을 높이기 위해 학급에서 할 수 있는 활동 한 가지를 희망에 따라 배정한다. 역할은 주기적으로 교체해 준다.

예시자료 16 1인 1역 양식

담당구역	담당자	담당구역	담당자
칠판지우기	이○○	우리반 안내장 배부	김○○
우산꽂이	김○○	분리수거 관리	임○○
양동이, 주전자	백○○	청소함, 건조대	이○○
휴지통 관리	김○○	사물함 위 관리	홍○○
6학년 연수실	김○○	전등, 선풍기	신○○
신발장 정리	유○○	도서 관리	이○○
오르간 준비	이○○	시간표 관리	민○○
주간학습안내 게시	이○○	학습준비물정리	박○○

출처: 효성남초등학교 김수미 선생님의 1인 1역

5) 학생명부

기초 환경조사서를 바탕으로 학생명부를 작성하여 학급비상연락망 등으로 활용한다. 학생명부는 번호, 이름, 생년월일, 집전화번호, 비상연락(학부모 휴대전화번호), 집주소, 학부모명, 본교 형제자매로 구성되어 있다.

예시자료 17 학생명부 양식

번 호	이 름	생년월일	집전화	비상연락	주 소	부	모	본교 형제자매
1								
2								
:								
30								

출처: 효성남초등학교 학생명부 양식

6) 교육지원활동

학교에서는 학부모의 참여가 필요한 여러 가지 활동이 있다. 학부모총회 때 학부모의 동의를 받아 운동회, 학교도서 봉사활동, 아침 교통봉사활동 등 교육지원활동에 참여할 수 있는 학부모 단체를 조직하여 양식을 작성한다.

학부모단체는 학교에 따라 종류 및 구성인원 수와 역할이 달라진다. 그중 아침 교통봉사활동은 모든 학교에서 공통적으로 이루어지고 있는 교육지원활동이다. 3월 학부모총회 때 해야 하는 일 중 하나로, 학급뿐만 아니라 학교에서도 필요한 교육지원활동이다.

예시자료 18 교육지원활동 양식

단체명	아동명	학부모명	집전화	휴대전화번호
학부모회				
녹색교통대				
도서도우미				
체육후원회				

출처: 효성남초등학교의 교육지원활동 양식

7) 학급경영 평가

한 학년은 3월에 시작해서 7월 중·하순에 1학기를 마치고, 9월에 2학기를 시작해서 그 다음 해 2월에 끝난다. 일 년에 두 번, 학기를 마치기 전에 3월에 세운 학급경영 계획대로 학급이 잘 운영되었는지 알아보기 위해 담임교사가 학급경영 평가를 한다. 평가 영역에는 기본 관점, 학습지도, 특별활동, 생활지도, 교육 평가, 연구 및 동학년 활동, 기타 등이 있다. 학급경영 평가 영역과 내용은 학교마다 다를 수 있다.

예시자료 19 학급경영 평가 양식

평가 영역	평가 관점	평가 척도		
		상	중	하
기본 관점	학급의 독자적 특성이 조성되어 있는가?			
	모든 일에 전 아동이 참여하고 있는가?			
학습 지도	기본 생활습관이 잘 이루어지고 있는가?			
	학생의 개별지도가 잘 되고 있는가?			
	교재 연구는 충실히 이루어지고 있는가?			
	부진아에 대한 특별지도가 잘 이루어졌는가?			
	예습과제의 제시와 처리는 잘하고 있는가?			
	학습 자료의 준비 및 활용은 잘되고 있는가?			
특별활동	학급어린이회는 효과적으로 운영되고 있는가?			
	학급 역할분담활동이 효과적으로 운영되고 있는가?			
	학교행사활동에 적극 참여하고 있는가?			
생활 지도	기본 행동습관이 잘 이루어졌는가?			
	남에게 폐가 되는 행동을 않도록 지도하고 있는가?			
	기본 행동 방식이 의도적으로 지도되고 있는가?			
	책임과 의무의 이행은 잘되고 있는가?			
	청소활동은 적극적이며 습관화되고 있는가?			
	출입 및 복도 통행은 잘하고 있는가?			
	실내 생활은 정숙하게 하고 있는가?			
	안전 생활에 대한 지도가 잘 이루어 졌는가?			
	문제 학생의 발견 또는 특별지도에 노력하고 있는가?			
교육 평가	형성 평가는 행하고 있는가?			
	매 단원의 총괄 평가 결과는 목표 수준에 도달하고 있는가?			
	평가 결과의 교육적 의도하에서 이루어지고 있는가?			

	가정 예고는 교육적 의도하에서 이루어지고 있는가?			
	수행 평가는 기준안에 따라 공정하게 실시되고 있는가?			
연구 및 동학년 활동	동학년 수업 연구 협의회를 열고 있는가?			
	동학년 수업 연구 과정안은 공동으로 작성되고 있는가?			
	수업후 협의회는 충실하게 이루어지고 있는가?			
	동학년 단위 교재 연구 협의는 잘 이루어지고 있는가?			
기 타	환경은 교육적으로 잘 정비되었는가?			
	게시물은 학습활동과 직결되며 창의적이고 의도적인가?			
	학급 사무 및 분장 사무는 신속 정확하게 처리되고 있는가?			

출처: 효성남초등학교의 학급경영 평가 양식

4. 학급경영 계획 평가하기

　다음은 학급경영 계획에 대해서 이해하고 적절하게 활용하고 있는지 점검하고 진단하는 체크리스트다. 이를 참고하여 자신이 어느 정도의 학급경영 계획 능력을 가지고 있는지 스스로 판단할 수 있도록 돕고자 한다.

항목	그렇다	보 통	아니다
1. 학급경영 계획의 필요성을 이해하였는가?			
2. 학급경영을 계획할 때 어떤 내용이 포함되어야 하는지 알고 있는가?			
3. 학급경영 계획서를 작성할 때 절차는 알고 있는가?			
4. 학교, 학년교육목표에 따라 학급경영목표를 수립할 수 있는가?			

5. 학급경영을 계획할 때 고려해야 할 사항을 알고 있는가?			
6. 학급경영 계획을 작성하는 시기를 알고 있는가?			
7. 학급경영 계획을 작성할 때 필요한 것이 무엇인지 알고 있는가?			
8. 학급경영 계획을 작성할 수 있는가?			

질문에 대한 자신의 대답을 주의 깊게 검토한 후 다음에 답하시오.

➡ 앞으로 개선할 사항은?

➡ 잘된 점은?

학습과제 및 실천활동

1. 학급경영 계획에 포함해야 할 내용을 5가지 말하여 보자
2. 학급경영 계획을 세울 때 가장 먼저 해야 하는 일을 말하여 보자.
3. 학급경영 계획을 세울 때 유의해야 할 점을 3가지 말하여 보자.

참고문헌

문락진(1994). 학교·학급경영의 이론과 실제. 서울: 형설출판사.

박남기, 강원근, 고전, 김용, 박상완, 성병창, 유길한, 윤홍주, 정수현, 조동섭(2009). 초등학급경영의 이론과 실제. 파주: 교육과학사.

이순옥(1996). 성공적 학급경영을 위한 학급운영 실천사례. 현장연구논문.

황순희(2009). 다중지능 학급경영. 서울: 시그마프레스.

제3장
학생 실태조사

민국이는 오늘도 여전히 수업 시간에 모자를 쓰고 있다. 민국이와 함께 생활한 지도 2주일. 그동안 민국이가 학교에서 모자를 벗는 모습을 한 번도 본 적이 없다. 학기 초에 교실에서는 모자를 벗을 것을 권하였지만 민국이는 요지부동 전혀 들을 기색이 아니었다. 한 번은 내가 직접 모자를 벗기려고 하자 머리를 움켜잡고 강하게 반발하여서 억지로 벗기는 것은 일단 그대로 두었다. 대신 나는 민국이의 머리에 흉터가 있어서 그런 것인지, 아니면 어떤 문제가 있는 것인지 좀 더 구체적으로 알아보기 위해 민국이의 어머니와 전화 상담을 갖게 되었다.

민국이 어머니에 따르면, 민국이가 저학년 시절 머리를 짧게 자르고 학교에 간 적이 있는데 친구에게 심한 놀림을 받은 이후부터 학교에 갈 때는 꼭 모자를 쓴다고 하였다. 하지만 집에서는 모자를 쓰지 않는다고 하였으며 이 문제에 대해서 대수롭지 않게 생각한다고 하였다.

나는 상담을 통해 민국이에 대해 구체적으로 이야기를 듣고 나니 지금껏 민국이가 왜 그렇게 행동했는지 조금은 이해할 수 있었다. 또한 앞으로 민국이를 지도하는 데 있어서 유용한 정보를 얻은 것 같아 만족스러운 기분이 들었다.

〈이세용, 구산초등학교 교사, 교직 경력 1년〉

- 학생 실태조사의 중요성을 이해한다.
- 학생 실태조사의 방법과 내용을 알고 효과적으로 실행할 수 있다.
- 학생 실태조사 시 유의해야 할 점을 알 수 있다.

효과적인 학급운영을 계획하기 위해서는 먼저 학급 학생에 대한 전반적인 기초조사를 통해 학생 개개인의 특성 및 실태를 파악하는 것이 무엇보다도 중요하다. 학생 개개인은 각자가 지니고 있는 능력이나 경험, 흥미, 가정환경, 성취동기 등에서 많은 차이점을 갖고 있기 때문에 개별 학생에 대한 정확한 파악이 선행되어야 효과적인 학급운영을 기대할 수 있다. 또한 교사가 학생 개개인의 독특한 인지적·정의적 특성에 따라 알맞은 학습지도, 진로지도, 학생상담 등을 실시한다면 교육의 효과는 더욱 극대화될 수 있다.

학급경영에서 학생 실태조사가 필요한 이유를 구체적으로 살펴보면 다음과 같다. 첫째, 교사와 학생 간의 친밀감 및 유대감 형성에 도움을 준다. 둘째, 개별 학습 및 생활지도의 교육적 효과를 높일 수 있다. 셋째, 문제행동의 사전 예방 및 사후 해결에 도움을 준다. 넷째, 학급운영 계획을 효과적으로 계획하는 데 도움을 준다(광주교육대학교 초등학교문화연구소, 2005).

이 장에서는 효율적인 학급경영 및 학습지도를 위해 학생의 특성과 실태를 올바르게 파악하는 방법에 대해 알아보고, 실제 학급 현장에서 어떻게 적용하여 사용하고 있는지 알아보고자 한다.

학급 학생의 특성을 올바르게 파악하기 위한 방법으로는 학교생활기록부 활용과 설문지 형식의 기초조사서 활용, 학생 관찰 및 상담, 학부모와의 상담을 통한 정보수집 등이 있다. 학급담임교사는 이와 같은 방법을 활용하여 자신의 학급에 배정된 학생의 특성을 파악해야 하며 이 결과를 바탕으로 학급교육목표 및 노력 중점사항을 수립해야 한다. 이외에도 이전 담임교사 또는 동료 교사로부터 개개 학생에 대한 정보를 얻는 방법, MBTI와 같은 성격유형검사를 실시하는 방법, 주기적인 관찰과 기록을 통한 방법, 일기장 검사 등을 통해 학생의 특성을 파악할 수 있다.

1. 학교생활기록부

1) 학교생활기록부

학교생활기록부는 학생으로 하여금 자신의 소질을 계발하여 자아를 실현하고 지성과 인성의 균형을 이룬 전인으로 성장하도록 도와주기 위해 제안된 것이다(최정근, 2011). 이러한 학교생활기록부는 반드시 작성해야 하는 강제성을 띠고 있는 공식 법정 문서인 동시에, 학교에서 이루어지고 있는 전반적인 학생 활동 결과를 작성·보존함으로써 학생의 학적에 대한 증명 자료적 성격을 띠고 있다. 또한 교수-학습 지도 자료로 활용되는 지도자료적 성격, 진학이나 취업을 위한 전형 자료적 성격을 지니고 있다(교육과학기술부, 2013). 과거에는 종이 문서에 수기로 작성하여 보관과 활용의 어려움이 있었지만 2007년 교육행정정보시스템(NEIS)의 도입으로 기록의 작성 및 저장이 용이해졌으며 그 활용도가 높아졌다.

2) 필요성

학생의 실태를 조사하는 데 있어 학교생활기록부의 활용이 중요한 까닭은 다음과 같다. 첫째, 학생의 인성교육을 위한 기초자료로 활용할 수 있다. 학교는 학생의 교과지도뿐만 아니라 전인간적인 인성교육에 초점을 두고 지도한다. 올바른 인성교육이 이루어지기 위해서는 무엇보다도 담임교사가 학생의 실태 및 특성을 정확히 알고 있어야 하는데 이를 위한 가장 기초적인 자료가 학교생활기록부다.

둘째, 교수 및 생활지도 프로그램을 효과적으로 운영하는 데 활용할 수 있다. 교사는 학교생활기록부를 통하여 학생에 대한 충분한 정보를 가지고 수업 계획을 세우고, 학습결손을 진단하며, 행동발달상의 문제점을 극복하는 데 도움을 줄 수 있다. 또한 다른 정보와 함께 활용하여 학생의 자기이해를 증진시킬 수 있으며 장래에 대한 계획, 정서적인 문제해결에 도움을 줄 수 있다(이은경, 2006).

셋째, 학생을 지도하는 데 연계성을 가지고 할 수 있다. 학년이 올라가고 학교가 바뀌고 담임교사가 바뀌더라도 학교생활기록부의 관찰을 통하여 학생의 특성을 파악하는 데 많은 시간적 노력을 줄일 수 있으며, 교과지도 및 생활지도를 하는 데 이전까지 작성된 학생 정보의 연계성을 토대로 효율적인 지도가 가능하다.

3) 주요내용

학교생활기록부는 기본정보, 인적사항, 학적사항, 출결사항, 수상경력, 자격증 및 인증 취득사항, 진로지도상황, 창의적 재량활동상황, 특별활동상황, 교외체험학습상황, 교과학습발당상황, 행동특성 및 종합의견으로 구성되어 있다. 각 항목별로 포함하고 있는 주요내용은 다음과 같다.

예시자료 1 초등학교 학교생활기록부 입력 내용

순	항 목	입력 내용
1	기본정보	졸업대장번호, 각 학년반, 번호, 담임 성명, 사진
2	인적사항	학생(성명, 성별, 주민등록번호, 주소), 가족상황(부모의 성명, 생년월일), 특기사항
3	학적사항	입학에서 졸업까지의 학적사항, 특기사항
4	출결사항	수업일수, 결석일수, 지각, 조퇴, 결과, 특기사항
5	수상경력	교내상의 수상명, 등급(위), 수상연월일, 수여기관, 참가대상
6	진로희망상황	특기 또는 흥미, 학생과 학부모의 진로희망, 특기사항
7	창의적 체험활동상황	활동 영역 또는 주제, 이수시간, 특기사항
8	교과학습발달상황	교과학습활동 진보정도, 수행 평가 결과 특징 등을 고려하여 문장으로 입력, 방과후학교 수강내용(강좌명, 이수시간)
9	행동특성 및 종합의견	행동특성 및 종합의견

출처: 교육과학기술부(2013).

학교생활기록부는 교사에게 학생을 총체적으로 이해하는 자료로 제공되어 학생의 학습동기 유발, 학습의욕 고취, 학습결손 진단 및 보충교육 계획수립, 특기자의 발굴, 인성교육 상담 등의 자료로 활용될 수 있다.

예시자료 2 1학년 기재 예시(훈령 제282호)

졸업대장번호				
학 년 \ 구 분	반	번 호	담임성명	
1	4반	3	김△△	사 진 3.5 × 4.5cm
1	5반	4	박○○	

1. 인적사항

학 생		성명: 박○○ 성별: 남 주민등록번호: ○○○○○○－○○○○○○○ 주소: 인천광역시 ○○구 ○○로 ○○아파트 106동 1102호	
가족상황	부	성명: 박○○ 생년월일: 19○○년 ○○월 ○○일	
	모	성명: 김○○ 생년월일: 19○○년 ○○월 ○○일	
특기사항			

2. 학적사항

2013년 03월 04일 인천□□초등학교 1학년 입학(2013년 06월 20일 전출) 2013년 06월 21일 인천○○초등학교 1학년 전입학	
특기사항	

3. 출결사항

학 년	수업일수	결석일수			지 각			조 퇴			결 과			특기사항
		질병	무단	기타	질병	무단	기타	질병	무단	기타	질병	무단	기타	
1	195	·	·	·	·	·	·	·	·	·	·	·	·	개근

4. 수상경력

구 분	수상명	등급(위)	수상연월일	수여기관	참가대상
교내상	가족독서신문 만들기	장려(3위)	2013.05.11.	인천□□초등학교	1학년
	표창장(모범어린이)		2013.12.05.	인천○○초등학교	전교생

5. 진로지도상황

학 년	특기 또는 흥미	진로희망		특기사항
		학 생	학부모	

6. 창의적 체험활동상황

학 년	특별활동상황		
	영 역	시 간	특기사항
1	자율활동	54	학급 일에 책임감을 갖고 임하며 특히 1인1역활동(우유당번)의 필요성을 알고 활동하는 자세가 바람직함(생활영어부) 간단한 교실 영어를 듣고 이해할 수 있고, 상황에 맞게 영어로 표현하며 수업 시간에 집중하는 모습이 바람직함
	동아리활동	32	
	봉사활동		
	진로활동	6	

학 년	봉사활동실적				
	일자 또는 기간	장소 또는 주관 기관명	활동내용	시 간	누계시간
1	2009. 04. 21.	(교외)△△박물관	자연보호활동	1	1
	2009. 04. 28.	(교내)□□초등학교	불우이웃돕기	1	2

7. 교과학습발달상황

학 년	과목(세부능력 및 특기사항)
1	국어: 상황에 맞게 글의 느낌을 살려 읽으며, 생각을 말로 표현하는 능력이 뛰어남 수학: 네모, 세모, 동그라미 모양의 구체물을 사용하여 여러 가지 모양을 만들고, 그것에 대하여 바르게 설명할 수 있음 바른 생활: 봄철 생활 주변의 생물을 아끼고 보호하려는 노력이 돋보임

	슬기로운 생활: 생활에 필요한 종류에 따라 나누고 무리 지을 수 있고, 이들 물건을 살 수 있는 우리 주변의 가게를 조사하는 활동에 열심히 참여함 즐거운 생활: 다양한 방법으로 친구를 표현할 수 있고, 친구와 함께 하는 놀이에 열심히 참여함

8. 행동특성 및 종합의견

학년	행동특성 및 종합의견
1	새로운 것에 대한 호기심이 왕성하며 언어 구사 능력이 뛰어나 자신의 주장을 바르게 발표하고 수학과 문제 해결력이 우수함, (협력) 매사에 의욕이 강하고 자신감이 넘치며 많은 친구와 사귀고 공동의 일에 적극적으로 참여함

4) 유의사항

학생의 특성 및 실태를 파악하기 위해 학교생활기록부를 참고할 때 유의점은 다음과 같다. 첫째, 학교생활기록부는 학생의 특성을 파악할 수 있는 중요한 자료이지만 기재된 내용만을 바탕으로 학생을 파악하고 지도하는 것을 지양하도록 한다. 교과학습발달상황, 행동특성 및 종합의견 등에 학생에 대한 부정적인 의견이 기재되어 있다고 해서 현재에도 과거와 같은 똑같은 특성이나 발달 단계를 가지고 있는 것은 아니다. 학생의 특성은 고정적인 것이 아니라 개인적·환경적 요인에 따라 언제든 변화할 수 있다.

둘째, 생활기록부 작성에서 대부분의 교사는 학생의 좋지 않은 행동과 특성까지도 좋게 포장해 주려는 경향을 보인다. 예를 들어, 성격이 소심한 학생은 '성격이 매우 신중하다.', 나태한 학생은 '여유로운 성격을 지녔다.' 등의 방식으로 기재하는 경우가 많다. 따라서 생활기록부에 기재된 내용의 문맥적인 것에 의존하지 말고 교사가 직접 관찰하고 판단한 내용을 바탕으로 학생의 특성을 파악하는 것이 필요하다.

2. 기초조사서

학기 초 담임교사의 가장 중요한 업무는 학생의 실태와 특성을 파악하는 것이다. 이러한 점에서 기초조사서는 학생의 실태를 파악할 수 있는 가장 보편화된 방법으로 학생에 관한 정보를 학부모가 직접 작성하여 제출하도록 하는 설문지 형식의 자료다.

기초조사서를 통해 학생의 가정환경 및 배경에 관한 정보, 신체 및 건강상태, 적성, 성격, 흥미, 성적 등의 수준과 개인적 · 사회적 · 정서적 특성, 학교 내 · 외에서의 활동범위 및 경험, 장래에 대한 계획 등을 파악할 수 있다.

또한 기초조사서를 활용하면 비교적 짧은 시간 내에 간편하게 학생의 실태 및 특성을 파악할 수 있으며, 이를 통해 가정환경, 성격, 흥미, 건강 상태와 같은 기본적인 사항을 숙지할 수 있다. 더불어 학생 개개인의 학업 성취도나 향후 지도 방향을 가늠하고 설정하는 데 보조 자료로도 활용할 수 있다.

한때 보호자의 학력이나 경제적 능력, 직위 등과 같은 항목이 조사 내용에 포함되어 기초조사서를 둘러싸고 인권침해 문제가 제기되었다. 또한 학생 개인정보의 무분별한 수집으로 문제가 지속적으로 발생하면서 기초조사서 작성의 필요성에 대해서는 지금까지도 논란이 일어나고 있다.

하지만 대다수의 교사는 학생지도에 필요한 정보를 교사가 정확히 알고 있어야 한다는 점에서 기초조사서의 필요성을 주장하고 있다. 학생에게 무슨 일이 생겼을 경우 일차적으로 담임교사가 책임을 져야 하므로, 학생의 특성 및 현재 상황을 구체적으로 알고 있어야 한다고 생각하기 때문이다. 따라서 담임교사는 학생과 그 가족의 인권을 존중하는 동시에 효과적으로 학생의 실태와 특성을 파악할 수 있도록 작성자 입장에서 진지하게 고민해야 한다.

대부분의 학교에서는 1학기가 시작되는 3월 첫째 주에 가정통신문 형식으로 가정에 배부한다. 이때 내용의 정확성 및 가정의 요구사항 등을 정확하게 파악하기 위하여 학부모가 직접 작성하도록 안내해야 한다(조동섭 외, 2008).

기초조사서를 배부한 후 약 3~4일 정도의 여유 기간을 두고 회수하게 되는데, 이러한 까닭은 학부모에게 기초조사서를 작성할 수 있는 충분한 시간적 여유를 줌으로써 담임교사가 반드시 알고 있어야 하는 학생의 실태 및 특성을 구체적으로 작성할 수 있게 하기 위해서다.

기초조사서에 포함되는 조사 항목은 공통적으로 정해진 형식이 있는 것은 아니다. 따라서 학교 또는 담임교사의 재량에 따라 조금씩 달라지기도 한다. 기초조사서에는 어떤 항목이 포함되어야 하는지 살펴보도록 하겠다.

1) 생년월일 및 주민등록번호

주민등록번호의 경우, 학생의 중요한 개인정보이기 때문에 수집하는 것이 다소 꺼려지지만 교무업무시스템 기재 기본항목임과 동시에 전입 · 전출 시 본인 확인 용으로 쓰이며, 각종 교외 대회 추천서 및 상급 학교 지원서를 작성할 때 필요하기 때문에 담임교사가 알아두는 것이 좋다.

생년월일은 기초조사서를 통해 수집한 것과 교무업무시스템에 등록된 것이 일치하는지 확인이 필요하다. 생년월일은 각종 시험이나 졸업 포상 시에 동점자가 발생할 경우 순위를 매기는 데 중요한 기준으로 삼기도 하며 학급 내 생일파티와 같은 학급행사를 진행할 때 활용되기도 한다.

2) 주소 및 연락처

기초조사서에 포함되어 있는 항목 중 학급경영 시 가장 빈번하게 사용되는 정보가 주소 및 연락처다. 일단 학기 초에 학생 명부를 작성하기 위해서는 기초조사서를 통해서 학생이 실제 거주하고 있는 주소 및 연락처를 알아야 한다. 연락처는 학생에게 긴급한 일이 생기거나 학부모와 상담을 해야 할 경우 연락을 취하기 위해 반드시 필요한 사항이다. 또한 중요한 안내장을 배부하였거나 학교 · 학급행사 및 소식을 안내할 때 사용된다. 요즘은 학부모뿐만 아니라 학생도 휴대전화를 대부분 소지하고 있기 때문에 집전화와 휴대전화 번호를 함께 파악하는 것이 좋다.

3) 가족사항

기초조사서에 포함되어 있는 항목 중 가장 민감한 부분이 학생의 가족사항이다. 기본적으로 학생 부모님의 성명, 생년월일과 본교 재학 형제관계 등을 조사하는데, 서두에서 언급하였듯이 인권침해 문제가 발생한 이후로는 이 항목을 조사하지 않는 학교도 있다.

그러나 학생의 가족사항은 학생이 문제행동을 일으켰을 때 일차적으로 담임교사가 가정 내에서 생길 수 있는 일을 예측 및 확인할 수 있는 자료로 활용할 수 있기 때문에 알아둘 필요가 있다. 또한 교원 평가 시 학부모는 교사를 평가하는 대상 중 하나인데, 학부모의 이름과 생년월일이 교무업무시스템상에 올바르게 기재되어야만 평가 시스템에 접속하여 교원을 평가할 수 있다. 그렇기 때문에 학기 초가 아니더라도 학부모의 성함과 생년월일을 조사하여 확인해 보는 일은 반드시 필요하다. 한부모 가정이나 재혼 가정의 자녀일 경우는 기초조사서를 작성하고 제출하는 과정에서 상처를 받을 수 있기 때문에 담임교사는 이러한 학생이 마음의 상처를 받지 않도록 언행에 각별히 신경을 써야 한다.

4) 성 격

성격 특성의 경우, 교사의 원활한 학습운영과 학생의 올바른 공동체에 도움을 주는 데 필요한 정보다. 성격 특성 파악을 통해 가정 내에서의 생활 태도, 다른 친구와의 관계, 잘하는 점과 부족한 점, 특별히 주의해야 할 점 등을 파악할 수 있다.

5) 건강상태

담임교사는 학생의 건강상태를 반드시 파악하고 있어야 한다. 학교 내에서 예기치 않은 사건·사고가 발생했을 때 일차적인 책임은 담임교사에게 있기 때문이다. 예를 들어, 체육 시간의 경우에 담임교사는 학생의 건강상태를 사전에 파악하여 건강에 이상이 있는 학생은 무리한 활동에 참여시키지 않거나 긴급한 상황이 발생했을 때 적절한 조치를 취해야 한다. 또한 급식지도 시, 아토피나 음식 알레르기 등과 같은 질병의 유무를 학생 개인별로 파악하여 미연의 사고를 방지하도록 한다.

학생의 건강상태에 대한 정보는 기초조사서 외에 각종 조사 양식이나 가정통신문의 형식으로도 파악할 수 있는데 이러한 정보는 기본적으로 담임교사가 보관 및 관리해야 한다. 또한 필요 시 영양교사, 보건교사, 전담교사 등과 공유하여 긴급한 상황이 발생했을 때 적절한 대처가 이루어질 수 있도록 한다.

예시자료 3 식품 알레르기 조사지 양식

1. 인적사항 및 식품 알레르기 유무

학년 반	이 름	알레르기 유무 (식품, 약물 등)
−		* 없다 (　　) 　　 * 있다 (　　)

2. 알레르기가 '있다'고 응답한 경우에만 작성해 주세요.

① 알레르기 유발 음식(약물 등) 및 증상을 자세하게 기록해 주세요.	유발인자: 증상:
② 현재 치료하고 있다면 치료내용을 자세하게 기록해 주세요.	치료내용: 증상이 있을 경우에만 치료:
③ 학교에서 주의해야 할 사항	

출처: 연수초등학교 식품 알레르기 조사지 양식

예시자료 4 학생 건강조사지 양식

① 선천적인 질병, 만성질환을 가지고 있어 현재도 계속적인 관리가 필요합니까? (예, 심장병, 천식, 간질, 당뇨, 결핵, 신장질환, 간염, 고혈압, 암 등)	☐ 예 ☐ 아니요	병명: 현재 상태:
② 치료 목적으로 학생이 계속 복용하는 약이 있습니까? (약물명:　　　　　)	☐ 예 ☐ 아니요	병명: 현재 상태:

③ 현재 신체장애(시력 · 청력 · 언어장애 포함), 정신장애 및 기타의 장애가 있습니까?	☐ 예 ☐ 아니요	장애 종류: 현재 상태:

④ 알레르기 관련 질환(해당난에 ○ 표시, 기타란은 명칭 기재)

아토피피부염	알레르기성 비염	천식	알레르기성 결막염	기타 (약물이나 음식 알레르기)

* 약물이나 음식 알레르기가 있는 경우 증상 및 치료현황을 자세하게 기록해 주세요.

⑤ 앞의 질환과 관련하여 체육, 수련활동, 기타 수업에 지장이 있어 배려가 필요합니까?	☐ 예 ☐ 아니요	배려(주의)할 사항:
⑥ 만성복통, 어지럼증, 잦은 두통을 호소합니까?	☐ 예 ☐ 아니요	증상명:
⑦ 주의집중 장애가 있습니까?	☐ 예 ☐ 아니요	치료 여부:

* 기타 질병이 있거나 앞 내용과 관련하여 좀 더 참고할 내용이나 주의사항이 있으면 적어 주시기 바랍니다.

출처: 연수초등학교 학생 건강조사지 양식

6) 기타 중점사항

그 밖에도 학생의 장래희망, 취미, 특기, 좋아하는 과목, 싫어하는 과목, 담임교사에 대한 요망사항 등을 파악하여 학생의 특성 파악 및 효과적인 학급경영에 활용해야 한다.

예시자료 5 기초조사서 양식

기초조사서

이 자료는 생활기록부 작성을 위한 중요한 자료이니 정확히 기록하여 주시기 바랍니다(주소는 새로 지명된 주소로 정확히 기재해 주시기 바랍니다).

인적 사항	성 명	(한글)	성 별	남 · 여	주민등록 번 호							−
		(한자)										
	주 소											
	구 분		부			모			특기사항			
	가족사항	성 명										
		생년월일										
		기타 가족	조부 ( ), 조모 ( ), 형 ( ), 오빠 ( ) 누나 ( ), 언니 ( ), 남동생( ), 여동생( )									

본교 재학 형제 관계	학년 반		성 명		장래희망	
					부모님	본인

어린이 성격 특성	* 학생 지도에 도움이 될 사항을 간략하게 기록하여 주시기 바랍니다. (특기, 취미, 부족한 점, 건강문제 등)		
가정 학습을 도와주는 사람		어린이교육에 대한 요망사항	
연락처	집전화	−	다른 연락방법 (휴대전화, 회사)	
본교 학부모 임원 희망(○표시)	학교사랑학부모회( ) 녹색어머니회( ) 독서교육어머니회( )			

출처: 연수초등학교 기초조사서 양식

기초조사서를 활용하는 과정에서 유의해야 할 점은 다음과 같다. 첫째, 기초조사서는 내용의 정확성 및 가정의 요구사항 등을 파악하기 위하여 가능한 학생의 보호자가 직접 작성할 수 있도록 안내한다.

둘째, 학생 및 학부모의 개인정보를 불필요하게 묻지 않는다. 기초조사서는 반드시 효율적인 학급운영 및 학생 지도를 위해 필요한 최소한의 정보를 기재할 수 있도록 작성되어야 한다. 특히 가정생활수준, 학부모의 직업 등과 같은 경제적인 능력에 대한 질문은 오해를 불러일으킬 소지가 있으므로 포함하지 않도록 한다.

셋째, 기초조사서 관리 및 수거에 각별한 신경을 써야 한다. 기초조사서에는 학생 및 학부모의 개인정보가 포함되어 있기 때문에 외부에 유출될 경우 법적인 처벌을 받을 수 있다. 또한 성격, 교우 관계, 질병 유무 등과 같은 민감한 정보에 대해서는 학생이 상처받지 않도록 언행에 각별한 주의를 기울여야 한다.

넷째, 학생의 실태를 객관적으로 바라보아야 한다. 기초조사서의 내용을 교사의 주관적 시각으로 해석하여 특정 학생을 색 안경을 끼고 바라보지 않도록 한다. 기초조사서를 통해 파악된 정보는 학생의 실태 파악을 위한 객관적인 자료로 활용할 뿐 주관적인 파견을 갖지 않도록 주의해야 한다.

3. 학생관찰 및 상담

상담의 정의에 대해 이장호(1986)와 김계현 등(2009)은 상담이란 도움을 필요로 하는 사람이 전문적 훈련을 받은 사람과의 대면관계에서 생활과제의 해결과 사고 · 행동 및 감정 측면의 인간적 성장을 위해 노력하는 학습과정이라 하였다. 또한 박성수(1986)와 김계현 등(2009)은 내담자가 자기 자신과 환경에 대해 의미 있는 이해를 증진하도록 함으로써 내담자 스스로가 효율적으로 의사결정을 하고 여러 심리적인 특징을 긍정적인 방향으로 변화시키도록 원조하여 결과적으로 내담자의 성장과 발전을 촉진시킬 수 있는 심리적인 조력의 과정이라고 하였다.

결국 학생 실태조사라는 관점에서의 상담의 목적은 학생의 실태를 정확히 파악하여 행동의 변화를 이끌어 내는 것이라고 할 수 있다. 다른 방법과는 달리 학생상담은 교사와 학생 간에 직접적인 만남을 통하여 이루어지는 활동이기 때문에 현재 학생의 심리적 · 정서적 · 행동적 특징을 정확하고 객관적으로 파악할 수 있으며, 이를 통하여 학생 개개인의 성장과 발달을 촉진시켜 그들의 개인적인 성장을 도울 수 있다. 또한 학교생활과 관련된 제반 문제에 대하여 예방 및 해결이 가능하다는 점에서 꼭 필요한 활동이라고 할 수 있다.

학생상담의 필요성을 시기적으로 구분 짓는다면 학기 초 상담과 학기 중 상담으로 나눌 수 있다. 학기 초 상담이 필요한 까닭은 교사와 학생 간의 친밀감 형성, 학생과 부모와의 관계, 질병의 유무, 학생이 겪고 있는 문제, 교사에게 바라는 점 등을 파악하기 위해서다. 그러나 교사가 학생에 대한 아무런 사전 정보 없이 상담에 임한다면 학생에게 오히려 반감을 줄 수 있거나 효율적이지 못한 상담활동이 이루어질 수 있다. 이러한 부작용을 방지하기 위하여 교사는 학생의 작년 담임교사에게 문의를 하거나 학부모와 직접상담 및 전화를 통해 학생에 대한 사전 정보를 파악해야 한다. 이와 같은 방법이 부담스럽게 느껴진다면 간단한 형태의 설문지를 이용하여 교사가 알고 싶어 하는 내용을 학생이 직접 작성하게끔 하는 방법도 있다.

예시자료6 학생상담을 위한 조사지 양식

1. 나의 생활태도

	좋았던 점	개선되어야 할 점
부모와의 관계		
형제와의 관계		
친구와의 관계		
선생님과의 관계		

2. 현재 가장 큰 고민(스스로 어떻게 해결하려고 노력하는지도 적어 주세요)

3. '이런 학급이 되었으면 좋겠다.' 제언(많으면 많을수록 좋습니다)

4. 기타 담임선생님께 꼭 하고 싶은 말(자세히 적어 주시면 학급운영에 적극 반영하도록 하겠습니다)

출처: 연수초등학교 서석호 선생님의 학생 상담을 위한 조사지 양식

학기 중 상담이 필요한 까닭은 다양한 원인으로 어려움을 겪고 있는 학생의 문제를 파악하기 위해서다. 교사는 교실 내에서 일어나는 모든 것을 알고 있어야 한

다. 심지어 그날 등교한 학생의 심리 상태나 분위기도 파악해야 한다. 교사가 조금만 학생에게 관심을 기울이고 주의 깊게 관찰한다면 학교생활에 어려움을 겪고 있는 학생이 눈에 보일 것이다.

예를 들어, 교우관계, 가정 문제, 성적, 진로 문제 등 부모나 친구에게 말 못할 고민을 가지고 있는 학생이 있을 것이다. 교사는 학생과의 정기적인 상담을 통해 위와 같은 문제를 가지고 있는 학생을 조기에 발견하고 나아가 그들의 문제를 스스로 해결할 수 있도록 해야 한다.

예시자료 7 학생상담일지

담임교사 학생상담일지

이름 (   )

기록 날짜	학습태도 및 교우관계 (기타 아동 이해를 위한 정보)	학생과의 상담 및 지도 내용
2012. 3. 30.	• 5학년 때 친구와의 안 좋은 일로 사이가 많이 나쁘다는 이야기를 전해 들음 • 담임과의 관계는 나쁘지 않음, 방과후나 쉬는 시간에 담임교사에게 다가와 친절하게 말을 건네며 잘 지냄	• 5학년 때 친구가 자신에 대해 오해를 하여 관계가 많이 나빠졌다고 이야기함 • 오해를 풀 것을 권유함
2012. 4. 30.	• 국어 80 사회 72 수학 64 과학 84 영어 76 • 기초학력이 다소 부진함 • 저학년 때부터 지속된 학습 부진으로 6학년 교과에 대한 이해도가 많이 떨어짐 • 친구와의 관계가 악화되었으며 학급 도난 사건에 연루되었으나 증거는 없음	• 부모님이 학교에 찾아와 상담을 함 • ○○이가 도벽이 약간 있으며 아토피가 심해 스트레스를 많이 받는다고 함, 친구와의 관계가 많이 악화되어 전학을 고려하고 있다고 함 • 상황이 좋아질 때까지 좀 더 지켜보자고 말씀드림

2012. 5. 31.	• 친구뿐만 아니라 담임교사에게도 퉁명스럽게 대하며 본인이 하고 싶은 대로 행동하는 모습을 자주 볼 수 있음 • 일찍 등교하거나 늦게까지 학교에 남아 배회하는 모습을 볼 수 있음 • 다른 반 친구에게까지 시비를 걸어 다툼을 벌임	• 다른 반 선생님과 연계하여 어떻게 된 일인지 설명을 듣고 본인이 잘못한 부분에 대해서 반성하도록 지적함 • 다른 사람을 배려하고 오해받을 행동을 하지 말 것을 권유함

출처: 연수초등학교 서석호 선생님의 학생상담일지

학생상담의 영역은 크게 학습문제 상담, 성격 부적응 상담, 비행청소년 상담, 직업 및 진로문제 상담 등으로 구별할 수 있다(김송례, 2000).

1) 학습문제상담

교육지도가 효과적으로 이루어지기 위해서는 학업에 대한 광범위한 정보를 수집하여 아동 개개인의 흥미, 적성, 능력, 신체적 조건, 장래 계획, 환경 등을 파악한다. 그리고 여러 요인에 맞추어 적합한 교육 계획을 세워 신체적·지적·도덕적 발달을 도모해야 한다.

2) 성격문제상담

초등학교 교육의 궁극적인 목표는 바람직한 인간을 형성하는 것이다. 그러므로 학생의 건전한 성격 형성을 위한 지도가 반드시 필요하다. 학생으로 하여금 자기 문제를 자발적·능률적·효율적으로 해결할 능력을 개발하여 변화하는 사회에 잘 적응케 하며, 인생에서 건전한 목표를 성정하고 정진하게 하여 타고난 가능성을 최대한도로 실현하게 함으로써 부적응 행동의 예방뿐만 아니라 정신건강을 유지할 수 있도록 해야 한다.

3) 문제행동상담

문제행동이란 소속된 사회에 수용되지 못하고 개인이나 사회에 나쁜 영향을 주거나 개인에게 주관적 고통을 주는 행동이라고 할 수 있다. 문제행동에는 상습적인 지각, 또는 공부를 게을리하는 버릇 및 단정하지 못한 몸가짐 등의 비교적 교정이 가능한 행동과, 도벽, 폭행, 성폭행 또는 살인과 같이 자신과 사회에 막대한 피해를 주는 환경적인 문제행동이 있다. 또한 우울증, 편집증, 정신분열과 같이 심리적인 부적응 현상으로 나타나는 문제행동도 있다.

4) 진로문제상담

진로 관련 상담은 개인이 자신에 대한 지식과 일, 교육과 여가의 기회에 대한 문제를 인식하고 이에 따라 자신의 진로발달을 촉진시킬 수 있는 의사결정 기술을 발달시키는 데 도움을 주기 위한 상담과정을 의미한다. 담임교사는 학생 개인의 진로발달을 촉진시킴과 함께 적성에 맞는 직업을 선택할 수 있도록 의사결정을 도와주고 선택한 직업에 적절히 적응하며 자아실현을 이룰 수 있도록 돕는 것이 중요하다.

진로상담은 학생의 실태와 특성의 충분한 이해 없이는 효과적으로 이루어질 수 없다. 따라서 효과적인 진로지도와 상담을 위하여 무엇보다도 진로에 대한 여러 가지 이론을 이해하고 문제의 성격에 따라 이를 적절하게 선택하여 활용해야 한다.

학생상담 시 지켜야 할 유의사항은 다음과 같다. 첫째, 효율적인 상담이 되기 위해서는 학생이 현재 겪고 있는 상황 및 문제에 대해서 교사가 정확히 알고 이해해야 하며, 또한 학생이 어떠한 심리적 · 정서적 상태에 있는지를 파악해야 한다. 문제에 대해 잘 알고 있지 않은 상태에서 상담에 임하게 되면 오히려 역효과가 생길 수 있다. 따라서 담임교사는 학생의 문제를 정확히 파악하는 능력과 문제의 효과적인 해결을 위해 다양한 상담 기법을 익혀야 한다.

둘째, 교사는 학생이 가진 문제를 스스로 해결할 수 있도록 지지하고 격려해 주는 조력자 역할을 해야 한다. 교사는 결코 학생의 문제를 직접 나서서 해결해 주는 해결사가 아니다. 끊임없는 대화와 상담을 통해 스스로 문제점에 대한 해결책을 찾을 수 있도록 도움을 주고 나아가 문제해결을 시도하려는 학생의 노력을 지지하고 격려해 준다면 학생에게 큰 위안과 격려가 될 것이다.

셋째, 학생과의 올바른 관계 형성에 힘써야 한다. 대부분의 교사가 과다한 학교업무 때문에 학생을 살피고 관심을 갖는 일보다는 공문서 작성과 같은 잡무를 수행하는 데 많은 시간을 할애하고 있다. 이에 학생과 친밀한 관계를 형성하지 못하게되고 심지어 학생이 하교할 때까지 담임교사와 말 한 마디도 못해 보고 집에 가는경우도 있다. 평소에 학생과 올바른 관계 형성이 되지 않은 상태에서 학생의 실태를 파악하기 위해 상담한다고 생각해 보자. 결코 효과적이지 못한 상담이 될 것임이 분명하다. '평소 학생과 어떻게 대하고 어떻게 관계를 맺을 것인가'에 대해 진지하게 생각해 보고 노력해야 한다.

4. 학부모상담을 통한 정보수집

성공적인 학급경영을 위하여 학생의 특성을 정확하고 자세하게 파악하기 위해서는 담임교사와 학부모와의 유기적이고 협력체적인 연계가 필요하다. 학생의 정서적 · 행동적 특성은 가정에서 우선적으로 형성되는데, 이러한 특성을 가장 잘 알고 있는 사람이 바로 학부모다. 담임교사가 학생의 구체적인 특성을 파악하는 데는 한계가 있으며 이러한 한계를 극복하기 위해서 학부모의 도움이 반드시 필요하다. 특히 문제학생의 경우 학부모와의 상담을 통해 일차적으로 학생의 특성을 파악한 후 문제를 해결하기 위한 방안을 함께 모색해 나가는 것이 중요하다.

1) 학부모상담

앞서 밝혔듯이 교사와 학부모 사이에는 학생의 성장발달을 돕기 위한 협력관계가 필요하다. 이를 위한 방법이 학부모상담이다. 학부모상담이란 학생을 돕기 위해 전략적 차원에서 상담자나 학부모의 요구에 따라 학부모를 대상으로 이루어지는 상담을 말한다(강은주, 2007). 학부모상담을 통해 학생의 가정생활, 가족관계에 대해 구체적으로 파악할 수 있고, 학생의 지도와 관련하여 서로 의견을 나누고 문제행동에 대한 해결방안을 함께 생각해 보고 연구할 수 있으며, 또한 교사와 학부모 간에 친밀감을 형성할 수 있다.

학교 현장에서 주로 이루어지는 학부모상담의 유형은 개별상담과 집단상담이 있다. 개별상담은 교사와 학부모가 서로 일대일로 대면하여 학생의 생활과 문제행동에 대한 의견을 교환하며 바람직한 지도방안을 모색하는 활동이다. 이때 담임교사는 해당 학부모의 자녀에 대한 정보나 기록에 근거한 상담을 실시해야 하며, 그 결과를 잘 기록하고 보관하여 추후 교과 및 생활지도를 실시하는 데 사용해야 한다.

집단 상담은 학기 초에 열리는 학부모 총회, 학기에 한 번 정도 실시되는 학부모 상담 주간에 주로 이루어진다. 교사는 학교의 교육이념이나 교육과정, 지도방법, 연간행사 및 활동을 설명하고 학부모와 학생의 평소 행동과 친구관계, 놀이, 습관, 문제점 등에 대해 이야기를 나누면서 학생의 실태 및 특성을 파악할 수 있다.

2) 학부모 총회

대부분의 학교에서는 3월 둘째 주에서 셋째 주 기간에 학부모 총회 행사를 연다. 학부모 총회가 끝나면 참석한 학부모 중 희망자에 한해서 아동에 대한 상담을 하는데 이 시간을 통해서 학생에 대한 특성 및 실태를 파악할 수 있다. 사실 학기가 시작된 지 얼마 되지 않았기 때문에 담임교사가 해당 학생에 대해 알고 있는 정보가 많지 않다. 이때 담임교사는 학생에 대한 정보를 모른다고 해서 당황해하지 말고 본인이 알고 있는 범위 내에서 학생에 대한 객관적인 사실만을 이야기하는 것이 좋다. 또한 학부모가 아동의 특성에 대해 이야기하는 것을 경청하고 메모해 두었다가 추후 아동을 지도하는 데 적절하게 활용해야 한다.

학부모 총회 상담일지

학부모 홍보 및 교육 간담회 결과

4학년 1반 담임　　(인)

일 시	2010년 3월 16일 수요일
장 소	인천연수초등학교 4학년 1반 교실
참석자	10명
홍보내용 및 상담내용	• 학부모 청렴교육, 학부모 정보통신 윤리교육 실시 • 학교 교육목표 　－예절 바른 어린이 / 건강한 어린이 / 슬기로운 어린이 / 봉사하는 어린이 • 학교 특색사업 안내 　－또래조정을 통한 연수 갈등 win win 프로젝트 • 본교 노력중점 안내 　－눈높이로 키우는 독·토·논 한마당! • 학급 노력중점 안내 　－교육과정 운영 방법 안내, 학력향상 계획 안내, 생활지도 안내 • 학교행사 및 학교생활 안내 　－현장학습 계획 안내 　－알림장 및 홈페이지 활용 안내 　－학급운영 관련 사항 안내 • 학습 지도 관련 안내(일기 쓰기, 독서록 쓰기, 아침활동 안내)
학부모 의견 및 건의사항	• □□□어머니: 아이가 견과류 알레르기가 있음, 급식 먹을 때 다 먹도록 강요하지 말기를 부탁드림 • ◇◇◇어머니: 남자끼리 짝을 하는 경우는 다음 달에는 여자랑 짝을 할 수 있도록 고려 바람 • ○○○어머니: 천식을 심하게 앓고 있어 체육 시간에 무리한 운동을 하거나 뛰지 않도록 세심한 지도 바람 • ☆☆☆아버지: 교과지도보다는 바른 인성을 지닐 수 있도록 인성교육에 힘써 주시길 부탁함

출처: 연수초등학교 서석호 선생님의 학부모상담일지

3) 학부모상담주간

학부모상담주간은 보통 학기에 한 번 정도 열리며, 3~5일 정도의 기간을 두고 학부모와 상담을 할 수 있는 자리를 갖는다. 보통 학부모가 원하는 시간에 맞춰 상담이 이루어지는데, 최근 맞벌이 부부의 숫자가 증가함에 따라 저녁시간에 상담받기를 원하는 학부모의 요청도 늘어나는 추세다.

학부모 총회와 마찬가지로 상담을 희망하는 학부모에 한해서 상담이 이루어지기도 한다. 학부모 총회와 다른 점이 있다면 이 시기는 담임교사가 어느 정도 학생에 대해 파악이 된 상태이기 때문에 학생의 생활태도, 교우관계, 개선해야 할 점 등에 대해 학부모와 이야기를 나눌 수 있다.

예시자료9 학부모상담 일지 예시

번 호	학생명	상담일자	상담유형	상담내용
1	◇◇◇	2013. 5. 10.	전화 상담	• **상담내용**: 학업에 대한 관심이 낮고 집중력이 부족함. 아이가 원하면 다 들어주는 편임, 학업 성적을 올릴 수 있는 방안을 알고 싶음 • **상담결과**: 독서하는 습관을 생활화 하고 자기주도적인 학습을 할 수 있도록 가정과 연계하여 지도해야 함, 학업의 중요성을 이야기하는 동시에 인성에 대한 중요성에 대해 말씀드림
2	□□□	2013. 5. 20.	방문 상담	• **상담내용**: 또래 친구들과 같이 어울려 지내는 것에 대해 어려움을 겪고 있음, 또래보다 몸집이 왜소하고 내성적인 성격인 탓에 쉽게 어울리지 못하고 자꾸 집에만 있으려고 함 • **상담결과**: 무엇보다 학생에게 자신감을 심어 주는 것이 중요함, 작은 일이라도 성취감을 줄 수 있는 일을 맡기도록 함, 칭찬은 고래도 춤추게 하는 것처럼 잦은 칭찬이 절대적으로 필요함, 체육 시간 등을 통해 또래 친구와 자연스럽게 어울릴 수 있는 기회를 마련하도록 함

출처: 인천연수초등학교 서석호 선생님의 학부모상담일지

5. 기 타

앞에서 제시한 네 가지 방법 이외에 담임교사가 학생의 실태를 파악할 수 있는 방법은 주기적으로 일기장 검사하기, MBTI나 성격검사 등의 각종 심리 검사, 지속적인 관찰 및 메모 등과 같은 방법이 있다.

1) 일기장 검사

담임교사는 학생에게 일기 쓰기를 지도할 때 자신이 겪고 있는 말 못할 고민이나 어려움 등을 일기장에 적어 보게 함으로써 학생의 실태를 파악할 수 있다. 그러나 최근 인권에 대한 중요성이 강조되면서 학생의 일기장을 검사하는 것에 대해 교사집단 내에서조차 논란이 있었던 만큼 학생의 인권이 침해되지 않는 범위 내에서 잘 활용해야 한다.

2) 각종 심리 검사

학교에서는 학생의 건강한 성장 · 발달 지원 및 정서적 · 행동적 특성을 파악하기 위해 지역 기관 및 전문상담기관과 연계하여 MBTI, 홀랜드 진로발달 검사, EPDI, 애니어그램 성격유형 검사 등과 같은 각종 심리 검사를 실시한다. 검사 실시 후 약 2~3주 후에 학생에게 검사 결과가 통보되며 담임교사는 반별 통계 및 개인별 특징을 요약한 검사 결과지를 받을 수 있다. 이를 통하여 담임교사는 학생의 정서적 · 심리적 상태를 확인할 수 있으며 진로지도나 생활지도에 활용할 수 있다. 심리 검사는 학생이 직접 검사에 참여하는 경우가 대부분이지만 가정으로 검사지를 배부하여 학부모가 작성한 후 그 결과를 바탕으로 학생의 특성을 파악하기도 한다.

예시자료 10 특성 파악을 위한 부모 검사지

이 설문은 '초등학생 학부모를 대상'으로 자녀의 정서, 행동을 나타내는 문항입니다.
'지난 한 달 동안' 관찰하신 자녀의 행동에 대해 해당란에 ∨표시를 해 주십시오.

	문 항	전혀 없음 (0)	약간 있음 (1)	상당히 있음 (2)	아주 심함 (3)
1	너무 말랐거나 혹은 너무 뚱뚱하다				
2	꼼지락거리거나 가만히 앉아 있지 못한다				
3	도벽이 있거나 거짓말을 자주 한다				
4	우울한 기분으로 생활하는 일이 많다				
5	정신을 잃고 쓰러진 적이 있다				
6	성질이 급하고 참을성이 부족하다				
7	지능이 낮다				
8	무단결석 혹은 가출을 한 적이 있다				
9	매사에 의욕이 없어 보인다				
10	다른 아이와 주먹질을 하며 싸운다				
11	술 혹은 담배로 문제를 일으킨 적이 있다				
12	어른에게 반항적이거나 도전적이다				
13	대소변 가리기에 문제가 있다				
14	불만이 많고 쉽게 화를 낸다				
15	양보심이 부족하다				
16	불안하거나 긴장된 표정을 보인다				
17	여기저기 자주 아프다(예, 두통, 복통 등)				
18	또래에 비해 읽기, 쓰기, 셈하기를 잘 못한다				
19	언어발달이 늦어 대화에 지장이 있다				
20	자신감이 부족하다				
21	잘 먹지 않는다				
22	컴퓨터를 너무 사용하여 생활에 문제가 있다				
23	집중력이 짧고 주의가 산만하다				
24	다른 아이와 잘 어울리지 못한다				
25	신경이 날카롭고 신경질적이다				
26	틱(눈 깜박거림, 큼큼 소리 내기 등)이 있다				

출처: 교육부. 학생정서 · 행동특성 검사(http://mom.eduro.go.kr/)

3) 관찰 및 메모

학생의 실태를 파악할 수 있는 가장 쉽고도 어려운 방법이 바로 관찰 및 메모다. 교사에게 주어진 과도한 학교 업무 때문에 학생에게 관심을 기울이고 신경을 쏟을 시간이 부족한 것이 사실이다. 하지만 교사에게 주어진 학교 업무가 아무리 많다 하더라도 교사의 최우선 과제는 학생을 돌보고 가르치는 일이다. 따라서 교사는 수시로 학생에게 관심을 기울여 관찰하고 특징적인 것을 메모하는 습관을 갖도록 해야 한다.

6. 학생 실태조사 평가하기

학생 실태조사의 개념 및 필요성을 이해하고 적절하게 활용하고 있는지 점검하고 진단하는 과정이 필요하다. 다음 10개의 문항은 학생의 실태를 효과적으로 파악할 수 있는가를 평가하기 위한 체크리스트다. 이를 참고하여 학생 실태조사의 필요성을 이해하고 학생 실태조사를 계획, 실행, 평가할 수 있는지를 스스로 판단할 수 있도록 돕고자 한다.

항목	그렇다	보 통	아니다
1. 학생 실태조사의 필요성을 이해하였는가?			
2. 학생의 실태를 파악할 수 있는 방법을 알고 있는가?			
3. 학교생활기록부 관찰의 필요성 및 조사항목을 이해하였는가?			
4. 학교생활기록부 활용 시 지켜야 할 유의사항을 알고 있는가?			
5. 기초조사서의 필요성을 알고 작성 시기 및 방법, 조사내용을 알고 있는가?			
6. 기초조사서 활용 시 지켜야 할 유의사항을 알고 있는가?			

7. 학생의 개인정보를 침해하지 않는 범위 내에서 알맞게 기초조사서를 작성할 수 있는가?			
8. 학생상담의 필요성 및 영역을 이해하였는가?			
9. 학부모와의 연계를 통한 학생 실태조사 방법을 알고 있는가?			
10. 생활지도를 하는 데 학생의 실태를 파악한 정보를 알맞게 활용할 수 있는가?			

질문에 대한 자신의 대답을 주의 깊게 검토한 후 다음에 답하시오.

➜ 앞으로 개선할 사항은?

➜ 잘된 점은?

학습과제 및 실천활동

1. 학생의 특성 및 실태를 조사할 수 있는 방법은 어떤 것이 있는지 말하여 보자.
2. 나만의 기초조사서를 작성해 보자. 학생 및 학부모의 인권을 침해하지 않는 범위 내에서 학생의 특성 및 실태를 효과적으로 파악할 수 있도록 기초조사서의 내용을 재구성해 보자.
3. 학생 및 학부모상담을 위해 교사로서 준비해야 할 것은 무엇인지 생각해 보자.
4. 학부모와 연계하여 학생의 특성 및 실태를 파악할 수 있는 효과적인 방법을 생각해 보자.
5. 학생의 특성 및 실태를 파악하여 교과 및 생활지도에 적용시킬 수 있는 방안을 생각해 보자.

참고문헌

강은주(2007). 부모 · 자녀 관계중심 학부모상담모형 구안. 한국교원대학교 석사학위논문.

광주교육대학교 초등학교문화연구소(2005). 초등학교 교사. 서울: 양서원.

교육과학기술부(2013). 초등학교 학교생활기록부 기재요령.

김계현, 김동일, 김봉환, 김창대, 김혜숙, 남상인, 천성문(2009). 학교상담과 생활지도. 서울: 학지사.

김송례(2000). 초등학교 학생의 상담 실태분석. 아주대학교 석사학위논문.

박성수(1986). 생활지도. 파주: 정민사.

이은경(2006). 초등학교 생활통지표의 작성 및 활용 실태와 개선 요구에 관한 연구. 충남대학교 석사학위논문.

이장호(1986). 상담심리학 입문. 서울: 중앙적성연구소.

조동섭, 이승기, 송윤선, 이현석, 장수진, 나인애, 박선주, 안병천(2008). 새내기 교사가 알아야 할 교직실무 100가지. 파주: 교육과학사.

최정근(2011). 초등학교 학교생활기록부 작성과정에 관한 연구. 전주교육대학교 석사학위논문.

허경철(1999). 학교생활기록부 개정 시안. 초 · 중등학교 학교생활기록부 개정을 위한 공청회. 학교 생활기록부 개정 연구위원회.

학생정서 · 행동검사 온라인 검사. http://mom.eduro.go.kr/

제4장

학급규칙 만들기

나는 학기 초에 아이들과 여러 가지 학급규칙을 정하였다. 그 중에는 '숙제를 해 오지 않으면 방과후에 남아서 숙제를 전부 마치고 집에 가기' 규칙이 있었고, 이것은 한동안 잘 지켜졌다. 그러던 어느 날 학부형으로부터 전화가 걸려 왔다. 내용인즉, '우리 철수는 학교가 끝나면 바로 학원을 가야 하니 빨리 보내 주면 좋겠다.'는 것이었다. '숙제는 잘해 가도록 집에서 충분히 교육시키겠다.'는 말을 덧붙이는 것도 잊지 않았다. 처음엔 숙제를 꼬박꼬박 잘해 오는가 싶더니, 며칠이 지나지 않아 철수는 다시 습관적으로 숙제를 해 오지 않았다. 하지만 나는 부모님과의 전화통화도 있고 해서 당분간 이 아이를 집에 일찍 보내 주었다. 그러는 사이에 다른 아이의 불만이 점점 심해져 갔다. 여간 불공평하다는 눈치가 아니다.

사실 이 경우 외에도 학교가 끝나면 바로 학원에 가야 한다는 등의 핑계로 청소를 못한다거나, 여러 가지 학급활동에 참여하지 못한다는 아동을 볼 때마다 나는 학급규칙 적용의 어려움을 느낀다.

어떻게 하면 학급규칙을 잘 만들 수 있을까? 학생에게 직접 학급규칙을 정하도록 해 보는 것은 어떨까? 학급규칙을 만들 때는 어떤 점을 유의해야 하는 것일까? 내가 만든 학급규칙은 적절한 것일까?

〈윤민희, 경수초등학교 교사, 교직 경력 2년〉

- 학급규칙의 개념과 필요성을 이해한다.
- 학급규칙을 만드는 과정을 알고 효과적으로 실행할 수 있다.
- 적절한 기준을 세워 학급규칙을 평가할 수 있다.

교사와 학생이 효과적으로 학교생활을 하기 위해서는 '수업은 어떻게 준비되어 있어야 하는가. 언제·어떻게 질문·토론할 수 있는가. 쉬는 시간에 할 수 있는 일은 무엇인가. 좌석배치는 어떻게 할 것이며 얼마나 자주 바꿀 것인가. 교실에서 해서는 안 되는 행동은 무엇인가.' 등에 대한 규칙이 필요하다. 성공적으로 운영되는 학급은 교육활동 및 상호작용이 원활히 이루어지게 하는 좋은 학급규칙을 가지고 있다.

학급경영에서 규칙이 필요한 이유를 구체적으로 살펴보면 다음과 같다. 첫째, 교사는 많은 시간을 절약할 수 있고, 학생은 주의력과 흥미를 증진시킬 수 있다. 둘째, 질서 있는 교실환경을 조성할 수 있다. 셋째, 문제행동을 효과적으로 예방할 수 있다. 넷째, 학급경영의 합리성을 증진시킬 수 있다(박남기 외, 2009). 이렇게 여러 규칙은 질서정연한 환경 속에서 교사와 학생이 불필요하게 힘과 시간을 낭비하지 않고 생활할 수 있도록 한다.

한편 학급규칙과 함께 유사한 의미로 활용되는 용어로 '행동수칙' '절차' '학급규범' 등이 있다. 엄밀하게 접근한다면 이들은 성격, 구체화의 수준, 생성과정, 의도성 등의 측면에서 학급규칙과 개념적 차이를 가진다. 하지만 이 책에서는 세부적인 절차를 포함하는 광의의 개념에서 학급규칙이라는 말을 활용하기로 한다.

1. 학급규칙 제정의 요소

학급규칙은 학급의 질서와 분위기를 좌우하기 때문에 신중하고 체계적으로 만들어져야 한다. 이를 위해서는 먼저 학급규칙을 만드는 주체·시기·중점·원칙 등의 요소를 고려하여야 한다. 이런 준비과정을 거친 뒤에는 본격적으로 학급경영의 여러 영역에 적합한 규칙을 설정하게 된다.

1) 주 체

학급규칙을 정하는 과정에 학생을 참여시키면 학생의 책임감이 증진되고, 학급규칙이 원활하게 수용된다. 학생을 학급규칙 제정의 논의과정에 참여시키는 방법에는 여러 가지가 있다. 교사가 미리 설정한 규칙을 제시하고 학생이 이것에 대해 찬반토론을 하여 수정·보완하는 방법이 있으며, 몇 가지 영역과 요소를 제시하면 학생이 알맞은 규칙을 설정하는 방법도 있다. 혹은 경우에 따라 모든 부분을 학생의 자율적인 결정에 맡기는 방법도 있다. 저학년의 경우에는 이러한 과정에서 시간이 많이 소요될 수도 있다.

하지만 민주적인 학급을 구성해야만 한다는 강박관념을 가지고 학급규칙을 정할 때 반드시 학생을 참여시켜야 하는 것은 아니다. 어떤 교사는 학급규칙을 정할 때 학생에게 의사결정권을 주지 않는 경우도 있다. 대신 그들은 규칙과 절차를 학생에게 분명하게 제시하고, 필요한 이유를 설명한다. 교사가 합리적인 규칙과 절차를 만들고, 필요한 근거를 설득력 있게 제시하며, 일관성을 가지고 규칙을 적용한다면 대다수의 학생이 규칙과 절차를 따르려 할 것이다.

2) 시 기

학급규칙은 통상적으로 새 학기의 시작과 함께 구성된다. 교사가 모든 규칙을 결정하는 경우에는 학기가 시작되기 전에 미리 구성되어 있는 경우가 많다. 학생과 함께 규칙을 정하는 경우에도 학기 초 첫 2주 동안 대부분의 규칙이 결정되는

것이 일반적이다. 왜냐하면 이 기간이 관계가 형성되는 시기로 규칙정립에 가장
효과적이기 때문이다(Schumuck & Schumuck, 1992). 하지만 학급규칙은 고정적이
라기보다는 학급의 상황이나 여건에 따라 여러 시기에 수정되고 보완될 수 있다.

학기 초에 일찍 규칙을 제정함으로써 다음과 같은 이점을 얻을 수 있다. 첫째, 학
생이 새로운 환경에 적응하는 과정이기 때문에 학급규칙을 받아들이는 것에 대한
저항이 적다. 둘째, 문제행동을 사전에 예방할 수 있다. 셋째, 빨리 적용해 본 후 학
급의 상황에 맞게 수정하거나 보완할 기회를 가질 수 있다.

한편 학기 중에 필요할 때마다 규칙을 제정하는 경우에는 학생이 규칙의 필요성
을 충분히 인식한다는 점, 학급에 실질적으로 필요한 내용을 규칙으로 선정할 수
있다는 점 등의 장점도 있다.

3) 중 점

학급규칙은 담임교사의 교육관에 따라 나름의 중점사항을 갖게 되고 이것이 바
로 각 학급규칙의 특색이 된다. 학급규칙을 제정할 때 고려할 만한 중점은 수없이
많지만, 필수적인 영역을 포괄하여 3~5가지 정도를 선정할 수 있다. 여기서는 중
요하다고 생각되는 학급규칙 제정의 일반적 중점을 5가지 소개해 본다.

중점 1. 예의 바른 몸가짐: 기본이 되는 중점사항이다. 먼저 예의 바른 행동에 대한 정의를
분명하게 제시하여야 한다. 교사에 대한 예의뿐만 아니라 학급 친구에 대한 예의
도 포함된다는 것을 강조한다. 이를 통해 교우 간 다툼이나 폭력 등을 감소시켜
평화롭고 온건한 학급 분위기의 기틀을 마련한다.

중점 2. 자기통제: 타인에 의해서가 아니라 스스로 통제할 수 있어야 한다. 규제와 간섭에
의한 통제는 한계를 가진다. 그러므로 하지 말아야 하는 행동을 스스로 판단하여
통제할 수 있도록 강조하고 격려한다.

중점 3. 언어예절: 몇몇 학생은 습관처럼 타인의 대화나 발표 중간에 끼어들어 말하곤 한
다. 언어예절에 관련된 규칙을 통해 수업 방해 행동을 막을 수 있으며, 본인의 의
사표현도 존중받을 수 있게 된다. 앞서 말하는 사람의 말이 끝나기 전에 끼어들
지 않고, 자신의 차례를 기다려서 말하도록 한다. 올바른 높임말 사용 및 예의 바
른 언어 사용도 여기에 속한다.

> 중점 4. 공동체 생활: 학교는 여러 사람이 모여서 함께 생활하는 공동체 장소다. 타인을 배
> 려하지 않고 독자적·이기적으로 행동하는 것은 원활한 학급운영을 저해하며 나
> 아가 개인의 사회성 발달에도 심각한 문제점을 일으킨다.
> 중점 5. 진실함과 성실성: 습관처럼 하는 거짓말과 거짓행동은 학생 시절에 반드시 예방하
> 고 고쳐져야 하며, 성실성은 인생을 살아가는 데 있어서 가장 큰 원동력을 준다.

예시자료 이외에도 여러 가지 중점사항이 있을 수 있다. 청결이나 학업 중심, 학
교폭력 및 안전사고 예방 등이 있다. 하지만 이런 내용을 학급규칙 속에 모두 담겠
다는 마음은 욕심이며 불가능하다. 자신만의 학급특색에 맞춰 여러 가지 중점사항
을 생각해 보고 우선순위를 고려하여 적용해 본다.

4) 원 칙

학급규칙을 만들기에 앞서서, 먼저 학급규칙 제정의 원칙을 정하는 것이 좋다.
일정한 원칙이 없이 제정되는 규칙은 일관성을 가지기 힘들다. 학급규칙을 제정할
때 일반적으로 준수해야 하는 원칙은 다음과 같다.

> 원칙 1. 단순성: 학급규칙의 내용은 단순하고 명료해야 하며, 규칙의 수는 너무 많지 않은
> 것이 좋다.
> 원칙 2. 민주성: 학급규칙을 새로 설정하거나 기존의 규칙을 수정할 때 학생이 적극적으
> 로 참여하도록 한다.
> 원칙 3. 적절성: 학급규칙은 각 학급의 상황과 여건에 부합하여야 하며, 아동의 발달 단계
> 를 고려하여 규칙을 제정한다.

이외에도 학급규칙이 학교규칙과 상충하지 않도록 유의하고, 학급규칙에 대해
서 학생들과 정기적으로 점검하고 토론할 기회를 마련한다.

2. 학급규칙의 영역

학급에서 필요한 여러 가지 규칙을 생각하다 보면 복잡하고도 방대하여 그 끝이 없다고 해도 과언이 아니다. 이 책에서는 일반적인 학급규칙의 영역을 크게 3가지(학습·생활·일반)로 나누어서 접근하고, 각각의 영역별로 세부 영역을 제시한다. 그리고 영역별로 규칙의 예시를 제시하여 학급운영에 필수적으로 요구되는 규칙을 스스로 구성할 수 있도록 돕고자 한다. 보다 다양한 규칙의 내용은 교사의 연습과 경험을 통해 각 학급에서 정교하고 실용적이도록 만들어져 사용될 것이라 생각한다.

예시자료 1 학급규칙의 영역

영 역	세부 영역
학 습	① 주의집중 및 수업 중 기본절차
	② 발표 및 학생들 간 대화·토론 방법과 절차
	③ 수업 도중 필요한 경우 도움을 받는 방법
	④ 개별학습이 먼저 끝난 경우의 행동방안
	⑤ 모둠활동 방법 및 절차
	⑥ 과제에 관련된 것
생 활	① 자신의 책상과 사물함 사용 및 관리방법
	② 교사의 책상이나 비품 및 물건
	③ 화장실 사용 수칙
	④ 공동자료 및 비품
일 반	① 일과의 시작과 끝 절차
	② 여러 가지 이동 절차(운동장, 특별실 등)
	③ 자료 배부 절차
	④ 급식 절차
	⑤ 응급상황 및 비상상황에서의 절차
	⑥ 학급도우미의 역할과 순번

1) 학습 영역

교사에게 수업은 가장 핵심적인 활동이라 할 수 있다. 학습규칙이 훌륭한 수업을 보장하는 것은 아니다. 하지만 교사가 수업을 원활하게 전개하기 위해서는 적절한 규칙이 갖추어져 있어야 한다. 마찬가지로 학생도 학습을 하는 데 어려움이나 불편함이 없도록 일련의 과정이나 절차가 필요하다. 다음은 학습 영역 학급규칙의 예시자료다.

예시자료 2 학습 영역 학급규칙

영 역	세부 영역	규칙의 예시
학습	① 주의집중 및 수업 중 기본 절차	• 수업 중 허락 없이 이동하지 않는다. • 다음 시간 전에 교과서와 준비물을 책상 위에 둔다. • 구호를 외치면 박수를 치며 주의집중한다.
	② 발표 및 학생 간 대화 · 토론 방법과 절차	• 교사의 지목 없이 발언하지 않는다. • 타인의 말이 끝날 때까지 기다렸다가 말한다.
	③ 수업 도중 필요한 경우 도움을 받는 방법	• 수업 중 중대한 도움이 필요한 경우 손을 들고 지체 없이 말한다.
	④ 개별학습이 먼저 끝난 경우의 행동방안	• 평소 준비한 책을 읽는다. • 조용하게 자율 활동을 한다.
	⑤ 모둠활동 방법 및 절차	• 모둠원 역할(발표, 정리, 수합, 모둠장 등)을 분담하고 정한다.
	⑥ 과제에 관련된 것	• 등교하면 아침시간에 미리 지정한 과목별 담당학생에게 과제를 제출한다.

(1) 주의집중 및 수업 중 기본 절차

수업 중에는 학생의 주의를 집중시켜야 하는 경우가 많다. 특히 개별학습활동이나 모둠학습활동이 끝난 직후에 교실은 어수선해지기 쉽다. 어떤 교사는 주의집중에 너무 많은 시간을 빼앗겨서 수업 시간마다 예정된 분량을 지도하지 못하여 애를 먹기도 한다. 주의집중 규칙을 미리 세워 두고 빠르게 주의를 집중시킨다면 낭비되는 시간을 단축시키고 효과적으로 수업 시간을 활용할 수 있다. 보통은 교사의 구령(예, 6학년!)에 맞추어 학생이 구호(예, 1반!)와 함께 박수를 치는 경우가 가장 많으며, 교탁의 초인종으로 교사의 구령을 대신하기도 한다. 이외에도 쉬는 시간 동안 책과 준비물을 책상에 올려 두거나, 수업 중에 교사의 허락 없이 자리를 이탈하지 않도록 하는 규칙 등을 설정해 놓으면 원만한 수업진행에 도움이 될 수 있다.

(2) 학생 간 대화 · 토론 방법과 절차

수업 중 말하기에 관한 규칙 설정은 매우 중요하다. 특히 말차례가 지켜지지 않는다면 말하는 사람만 있고 듣는 사람은 없는 경우가 발생한다. 이런 측면에서 수업 중 발표는 교사가 지목한 사람이 말하고, 타인이 말하는 동안에는 끝날 때까지 기다리도록 하는 규칙의 설정이 필수적이다. 이는 학습 영역뿐만 아니라 학생의 학교생활에도 전반적으로 적용될 수 있는 규칙이다.

(3) 수업 도중 필요한 경우 도움을 받는 방법

사소하게는 배변의 욕구부터 긴급한 질병증상의 발현까지 수업 중에는 종종 학생에게 여러 가지의 도움이 필요한 상황이 발생한다. 그런데 위축되어 있거나 소심한 아동은 자신의 의사를 곧바로 표현하지 못하여 쉽게 해결할 수 있는 상황을 어렵게 하는 경우가 있다. 이를 위해 수업 도중 도움이 필요한 경우 지체 없이 손을 들고 말할 수 있도록 규칙을 설정하면 좋다. 하지만 대부분의 경우 '선생님, 이것은 어떻게 해요?' 정도일 것이다. 이 경우에도 마찬가지로 손을 들고 요청하도록 한다.

(4) 개별학습이 먼저 끝난 경우의 행동방안

수업 시간 중 개별과제를 부여할 경우 수준의 차이에 따라 다른 학생보다 먼저 끝내는 학생이 항상 있다. 이러한 경우를 방치하면 다른 학생에게 방해가 될 뿐만 아니라 과제를 빨리 끝낸 학생도 시간을 낭비하게 되는 셈이다. 따라서 개별학습이 먼저 끝난 경우에 평소에 준비한 책을 읽는다거나, 타인을 방해하지 않는 선에서 자율 활동을 하도록 하는 규칙 등을 설정할 수 있다.

(5) 모둠활동 방법 및 절차

모둠활동의 경우 구성원들의 역할을 미리 구성해 주면 혼선이 없고 원활한 활동을 이끌어 낼 수 있다. 예를 들어, 모둠구성원의 역할은 4인을 기준으로 하여 모둠장(예, 이끎이), 발표자(예, 똑똑이), 정리자(예, 깔끔이), 수합자(예, 모음이)로 구성하며 학습 여건에 따라 역할내용은 바꿀 수 있다. 이때, 특정 학생에게 특정 역할이 고정되지 않게 역할을 번갈아 가며 하도록 설정하는 것이 좋다.

(6) 과제에 관련된 것

여러 과목에서 나오는 수많은 과제를 교사가 매번 수합하려면 여간 번거로운 일이 아닐 수 없다. 과목별 담당 학생(예, 수학왕)을 선발하고 해당학생에게 지정된 시간과 날짜에 제출하도록 하면 한결 수월한 과제 수합이 될 수 있다. 과목별 담당학생은 희망자 중에서 공정하게 선정하며 이 역할 또한 번갈아 가면서 맡기는 것이 좋다.

예시자료 3 **학습 영역 학급규칙의 제시**

수업태도 규칙	목소리 크기 조절
• 쉬는 시간은 수업준비시간(다음 수업시간을 준비한 후 화장실부터 다녀와서 작은 소리로 이야기하기) • 바른 자세(글씨 자세) • 발표 규칙 지키기 • 목소리 크기 조절하기 • 학습준비물과 과제물은 철저히 준비	• 큰 목소리: 교실 밖까지 들리는 목소리 • 발표: 교실 전체에 들리는 목소리 • 토의 · 토론: 모둠원에게 이야기하기 • 속삭임: 옆사람과 소곤소곤 이야기하기 • 혼잣말: 아주 조용히 들릴까 말까

출처: 네이버 블로그(http://cafe.naver.com/erke/3225).

2) 생활 영역

일상생활에도 여러 가지 적절한 규칙이 필요하다. 여기에는 주로 비품과 물품의 관리에 관한 내용이 많다. 공동체 생활을 하는 데 불편함이 없도록 일련의 과정이나 절차를 설정하도록 한다. 다음은 생활 영역 학급규칙의 예시자료다.

예시자료 4 생활 영역 학급규칙

영 역	세부 영역	규칙의 예시
생 활	① 자신의 책상과 사물함 사용 및 관리방법	• 책상과 사물함은 항상 깨끗하게 정리 정돈한다.
	② 교사의 책상이나 비품 및 물건	• 교사의 물품에 허락 없이 손대지 않는다.
	③ 화장실 사용	• 용무가 있는 경우를 제외하고 화장실에 가지 않는다.
	④ 공동자료 및 비품	• 비품 담당 학생이 지정된 시간에 자료와 비품을 배부 · 수합 · 관리한다.

(1) 자신의 책상과 사물함 사용 및 관리방법

어떤 학생은 습관처럼 혹은 자신의 물건이 아니라고 생각해서 책상과 사물함을 함부로 사용하거나 지저분하게 관리하는 경우가 있다. 심지어 칼로 긁거나 구멍을 뚫는 등 훼손을 하는 경우도 있다. 이런 상황을 미연에 방지하기 위하여 자신이 일시적으로 맡아서 사용하는 책상과 사물함을 항상 청결하고 깨끗하게 관리하도록 하는 학급규칙을 설정하는 것이 좋다.

(2) 교사의 책상이나 비품 및 물건

교사의 개인 용품이나 소지품, 비품 등에 대해서 함부로 손을 대지 않도록 규칙을 설정하는 것은 종종 발생하는 고장이나 파손, 도난 등의 사건을 미연에 방지할 수 있게 해 준다. 허락이 있기 전에는 절대 만지지 않도록 하는 것이 좋다.

2. 학급규칙의 영역 I 89

(3) 화장실 사용

가장 기초적이고 상식적인 예절이라 할 수 있지만 의외로 화장실 사용에 관한 예절은 학생에게 정립되어 있지 않다. 학생은 배변 용무 이외에도 화장실에 모여서 떠들거나 장난을 치고, 심지어 군것질을 하기도 한다. 이 때문에 화장실에서 안전사고가 일어나는 경우도 심심찮게 발생한다. 따라서 화장실은 용무가 있는 경우에만 가도록 하고, 화장실에서는 장난을 치지 않도록 규칙을 정하는 것이 도움이된다.

(4) 공동자료 및 비품

공동자료나 비품을 배부하거나 수합, 관리하는 경우도 비품 담당 학생(예, 생활도우미)을 선정해서 지정된 시간에 실시하는 것이 효과적이다. 과목별 담당 학생과 마찬가지로 학생의 희망을 받아 선정하고, 주기적으로 교체하여 주는 것이 좋다.

예시자료 5 생활 영역 학급규칙의 제시

올바른 습관 여든 간다	점심시간 잘 활용하기
• 공수 인사: 걸음을 멈추고 두 손을 모으고 인사하기 • 복도 통행 뛰지 않기: 복도에서 뒷짐 지고 한 줄로 오른쪽 통행 • 등교시간과 통로 지키기: 안전을 위해 주차장 통행금지, 등교시간은 8:20~8:40까지 20분간 • 정리와 청소: 서랍 가방 사물함 정리 청소 방법 익히기 • 바른 자세	• 자투리시간을 잘 활용하는 사람이 되자 (점심시간에 자신만의 계획을 통해 독서, 학습지 등 짧은 시간에 할 수 있는 내용으로 계획 세우기) • 12시 55분까지 꼭 자기 자리에 앉기 • 정리정돈 청소하는 습관 • 자신의 건강과 체력관리로 졸음과 집중력 저하 대비

출처: 네이버 블로그(http://cafe.naver.com/erke/3225).

3) 일반 영역

생활 영역의 규칙 이외에도 일반적인 영역의 규칙이 있다. 생활 영역의 규칙이 규범에 관련된 내용이 많은 반면, 일반 영역의 규칙은 절차에 관련된 내용이 많은 것이 특징이라고 볼 수 있다. 이동절차나 급식절차, 비상시 대처요령 등이 여기에 속한다. 생활 영역은 앞의 두 영역(학습·생활)에 비해 학급별 개성이 가장 가시적으로 나타나는 영역이기도 하다. 다음은 일반 영역 학급규칙의 예시자료다.

예시자료6 일반 영역 학급규칙

영 역	세부 영역	규칙의 예시
일반	① 일과의 시작과 끝 절차	• 조회·종례 시간에 미리 자리에 앉아서 조용히 기다린다. • 종례시 알림장을 미리 펴 놓는다.
	② 여러 가지 이동 절차 (운동장, 특별실 등)	• 학급회장이 앞에 서고 두 줄로 서서 다른 교실에 방해되지 않게 조용히 이동한다.
	③ 자료 배부 절차	• 학급에 유인물이 오면 교사가 확인 후 담당 학생이 종례 시간에 배부한다.
	④ 급식 절차	• 당일 학습태도가 좋았던 모둠 순서대로 먹는다. • 날마다 모둠 순서대로 돌아가며 먹는다.
	⑤ 응급상황 및 비상상황에서의 절차	• 교사가 없을 경우 지체 없이 다른 반의 교사에게라도 말한다.
	⑥ 학급도우미의 역할과 순번	• 제비뽑기로 결정한다. • 번호 순서대로 돌아가며 한다.

(1) 일과의 시작과 끝 절차

하루 일과의 시작과 끝이 명확하지 않으면 학생도 우왕좌왕하게 된다. 조회가 잘되면 하루가 잘 시작되었다고 볼 수 있다. 마찬가지로 종례가 잘 이루어져야 교사와 학생 모두 하루를 잘 마쳤다고 느낄 수 있을 것이다. 따라서 학생으로 하여금 조회와 종례를 매일 치르는 하나의 작은 의식과 같이 여길 수 있도록 한다. 조회와 종례 시간에는 미리 자리에 앉아서 기다리거나 알림장을 펴 놓는 등의 규칙을 설정하는 것이 좋다.

(2) 여러 가지 이동 절차

교실 이외의 장소(운동장, 특별실 등)에서 수업이나 활동이 있는 경우 학생은 단체 이동을 한다. 이때 학급마다 이동하는 방식은 천차만별이다. 학생이 개별적으로 이동하는 학급이 있으며 다함께 모여서 함께 이동하는 형태도 있다. 줄을 잘 맞춰서 이동하는 학급이 있는가 하면, 일정한 형태 없이 하나의 무리가 몰려 가기도 한다. 학생이 마치 군대처럼 오와 열을 맞추어 이동해야 할 필요는 없겠지만, 이동 간에 다른 학급이나 학생에게 방해가 되지 않도록 적절한 절차를 세워야 한다.

(3) 자료 배부 절차

학급으로 전달되는 유인물은 거의 매일 있다고 할 수 있을 정도로 많다. 과목별 담당 학생과 마찬가지로 담당 학생(예, 학급도우미)을 선정하여 활용하는 것이 좋다. 내용이 잘못되었거나 전달상 유의사항이 있을 수 있으므로 학생에게 맡기기 전에 반드시 교사가 유인물의 내용을 확인해야 한다.

(4) 급식 절차

급식 담당 학생의 선정과 역할분배, 급식순서, 급식방법 등 급식에 관한 규칙은 고려할 것이 많다. 먼저 급식 담당 학생은 일반적으로 4~5명의 학생(모둠)으로 구성하며 급식의 처리 · 배식 · 뒷정리까지 일련의 과정을 전부 수행하게 된다. 급식 담당 학생의 청결이나 복장(손 씻기와 앞치마 착용)도 규칙으로 정하는 것이 좋다. 급식 담당 희망 여부는 개인차가 크기 때문에 공정하게 선정해야 한다. 오랜 기간 동안 급식 담당을 하면 학생이 힘들어하기 때문에 주기적으로 교체해 주는 것이 좋다.

음식을 하나도 남기지 못하게 억지로 먹이는 규칙은 좋지 않다. 학생이 특정 음식에 대해 반감이 더 커지며, 씹지도 않고 삼키거나, 심지어 입에 머금고 있다가 화장실에 뱉고 오는 경우도 있다. 음식은 먹을 수 있을 만큼만, 모든 반찬을 골고루 배식하고, 남기지 않는 급식분위기를 만들도록 노력한다. 학기 초에 미리 가정환경조사서를 통해 특정 학생이 거부반응 등으로 먹지 못하는 음식에 대해 파악하고 다른 학생에게도 이 사실을 알려 주도록 하는 것이 좋다.

급식순서는 당일 학습태도가 좋았던 모둠 순서로 먹는 방법과 날마다 모둠 순서대로 돌아가며 먹는 방법이 일반적이다. 이외에도 부식으로 나온 음식물을 교실 밖으로 가지고 다니거나 돌아다니면서 먹지 못하는 규칙도 있다. 급식에 관한 규칙은 학급회의 등을 통해서 학생과 함께 정하는 것이 좋다.

(5) 응급상황 및 비상상황에서의 절차

천재지변이나 학생의 급작스러운 사고 등이 발생할 경우 지체 없이 교사에게 알리도록 한다. 만약 담임교사가 교실에 없을 경우에는 다른 반의 교사에게라도 도움을 요청하도록 한다. 이런 규칙을 미리 설정해 두면 학생이 긴급한 상황에서 당황하지 않고 대처하는 데 도움이 된다.

(6) 학급도우미의 역할과 순번

대부분의 학급에서는 학급도우미를 선정하여 활용하고 있다. 이를 위해 학급도우미의 역할과 순번을 규칙으로 정하는 것이 필요하다. 학급도우미의 선정은 주로 제비뽑기나 번호 순서대로 돌아가며 하는 방법이 많이 활용된다.

아침등교 후 활동

- 책가방 정리: 가방 꼭 닫고 잘 걸어 놓기
- 책상서랍과 사물함 정리: 시간표 순서 대로 정리
- 일기 및 과제물 제출: 선생님 책상 옆 공간
- 자기 자리 주변 청소: 용모 단정, 지퍼 및 단추 정리
- 8시 30분부터 9시까지 아침 독서

특별실 이용 규칙

- 화장실 다녀오기(5분 이내)
- 책상 및 의자 정리
- 교실 내 남녀 줄 서기(남-뒤쪽, 여-책 꽂이)
- 학급 회장의 신호에 따르기: 남녀 한 줄 로 복도 우측통행하여 끝까지 질서 지 켜 이동, 절대 뛰거나 이야기하지 말 것
- 교과 선생님 수업에 충실히 따르고 연 락사항이 있으면 학급 회장이 담임 선 생님께 알림

점심식사 순서

배식준비(2모둠 6명)

식사 순서 선생님-급식당번-모둠순서

마지막 배식 완료 후 급식판 식사 후 남은 음식이 없도록 하되, 부득이 하게 남았을 경우 빈 반찬통에 버리기

* 급식을 도와주신 모든 분께 감사한 마음 갖기

- 급식당번은 모두 함께 끝까지 정리합니다.
- 점심식사 후 각자 1인 1역 열심히 합니다.

교실복도 자리 청소방법

- 빗자루로 먼지 잘 모으기
- 쓰레받기로 옮겨 쓰레기통에 넣기
- 자기 자리 청소는 넓게 하기, 가장 자리 사물함까지 깨끗이 하기
- 손걸레는 사용 후 세면대에서 깨끗이 세척하여 건조대에 말리기
- 대걸레는 사용 후 세척기에서 깨끗이 세척하여 교실 뒤편에 말리기
- 청소가 빨리 끝난 친구는 교실 청소 도 와주기

출처: 네이버 블로그(http://cafe.naver.com/erke/3225).

3. 학급규칙의 적용

학급규칙이 잘 만들어졌다면 이제 이것을 어떻게 적용할지 생각해 봐야 한다. 일반적으로 학급규칙을 가르치는 가장 좋은 방법은 필요성을 인식시키고, 학생의 생각을 반영하며, 규칙이 몸에 배도록 연습시키고, 적절하게 강화해 주는 것이다(박남기 외, 2009; Jones & Jones, 2004: 270). 학급규칙을 적용할 때 고려해야 할 점을 살펴보자.

1) 학급규칙의 설명, 실행, 게시

(1) 규칙 설명

학급규칙이 정해진 후 교사는 학생에게 이것을 상세하게 설명하여야 한다. 학생이 규칙의 필요성을 충분히 이해해야만 감시와 규제가 아닌 자율적 분위기 속에서 학급규칙이 시행될 수 있다. 설명은 말과 행동을 함께 활용하는 것이 좋다. 구체적 사례를 들어서 설명하는 것도 좋은 방법이다. 특히 저학년의 경우에는 교사가 직접 시범을 보이는 것이 매우 효과적이다. 학급규칙이 완전히 정착되는 데는 보통 한 달 정도의 시간이 필요하며 경우에 따라서는 이 기간이 더 길어지기도 한다. 그리고 학급규칙은 여러 번의 반복을 거쳐서 자리 잡게 된다. 따라서 짧은 기간 안에 혹은 한두 번의 설명만으로 모든 규칙을 전달하고 숙지시킬 수 있다는 생각은 절대 금물이다.

(2) 규칙 실행

학급규칙을 만들고 설명하였다면 이제 실행의 단계다. 실행단계에서도 몇 가지 참고해야 할 사항이 있다. 첫째, 주기적인 확인이다. 학급규칙이 성공적으로 정착하기 위해서는 학생이 개별적·집단적으로 규칙을 잘 준수하는지 반드시 확인하여야 한다. 아무리 공들여서 학급규칙을 만들어 놓아도 이것이 잘 지켜지고 있는지 확인하지 않는다면 소용이 없게 된다. 그리고 시간이 지나면서 학생은 학급규칙에 대해 둔감해지기 때문에 학기 말과 방학을 마치고 돌아온 2학기 초에는 학생과 함께 학급규칙을 다시 상기하는 것이 좋다.

(3) 규칙 게시

학급규칙을 게시하면 학생이 자주 확인하고 상기할 수 있다는 점에서 효과적이다. 또 명시적으로 제시하고 있기 때문에 규칙 준수에 대한 저항이 낮아지며 결과적으로 규칙을 더 잘 지키게 된다. 학급규칙은 교사가 직접 인쇄하거나 만들어서 전시하는 방법과 학생이 직접 만드는 방법이 있다. 학생이 직접 만들고 게시하게 되면 규칙에 대한 책임감이 더 생기기 때문에 시도해 볼 만하다. 다음 자료는 학생이 참여한 학급규칙 게시의 예시 사진이다.

예시자료 8 학생들이 참여한 학급규칙 게시

출처: 네이버 블로그(http://blog.naver.com/mariegnosys?Redirect=Log&logNo=70044011423).

2) 학급규칙의 관리

(1) 긍정적 피드백

학급규칙을 잘 준수하는 학생에게는 긍정적인 피드백을 해 주어야 한다. 그래야 다른 학생의 모델링이 되며 학급규칙을 잘 지키려는 풍토가 정착하게 된다. 긍정적 피드백의 종류로, 흔하게는 칭찬과 특권 부여, 그리고 상품과 같은 물질적 보상을 들 수 있다. 이 중에서 물질적 보상의 경우에는 학급규칙의 준수를 그저 상품 획득의 수단으로 여기거나, 당위적 행위에 대해 대가성을 생각하는 등의 부작용이 있기 때문에 권장하지 않는다. 특권 부여의 경우 학급 구성원이 허용할 수 있는 수준에서 활용하면 좋다. 학급좌석배치 우선권을 준다거나 급식 우선권 등의 예를 들 수 있다. 하지만 무엇보다 칭찬이야말로 가장 바람직하고 강력한 피드백이라고 본다. 칭찬을 받은 학생은 교사가 보고 있지 않아도 스스로 규칙을 더욱 잘 지키려고 노력하며 다른 학생에게도 긍정적인 영향을 미친다. 칭찬을 아끼지 말자.

(2) 위반 시 대처방안

모든 학생이 학급규칙을 완벽하게 지켜 준다면 좋겠지만 그렇게 되기는 현실적으로 힘들다. 학생은 실수로 혹은 고의적으로 학급규칙을 위반한다. 교사가 이런 경우를 미리 생각해 두지 않으면 적절하게 대처하기가 힘들다. 먼저 학급규칙을 위반한 경우에 대한 벌에 대한 규칙을 정할 수 있다. 이때의 벌칙은 교육적 수준에서 적용될 수 있어야 한다. 예를 들어, '명심보감이나 반성문 쓰기'나 '일일 학급도우미 하기' 등이 있다.

하지만 가장 곤란한 것은 학급규칙을 위반하고도 그것에 대한 벌칙마저 거부하는 학생의 경우다. 이런 상황에서 만약 교사가 적절하게 대응하지 못하거나, 힘에 부쳐서 예외를 허용하게 되면 그 순간부터 학급규칙은 더 이상 힘을 가지지 못한다. 학생이 그렇게 반응하게 된 가정환경이나 상황 맥락을 먼저 충분히 살펴본 후에 처벌이 필요하다면 학급 구성원의 의견을 모아 적절하게 실시해야 한다. 경우에 따라서는 가정의 협조를 얻어야 할 수도 있다.

예외적인 경우가 발생할 때도 있다. 학급규칙을 정할 때 학급 구성원과 미리 예외적 상황이 발생할 경우를 생각해 보고 어떻게 대처하면 좋을지 이야기해 보는 것이 도움이 된다. 예를 들어, 질병 때문에 병원에 다녀와 지각한 학생에 대해서 처벌하지 않는 것은 학급 구성원도 동의할 것이다. 하지만 예상하지 못한 상황의 경우에 대해서도 회의를 통해 적절한 방법을 모색하기로 한다면 큰 어려움은 없을 것이라고 본다.

예시자료 9 학급규칙 점검표

열심히 스티커를 모아요	이런 스티커는 모으지 않도록 노력해요
일기 일주일에 6~7개 씀-2개	일기를 일주일에 0~2개 씀-1개
일기 일주일에 3~5개 씀-1개	30분 공부노트를 일주일에 0~3번 씀-1개
독서록 일주일 2회 이상 씀-1개	준비물, 안내장을 챙겨 오지 않음-1개
30분 공부노트 일주일에 4~7번 씀-1개	수업 시간 종이 쳤는데 자리에 앉지 않거나
일주일간 준비물 모두 가져옴-1개	수업 준비를 하지 않음-1개
아침밥을 일주일에 5일 이상 먹음-1개	자기 자리 주변을 정리하지 않음-1개
급식을 일주일간 한 번도 남기지 않음-1개	수업 시간에 선생님의 말씀이나 친구의 발
발표를 하루에 2회 이상 함-1개	표 도중에 방해가 되는 말과 행동을 하여 경
담임선생님께 칭찬받음-1개	고 2번을 받음-1개
부모님께 칭찬받음(알림장에 적어 오기)-1개	자습태도가 바르지 않아 경고 2번을 받음-
전담선생님께 칭찬받음-1개	1개
교장선생님께 칭찬받음-2개	청소, 급식 배식 등 맡은 일을 소홀히 함-1개
안내장을 잘 챙겨 옴-1개	친구와 싸우거나 친구를 괴롭힘-2개
친구에게 칭찬받음-1개	거짓말이나 욕을 함-2개
어려운 친구를 도와줌-1개	복도나 계단에서 뛰거나 우측통행을 하지
학급을 위해 봉사함-1개	않음-1개
수업태도가 바름-1개	특별한 이유가 없는 지각-1개
맡은 일을 열심히 함-1개	쓰레기, 우유를 아무 데나 버림-1개
바른말을 사용함-1개	군것질을 함-1개
글씨를 바르게 씀-1개	휴대전화, 닌텐도 등 전자 기기를 사용함-1개
	실내화를 신고 실외에 나감-1개

6월 칭찬 받았어요!														
1	2	3	4	5	6	7	8	9	10	11	12	13	14	15 (점심시간 노래 3곡 신청)
16	17	18	19	20	21	22	23	24	25	26	27	28	29	30 (정보시간 자유 10분)
31	32	33	34	35	36	37	38	39	40	41	42	43	44	45 (청소 하루 면제)
46	47	48	49	50	51	52	53	54	55	56	57	58	59	60 (하루 짝 선택)
61	62	63	64	65	66	67	68	69	70	71	72	73	74	75 (체육시간 놀이 선택)

76	77	78	79	80	81	82	83	84	85	86	87	88	89	90 (우리 반 놀이하기)
91	92	93	94	95	96	97	98	99	100 (선생님과의 데이트)					
6월 반성합니다!														
1	2	3	4	5	6	7	8	9	10	11	12	13	14	15(명심보감 1장 적기)
16	17	18	19	20	21	22	23	24	25	26	27	28	29	30(명심보감 2장 적기)
31	32	33	34	35	36	37	38	39	40(명심보감 3장 적기)				확인 :	

출처: 경수초등학교 윤민희 선생님의 학급규칙 점검표(5학년)

• 유의사항 •

앞서 제시하였던 학급규칙 적용의 유의사항을 정리해 보면 다음과 같다.
- 이해: 먼저 학급규칙의 필요성과 내용을 충분히 이해시킨다.
- 전달: 학급규칙이 설정되었으면 그것을 명시적으로 전달하여야 한다.
- 강화: 학급규칙의 설정도 중요하지만, 그것을 잘 지키는 학급분위기 조성과 함께 적절한 피드백이 필수적이다.
- 예외: 규칙의 적용에는 예외상황이 존재하며, 엄정한 집행보다 타인에 대한 관용의 자세를 배우도록 한다.

4. 학급규칙 평가하기

학급규칙의 개념과 필요성을 이해하고 적절하게 구성하여 활용하고 있는지 점검하고 진단하는 과정이 필요하다. Jones(2004) 등은 학급규칙에 관한 교사의 항목을 평가하는 체크리스트를 제시하였다. 이것을 참고하여 교사 자신이 학급규칙의 필요성과 개념을 이해하고 있는지, 적절하게 구성하여 적용하고 있는지를 스스로 판단할 수 있도록 돕고자 한다.

항 목	그렇다	보 통	아니다
1. 학급규칙의 내용이 단순하고 명료한가?			
2. 학급규칙의 수가 너무 많지 않은가?			

3. 학급규칙이 학교규칙과 상충하지는 않는가?			
4. 모든 학생이 학급규칙을 기억하고 있는가?			
5. 교실에 학급규칙이 잘 보이도록 게시되어 있는가?			
6. 학급규칙의 개발에 학생이 참여하였는가?			
7. 학생이 규칙을 준수할 것을 약속하였는가?			
8. 만들어진 학급규칙에 대해서 학생과 자주 논의하는 시간을 가졌는가?			
9. 학급규칙을 정기적으로 점검하였는가?			
10. 학생은 규칙을 어겼을 때 받을 제재에 대해 명확하게 이해하고 있는가?			
11. 학습활동과 관련된 학급규칙을 설정하였는가?			
12. 일상생활과 관련된 학급규칙을 설정하였는가?			
13. 학생이 학급규칙을 어겼을 때 이를 즉각 다시 가르쳤는가?			

질문에 대한 자신의 대답을 주의 깊게 검토한 후 다음에 답하시오.

➔ 앞으로 개선할 사항은?

➔ 잘된 점은?

출처: Jones, V. F. & Jones, L. S. (2004).

학습과제 및 실천활동

1. 자신만의 학급운영관이 담긴 학급규칙 제정의 중점을 5가지 정하여 보자.
2. 학급규칙을 위반하는 아동에 대한 피드백 방법을 제시하고 장단점을 말하여 보자.
3. 3가지 영역(학습, 생활, 일반)별로 자신만의 학급규칙을 설정하여 보자.

참고문헌

박남기, 강원근, 고전, 김용, 박상완, 성병창, 유길한, 윤홍주, 정수현, 조동섭(2009). 초등학급경영의 이론과 실제. 파주: 교육과학사.

박병량(1997). 학급경영. 서울: 학지사.

Castle, K., & Rogers, K. (1994). Rule-creating in a constructivist classroom community. *Childhood Education, 70*(2), 77-80.

Everston, C. M., Emmer, E. T., & Worsham, M. E. (2010). 초등교사를 위한 학급꾸리기 (강영하, 박종필 공역). 서울: 아카데미프레스.

Jones, V. F., & Jones, L. S. (2004). *Comprehensive management: creating positive learning environments.* Boston: Allyn and Bacon.

Schmuck, R. A., & Schmuck, P. A. (1997). *Group process in the classroom* (7th ed.). New York: McGraw-Hill Inc.

제5장

학급조직 구성 및 운영하기

학창시절의 나는 특유의 리더십과 친화력으로 줄곧 반장을 해 왔다. 그리고 내가 반장으로 있었던 학급은 언제나 선생님과 하나 되어 멋진 모습을 보인 반이었기에 내가 담임을 맡은 반도 그럴 것이라 생각했다.

그런데 학기 초부터 내 예상은 빗나가기 시작했다. 임시반장을 뽑는 방법에서부터 아이들과 의견충돌이 생겼다. 반장선거에 출마만 했지 실제로 선거를 진행하는 역할을 해 본 적이 없던 나는 선거 진행에서 많은 미숙함을 드러냈다.

이 정도에서 그쳤으면 이렇게 아쉬움이 남지도 않았을 것이다. 난 반장, 부반장만 뽑으면 학급조직이 끝나는 것이라고 생각했다. 혹여나 필요하다면 부서 정도는 뽑을 수 있다고 생각했는데 막상 이 정도만 조직했다고 해서 내가 생각하는 학급의 모습이 원활히 운영되는 것은 아니었다. 좀 더 세밀한 학급조직이 필요했고 이를 운영하기 위한 나만의 원리나 방법이 필요했다. 하지만 이렇게 세밀한 부분에 대해 생각해 본 적이 없어 이런 상황에서 무엇이 잘못됐고 어떤 부분을 수정해야 할지 막막했다. 겉으로 보기엔 다른 학급조직과 차이점이 없는데 왜 우리 반은 내가 생각하는 학급의 모습이 나타나지 않는 것일까?

〈정승현, 연수초등학교 교사, 교직 경력 1년〉

🌱 학습목표

- 임원 선출의 절차와 방법을 이해한다.
- 학급어린이회의를 민주적인 절차에 따라 진행할 수 있다.
- 교사의 학급경영목표에 부합하는 학급부서조직을 구성할 수 있다.
- 다양한 학급활동에 필요한 효과적인 모둠조직을 구성할 수 있다.
- 학급운영에 필요한 일반적인 조직을 구성할 수 있다.

1. 학급조직 구성 준비하기

사회의 모든 활동은 조직 구성을 기반으로 하여 이루어진다. 하나의 작은 사회인 학급에서 역시 가장 기본적으로 수행되는 것이 학급조직 구성이다. 학급조직은 다양한 방식으로 구성되며, 조직 구성은 1년을 좌우하는 중요한 일이므로 여러 가지 요소를 고려하여 신중하게 이루어져야 한다.

이를 위해서는 먼저 교사의 학급경영관에 부합하는 학급조직 필요 분야에 대한 이해가 요구된다. 또한 이를 수행하는 주체와 시기, 중점·원칙 등의 요소를 고려해야 한다. 새로운 정부가 들어설 때 대개 조직 구성과 인사는 어렵게 이루어진다. 교사와 학생이 만나 새 학급을 이룰 때도 역시 학급조직 구성과 관련하여 이와 같은 어려움에 봉착할 수 있다. 다음의 내용을 참고하여 교사의 학급경영목표에 가장 효과적으로 도달할 수 있는 바람직한 학급조직의 모습을 그려 나가 보자.

1) 학급조직 구성의 필요성

학급조직은 학급을 경영하기 위한 가장 기본이 되는 과정이다. 학기 초에 계획한 학급경영 계획에 따라 교사는 학생의 교육적 성장을 높이고 자신의 교육관을 잘 드러낼 수 있는 학급조직을 구성해야 한다. 효과적인 학급경영을 위해서는 학급조직 구성과 관련한 심도 있는 고민이 선행되어야 한다. 교사의 학급경영관이 반영된 짜임새 있는 학급조직은 1년 동안 이루어지는 학급경영에 큰 영향을 미치기 때문에 신중하게 계획할 필요가 있다.

학급조직 구성은 학급 구성원 모두가 책임감을 가지고 적극적으로 임할 수 있도록 여건을 마련해 주어야 한다. 구성원 전체가 학급 일을 맡아 분담해야 하며 여러 가지 방식을 적용하여 교사의 학급경영목표를 가장 효과적으로 달성할 수 있는 학급조직을 구성할 필요가 있다.

2) 학급조직 구성의 실제

학급생활에서 이루어지는 모든 부분이 학급조직 구성의 기초가 된다. 학급 구성원으로서 교사와 학생은 학급에서 이루어지는 모든 일을 적절하게 분담하여야 한다. 학기 초 학급조직 구성의 가장 기본이 되는 활동으로 '학급임원을 선출'하고 후에 학급부서 조직을 구성함으로써 학급경영의 전체적인 큰 틀을 잡게 된다.

학교에서 이루어지는 활동 중 가장 중요한 활동은 학습이다. 효율적인 학습 진행을 위해 교사의 바람직한 '모둠 활동 조직'이 필요하다. 또한 학습 외에도 학급은 공동체 생활을 하는 곳이기 때문에 학생이 주인의식을 가지고 참여해야 할 많은 일이 있다. 이를 위해 '청소 당번'과 '1인 1역'을 정함으로써 학생 각자가 모두 학급의 구성원임을 인식하고 그에 맞는 책임의식을 기를 수 있도록 해야 한다.

3) 학급조직 구성의 주체

학급에서 이루어지는 모든 일은 구성원 전체가 주체가 되어야 한다. 학급 구성원으로서 교사와 학생은 학급경영의 책임자이자 실천자의 역할을 수행해야 하며 학급조직 구성 또한 교사와 학생이 함께 만들어야 한다. 하지만 임원 선출 등의 제도화된 학급조직 구성의 경우에는 정해진 규칙이 있기 때문에 이를 바탕으로 이루어져야 하며, 이를 제외한 자율적인 학급조직은 교사와 학생이 함께 구성할 수 있다.

가장 이상적이고 민주적인 방안은 교사의 의견과 학생의 의견을 적절하게 조합하여 조직을 구성하는 것이다. 하지만 실질적으로 학급조직을 구성하다 보면 여러 가지 문제에 봉착하게 된다. 이때 필요한 것이 교사의 리더십이다. 때로는 교사의 의견을 전적으로 반영하고, 때로는 학생의 의견을 적극적으로 수용하여 불만과 불평을 최소화하고 효과적인 학급경영을 수행할 수 있는 조직을 만드는 것이 바로 교사의 리더십이다.

4) 학급조직 구성의 시기

학급조직은 대개 새 학기가 시작하면 바로 구성된다. 전 학년도 계획에 의거하여 학급편성을 실시하며 새 학급에서 교사와 학생의 첫 만남이 이루어진 후 구성원이 서로 적응을 마치면 바로 학급조직을 구성하게 된다. 학급임원 및 학급부서 조직은 대개 학기가 시작하고 1~2주차 안에 구성한다. 모둠 조직, 청소당번 조직, 1인 1역 조직 등도 학급운영의 필수 요소이기 때문에 학기 초에 바로 구성한다. 단 이와 같은 조직은 제도화된 조직이 아니고 수정 및 변경 소요가 크므로 교사의 필요 또는 학생의 요구에 따라 그 시기를 자유롭게 결정할 수 있다.

대개 모둠, 청소당번, 1인 1역 등의 조직은 주기별로 이루어진다. 주별 또는 월별로 조직구성이 이루어지는데 적당한 주기를 정해 주는 것이 바람직하다. 변경 시기가 너무 빠르면 학급운영이 혼란스러워질 수 있으며 학생도 자기가 맡은 일에 쉽게 적응하지 못할 수 있다. 반면에 변경 시기가 너무 길어지면 학급 일의 난이도에 따라 불공정한 부분이 생길 수 있다. 교사는 이를 적절히 조정하여 시기를 정하는 것이 바람직하다.

5) 학급조직 구성의 원리

사회에서 발생하는 모든 일에 절대만족, 절대찬성은 찾아보기 힘들다. 학급 일역시 마찬가지다. 다수가 만족하고 다수가 인정하는 합리적인 학급조직 구성이 기본이 되어야 한다. 다른 조직 구성에서 요구되는 일반적인 원리가 학급조직 구성에서도 마찬가지로 적용되어야 한다.

> 원리 1. 학급조직은 실제로 일정한 규칙과 절차에 따라 구성되는 것이 바람직하다. 대개
>   임원 선출 등의 공식적인 학급조직은 학교 규칙에 따라 구성되며 교사의 재량에
>   따른 학급조직은 학급규칙을 정하고 이에 따라 구성하는 것이 바람직하다.
> 원리 2. 학급구성원 모두가 학급의 일을 맡아 학생 전체가 학급 구성원의 일부로서 학급
>   경영에 참여해야 함을 인식해야 한다.
> 원리 3. 학급조직은 학생들의 특성에 맞게끔 구성되어야 하며 학급의 상황과 여건에 맞
>   게 구성되어야 할 것이다.

학급조직 구성의 아이디어는 교사가 현장에서 경험하여 얻을 수 있다. 현장 경험이 쌓이고 교육관이 정립되면 교사 나름의 학급조직 구성 방법이 정리된다. 이 장에서는 현재 교직에서 이루어지는 다양한 예시자료를 제시함으로써 학급운영에 필요한 다양한 학급조직 구성 방법을 교사 스스로 정리할 수 있도록 돕고자 한다.

2. 임원 선출하기

1) 임시 임원 선출

학기 초 임시 임원을 선출함으로써 교사는 실제 학급임원을 선출하기 전 학급운영의 기본을 다지고 교사의 학급경영관을 학생에게 심어 줄 수 있다. 하지만 임시 임원을 선출하는 활동은 실제 학급임원 선출에 큰 영향을 미친다. 따라서 성적순이나 경력자를 우대하여 뽑기보다는 놀이 활동이나 우연성을 기초로 한 활동을 통해 선출하는 것이 바람직하다.

(1) 선출시기

임시 임원 선출은 새 학기 첫날 이루어지는 경우가 대부분이며 임시 임원은 대개 3월 1~2주차에 진행되는 학급임원 선거 전까지 역할을 수행한다.

(2) 선출방법

임시 임원은 교사의 재량에 따라 선출된다. 선출방법에는 전 학년도 임원 경험자를 선출하는 방법이 있다. 그러나 이는 학생 및 교사 모두에게 편견을 심어 줄 가능성이 있고 실제 임원 선거에 부정적인 영향을 줄 수 있기 때문에 지양하는 것이 바람직하다. 이외에 무작위로 선출하는 방법이 있고 게임이나 제비뽑기를 통해 선출하는 방법이 있다. 또 학급임원 선출 전까지 번호 순으로 돌아가며 역할을 수행하는 방법도 있다.

2) 학급임원 선출

학급임원 선출은 학교마다 정해진 규칙에 따라 실시한다. 그 절차는 민주주의 선거 절차를 그대로 따르므로 그 과정에서 민주시민의 자질을 체득할 수 있다.

(1) 선출대상

초등학교의 경우 3학년 이상의 학급을 대상으로 한다.

(2) 조 직

회장 1명, 부회장 2명으로 구성되며 부회장은 남, 여 각 1명으로 구성된다.

(3) 선출시기

3월 1~2주차에 학교 교육과정 운영 계획에 맞춰 시행한다.

(4) 선출방법

학기 초에 학생에게 선거일자를 공고하면서 선거 진행에 대한 기본적인 과정을 담당교사가 설명해 준다. 그리고 입후보 신청서 작성 등을 통해 후보자 등록을 하는데 신청서 작성은 학교 재량에 따라 생략이 가능하고 선거 당일 추천을 통해 바로 후보자를 입후보할 수 있다. 후보 등록 후에는 선거운동 기간을 준 후 선거일에 교실에서 직접투표를 실시한다. 선거 전 각 후보의 공약 발표의 시간을 마련하고 모든 후보의 공약 발표를 마치면 선거를 실시하고 개표를 통해 선출한다. 개표 및 결과 집계를 위해서는 임원 선출에 입후보하지 않은 2~3명의 학생을 선거관리위원으로 임명하여 진행한다. 학급임원이 정해지면 당선자의 소감을 듣고 교사와 학생은 선거 과정을 되돌아봄으로써 학급 임원 선출과 관련한 일련의 과정을 마무리한다.

(5) 유의점

선거 진행은 학교에서 정한 규칙에 따른다. 입후보자가 1명일 경우 자동으로 무투표당선이 되며 개표 결과 동점자가 나오면 재투표가 이루어진다. 그래도 동점자가 나올 경우에는 학교 규칙에 따라 상이하지만 흔히 생년월일 순으로 결정한다. 학교별 규칙에 따라 약간의 차이는 있으나 1학기 회장 당선자는 2학기 임원 입후보 자격이 제한되며, 1학기 부회장 당선자는 2학기 때 회장 입후보만 가능하다.

※ 이것이 궁금해요!!
Q) 만약에 전학이나 피치 못할 사유로 정·부회장에 결원이 생기면 어쩌죠?
A) 학급 정회장 결원 시 선거 결과를 통해 차점자가 잔여기간을 승계하도록 하고 15일 이내에 재임명합니다. 단 잔여 임기가 2개월 이하의 경우에는 굳이 재임명하지 않고 남녀 부회장 중 다득표 부회장이 임무를 대행합니다.

예시자료 1 학급 정·부회장 선거 투표용지

2013년도 1학기 학급 정·부회장 선거

구 분	이 름
회 장	

○○○○. ○. ○.

담임교사: 홍 ○ ○ (인)

출처: 인천연수초등학교 2013학년도 1학기 학급 정·부회장 선출 계획

투표용지는 학교마다 고유의 양식이 있어 교사가 직접 만들 필요 없이 이를 활용할 수 있다. 투표용지에는 담임교사의 날인이 반드시 들어가야 한다. 선거 전 담임교사는 투표용지를 인쇄한 후 각각의 용지에 도장 혹은 사인을 통해 날인을 해야 한다. 학교에서 처리하는 공문서에는 대개 날인이 들어가기 때문에 그때마다 사인을 하는 것보다 평소에 쉽게 사용할 수 있는 도장을 만들어 사용하는 것이 좋다.

2013학년도 1학기 학급 정·부회장 선거 현황

( )학년 ( )반 담임 ( ) 인

구 분		기 호	후보자 성명	성 별	득표수			비 고 (기권, 무효, 결석)
					1차	2차	결과	
정회장		1	김○○	남	15		회장	
		2	이○○	여	10			
		득표 합계			25			
부회장	남	1	박○○	남	14		부회장	
		2	최○○	남	11			
		득표 합계			25			
	여	1	강○○	여	12			
		2	문○○	여	13		부회장	
		득표 합계			25			
선거인 수: 투표자 수: 불참자 수:								

출처: 인천연수초등학교 2013학년도 1학기 학급 정·부회장 선출 계획

담임교사는 투표 결과를 선거 현황표에 기록해야 하기 때문에 선거가 끝난 결과를 지우거나 없애서는 안 된다. 이와 같이 학교교육과정 및 학급교육과정의 결과는 반드시 기록을 통해 산출물을 남겨야 한다. 새내기 교사가 쉽게 할 수 있는 실수 중 하나가 선거가 끝나면 당선자 연설을 듣고 결과물을 기록하기 전에 선거 결과를 지우는 것이다. 이러한 행동은 차후에 선거 현황을 기록할 때 어려움을 주기 때문에 모든 결과를 다 기록한 후에 선거 결과를 지우는 것이 바람직하다.

3) 전교 임원 선출

학급임원 선출과 마찬가지로 전교 임원 선출 역시 학교에서 정한 규칙에 따라 선거가 진행된다. 입후보자가 있는 학급의 담임교사는 선거 절차에 맞춰 해당 학생이 선거를 준비할 수 있도록 지도해야 한다.

(1) 선출대상

초등학교의 경우 5, 6학년 이상의 학생을 대상으로 한다.

(2) 조 직

6학년 회장 1명, 5, 6학년 부회장 각 1명으로 구성한다.

(3) 선출시기

3월 2~3주차에 학교교육과정 운영 계획에 맞춰 시행된다.

(4) 선출방법

6학년 학급임원 중 전교 임원 선거에 입후보하지 않은 학생을 중심으로 선거관리위원을 뽑는다. 전교 임원의 경우 입후보자는 신청서를 작성하여야만 등록이 가능하고 추가적으로 신청서와 함께 10인 이상의 또래 학생 추천서 명부를 작성하여 제출해야 한다. 선거 1주일 전부터 선거 유세활동을 할 수 있으며 그때 모든 입후보자는 구호, 벽보 부착 등 다양한 홍보활동을 할 수 있다. 선거 당일 아침 시간을 활용하여 입후보자의 공약을 방송 등으로 전체 발표하고 이후에 학년별로 선거를 실시한 뒤 개표를 통해 선출한다.

(5) 유의점

입후보자가 1명일 경우 자동으로 무투표당선이 이루어진다. 입후보자는 선거 활동 전 선거도우미 5~6명을 선출하여 선거 기간 동안 입후보자와 함께 선거 운동을 실시한다. 이외의 학생은 직접적으로 도움을 줄 수 없다. 투표는 3~6학년까지 실시하며 많은 인원이 선거를 치를 수 있도록 여유 있는 공간 확보가 필요하다.

※ 이것이 궁금해요!!

Q) 전교 정 · 부회장에 결원이 생기면 어쩌죠?

A) 회장 유고 시 선출당시 차점자가 잔여기간을 승계하도록 15일 이내에 재임명한다. 단 잔여기간이 2개월 미만인 경우 6학년 부회장, 5학년 부회장의 순서로 업무를 대행하고 굳이 재임명하지는 않는다.

예시자료 3 선거관리위원회 명단

연수초등학교 선거관리위원회 명단

2013년 3월 14일에 실시할 전교 어린이회 정 · 부회장 선거의 선거관리위원회 위원 명단을 다음과 같이 알립니다.

번호	소속	성명
1	6 - ○	정 ○ ○
2	6 - ○	임 ○ ○
…		

출처: 인천연수초등학교 2013학년도 전교 정 · 부회장 선출 계획

선거관리위원은 전교 임원 선거에 입후보하지 않은 6학년 학급 정·부회장 학생으로 구성된다. 선거관리위원은 선거 전에 선거인명단을 확인하고 투표용지를 인쇄 및 배부하며 투표를 원활히 진행할 수 있도록 투표소를 관리하는 일을 한다. 선거 후에는 개표를 실시하고 당선인을 공고하며 선거 운동 기간 부착된 다양한 게시물 등을 제거하는 작업을 한다.

예시자료 4 전교 정·부회장 후보자 등록 신청서

후보자 등록 신청서

성 명	(한글)		(한자)	
소 속	학년 반	생년월일		년 월 일생

위 어린이를 2013학년도 전교 어린이 (회장·부회장) 후보로 추천합니다.

담임 홍 길 동 (인)

본인은 2013학년 3월 14일 실시하는 2013학년도 전교 어린이회(회장·부회장)에 입후보하고자 신청서를 제출합니다.

년   월   일

위 원 인 :   (인)

연 수 초 등 학 교
선 거 관 리 위 원 회 귀 중

출처: 인천연수초등학교 2013학년도 전교 정·부회장 선출 계획

선거운동원 명단 신고서

후보자	전교 ○ 학년 정·부회장 선거
	기호 ○ 번 김○○

선거운동원 명단

	소 속	이 름
1	6-1	최○○
2	6-1	이○○
3	6-1	김○○
4	6-1	황○○
5	6-1	정○○

위 어린이들을 본인의 선거운동원으로 신고합니다.

후보자　　　　　(인)

연 수 초 등 학 교
선 거 관 리 위 원 회 귀 중

출처: 인천연수초등학교 2013학년도 전교 정·부회장 선출 계획

선거운동의 경우 선거운동원을 위와 같이 문서로 작성해 신고를 마친 후부터 효력이 발생한다. 선거운동원은 입후보자와 함께 선출 계획에서 공고한 선거운동 기간에만 활동이 가능하다. 선거 관리 비용은 학교에서 지출하지만 선거운동과 관련해 벽보를 붙이거나 기타 소요되는 비용은 후보자가 지출하는 것이 원칙이다.

4) 임원에게 책임감 심어 주기

임원에 선출된 학생에게 책임감이 지워지지 않으면 교사의 최초 학급경영목표에 부합하는 학급운영에 어려움을 느낄 수 있다. 선거 절차를 경험함으로써 민주시민의 자질을 체득할 수 있지만 이를 넘어 임원이 교사와 학생의 중간매개자 역할을 바르게 수행할 수 있도록 교사는 그 기초를 잡아 주어야 할 것이다. 최근 교육현장에서 임원에 대한 책임감과 리더십을 기르는 프로그램 등이 크게 부각되고 있다. 학교 및 교육청 차원에서도 임원 학생의 책임감과 리더십을 함양하는 다양한 프로그램을 개설해 담임교사 및 학생을 지원하고 있다.

3. 학급부서 조직하기

학급운영이 원활하게 이루어지기 위해서는 학급 구성원인 교사와 학생의 유기적인 관계가 필요하며 이와 더불어 학급 구성원으로서 소속감과 책임감을 길러 줄 필요가 있다. 학생에게 학급에 대한 소속감과 책임의식을 심어 주기 위해서는 학급활동에 적극적으로 참여할 수 있는 기회를 제공하는 것이 바람직하다. 교사는 학급임원 역할 외에 학급운영 시 필요한 다양한 역할을 고려하여 교사와 학생 상호간의 협의를 통해 다양한 학급부서를 조직해야 한다.

1) 조직시기

대개 3월 3~4주차에 조직한다. 담임교사의 재량에 따라 조직시기는 달라지지만, 학급임원을 선출한 후 첫 학급회의 시간에 조직하는 것이 일반적이다.

2) 조직방법

학급부서 조직은 교사의 학급경영관에 따라 다양한 형태로 구성된다. 일반적인 학급부서 조직은 이전부터 많이 보고 접했던 학습부, 생활부, 환경부 등을 학급 실정에 맞게 고려해 조직하는 방법이다. 다른 방법으로는 학생의 희망에 근거해 학급부서를 조직하는 방법이 있다. 즉, 학급회의 시간에 학생이 원하는 부서를 신청받고 이를 종합하여 학급에 꼭 필요하다고 여겨지는 부서를 채택해 조직하는 방법이다. 마지막으로 국가 행정 부서와 연계하여 학급부서를 조직하는 방법이 있다. 이러한 방법은 사회 교과와 연계하여 행정부가 하는 일에 대해 학습하며 학급의 일도 국가에서 하는 일의 축소모형임을 일깨워 주는 것이다. 이를 통해 학교 구성원을 넘어 사회 구성원의 일원임을 학생에게 일깨워 주고 미래 민주시민의 자질을 길러 줄 수 있다.

예시자료 6 ┃ 다양한 학급부서 조직방법

(1) 일반적인 학급부서 조직

부서명	활동내용	부 장	부 원
학습부	• 학급자료 관리 • 수업 준비 상태 점검		
생활부	• 학급규칙 수행 점검		
환경부	• 교실환경 관리		
체육부	• 체육 도우미 • 급식 도우미		
도서부	• 학급문고 관리		
예술부	• 미술, 음악 도우미		

(2) 학생의 희망에 근거한 학급부서 조직

학급부서 신청서 양식			
번 호		이 름	
만들고 싶은 부서		1지망	
		2지망	
		3지망	
위 부서를 만들고자 하는 이유			
그 부서에서 맡고 싶은 역할			

(3) 국가 행정 부서와 연계한 학급부서 조직

부서명	활동내용	부 장	부 원
교육부	• 학급자료 관리 • 수업 준비 상태 점검 • 과학 도우미		
안전행정부	• 학급규칙 수행 점검 • 학급규칙 건의		
환경부	• 교실환경 관리		
문화체육 관광부	• 체육 도우미 • 미술, 음악 도우미		
농림부	• 급식 도우미		

4. 학급회의 이해하기

학급회의는 학급자치의 과정으로, 많은 학급 구성원이 다양한 학습활동에 자신의 의견을 제시하고 참여하게 하자는 근본적인 도입 취지에 상당히 부합한 회의 방식이다. 이를 통해 민주주의의 합리적인 의사결정 과정을 행할 수 있다. 현재 학교 교육과정 운영상 학급회의는 창의적 체험활동 시간 등을 활용하여 진행되지만 교사의 적극적인 노력이 없어 시행되지 못하는 경우가 있다. 교사는 학급회의의 중요성을 인지해야 하며 학급경영목표에 효과적으로 도달할 수 있도록 학급부서를 조직하여 학급회의를 실시해야 한다.

1) 학급회의 진행 순서

학급회의 진행 순서는 명시화된 부분이 없기 때문에 학급별로 약간씩 차이를 보인다. 다음 내용은 전통적인 방식의 학급회의 절차로 이를 기초로 하여 교사 재량에 따라 알맞게 학급회의를 진행하면 된다.

(1) 회의 전 사전준비

이 순서는 생략이 가능하다. 실제 학급회의를 진행하다 보면 여러 가지 어려움에 직면한다. 학생의 의견이 회의 주제와 맞지 않는 경우도 있고 회의 주제가 무엇인지 이해하지 못하는 학생도 여럿 있다. 그리고 학급회의를 하는 요령이 익숙하지 않은 상태에서 사전준비 없이 진행하다 보면 주어진 시간을 넘어서는 경우가 대부분이다. 따라서 이를 조금이라도 예방하는 차원에서 정·부반장과 각 부서장으로 구성되는 학급회의 임원이 회의 전에 모여 각 부서별 발표사항이나 회의 주제를 미리 이야기함으로써 회의 준비를 할 수 있다.

(2) 개회사

학급회의의 시작을 알리는 순서다.

(3) 국민의례

대개 '국기에 대한 경례'와 '애국가'를 제창한다. 많은 학생이 '국기에 대한 경례'와 '애국가'를 모른다. 행사나 의식이 있을 때 자주 국민의례를 접하게 해서 자연적으로 학습할 수 있는 기회를 제공할 필요가 있다.

(4) 금주 생활 반성

지난 회의에서 나온 생활목표와 실천사항이 잘 지켜졌는지 이야기하며 잘된 부분과 부족한 부분을 확인한다.

(5) 내주 생활 계획

학급회의 임원이 사전에 모여 토의한 내용을 바탕으로 내주 생활 목표를 이야기한다. 학생은 생활목표에 알맞은 실천사항을 고민하고 다양한 의견을 제시해 이 중 다수의 의견을 거수로 채택한다.

(6) 각 부서별 생활 계획 발표

부서별 활동상황에 맞는 생활목표와 실천사항 계획이 필요하다. 지난 회의에서 나온 부서별 생활목표와 실천사항에 대해 간단히 반성하고 내주 계획을 생각하고 발표하는 시간을 갖는다.

(7) 기타 토의 사항

회의 사항 이외에 추가적으로 의견을 나눌 사항이 있는지 확인한다.

(8) 건의하기

학급이나 학교에 대한 요청사항, 학급임원이 전교 어린이 회의에 가서 학급을 대표해 전달할 사항이 있는지 확인한다.

(9) 선생님 말씀

학기 초에는 학생의 회의 진행이 미숙하기 때문에 진행방법과 요령에 대해 이야기해 주는 것이 바람직하다. 어느 정도 회의 진행에 요령이 생기면 학급회의의 고문으로서 학생의 의견에 대해 조언이나 비평, 격려 등을 실시하는 것이 바람직하다. 학급회의 진행에서 교사의 역할은 최소한으로 하는 것이 좋으며 지도 말씀도 짧고 깔끔할수록 학생의 반응이 좋다.

(10) 회의록 낭독

회의 결과를 낭독하여 학생이 회의 내용을 이해토록 한다.

(11) 교가 혹은 반가 제창

대부분 교가를 부르지만 반가가 있는 학급에서는 반가를 부른다. 반가의 경우 학급회의 이외에도 다양한 시간에 활용하여 소속감을 높일 수 있다.

(12) 폐회사

학급회의의 종료를 알리는 순서다.

예시자료7 학교 어린이 회의록

( )회 어린이 회의록

2013년 4월 16일 화요일 7교시 기록자 :	
기 간	~
생활 목표	
실천 사항	
결과 반성	
각부활동 / 학습부	
미화부	
바른생활부	
봉사부	
도서부	
체육부	
기타협의	
건의사항	
선생님 말씀	

2) 학급회의 아이디어

(1) 학급회의의 중요성 인식시키기

학생에게 학급의 주인을 물어보면 대개 교사라고 이야기하는 경우가 많다. 이러한 이유는 학급의 대부분의 활동이 교사의 지도하에 이뤄지기 때문이다. 하지만 학급은 학생의 생각과 의견이 교사의 학급경영관과 합쳐져 운영될 때 가장 큰 효과를 발휘한다. 따라서 교사는 학급회의를 통해 학생의 의견을 마음껏 펼칠 수 있는 시간 및 기회를 제공해야 하며 학급회의에서 나온 의견을 적극 수용함으로써 학생에게 학급회의의 중요성에 대해 인식시켜 줄 필요가 있다.

(2) 재미있는 주제 잡기

학급회의가 효과 없이 끝나는 대부분의 이유는 늘 똑같은 패턴이 반복되기 때문이다. 부서별로 제시하는 의견에 특별한 차이가 없으며 실제로 학생이 학교생활을 하면서 비중을 적게 두는 부분이 안건으로 나오기 때문이다. 이를 올바로 해결하기 위해 교사는 회의 전 임원 및 각 부서장을 소집해 그 주 및 그 달에 있는 학교행사 또는 학급 행사와 연계한 다양한 주제를 미리 생각해 볼 수 있는 기회를 제공함으로써 더 활기찬 학급운영이 될 수 있도록 주제를 잡는 연습을 시켜야 한다.

(3) 교사의 수동적인 태도

다른 모든 활동에서 교사는 늘 적극적인 태도로 임하라고 이야기하지만 학급회의에서만큼은 교사가 한 걸음 뒤에서 바라보는 것이 바람직하다. 학급회의는 학생이 주축이 되어 이루어지는 행사다. 만약 교사의 의견이 크게 개입된다면 학생은 교사의 의견에 관심을 보이고 다른 의견을 내려는 모습을 보이지 않는다. 조금 미숙한 회의 진행이 보여도 참고 지켜보며 전체적인 방향만 제시해 주는 교사의 모습이 요구된다.

(4) 연습에 연습을 더하라

회의도 연습을 통해 성장할 수 있다. 처음에는 어색하게 회의를 진행하던 학생도 반복적으로 연습하여 진행순서나 방식을 체득하면 그 후에는 매끄러운 진행을 보인다. 의견 역시 마찬가지다. 처음에는 단순하거나 비슷한 의견을 내놓는다. 또 주제와 상관없는 이야기를 하는 학생도 있다. 하지만 연습이 이뤄지다 보면 의견의 질도 높아지고 덩달아 학급회의의 질도 올라간다.

5. 모둠 활동 조직하기

모둠은 협동학습 및 상호의식을 함양하는 기본 조직이다. 연구를 통해 나온 결과를 살펴보면 흔히 모둠의 적합한 상호작용 수는 4명이라고 하지만 보통 학생의 수나 책상배치 등에 따라 4~6명으로 학급 상황에 맞게 유동적으로 조직한다.

1) 조직시기

3월 초 자리 배치 및 학급임원 선출, 학급부서 조직이 완료되는 시점과 비슷하게 연계되어 모둠을 조직한다. 모둠의 경우 학급에서 진행하는 모든 교과 및 비교과 활동에 활용이 가능하기 때문에 그때마다 진행되는 활동에 맞춰 조직이 가능하다.

2) 조직방법

가장 기본적인 방법은 현재 앉은 자리를 기준으로 하여 모둠을 조직하는 것이다. 또 교사의 학급경영 중점에 맞춰 재량껏 모둠을 조직하는 방법이 있다. 예를 들어, 학습에 중점을 둔 교사는 학업성취도에 따라 모둠을 조직하고 수업 분위기에 중점을 둔 교사는 학생의 생활습관 및 성별을 고려해 모둠을 조직한다. 다음으로 학급부서별로 모둠을 편성하는 방법이 있다. 이외에도 무작위로 편성하는 방법 등 모둠을 조직하는 방법에는 여러 가지가 있다.

3) 유의점

학생의 교우관계를 반드시 고려해야 한다. 교우관계가 너무 돈독하거나 그 반대의 경우인 학생을 같은 모둠으로 조직하면 부정적인 결과를 보이기도 한다. 또 모둠의 성격이 한쪽으로 편향되지 않도록 골고루 배분하여 편성해야 할 필요가 있으며 소외되는 모둠원이 없도록 적절한 인원 배분 및 관리가 요구된다.

예시자료 8 모둠 편성의 예

● 자리배치와 관련한 모둠 편성

자리배치와 관련한 모둠 편성은 교사가 별도로 조직할 필요가 없어 편리하다. 하지만 학생 개개인의 성향이나 동질감, 성취도 등이 적절하게 반영되지 않아 모둠 활동에 어려움을 나타낼 수 있다.

〈예시 1〉

'가'학생	'나'학생
'다'학생	'라'학생

〈예시 2〉

'A'학생	'B'학생
'C'학생	'D'학생

● 학생의 특성을 활용한 모둠 편성

학생의 특성을 활용한 모둠 편성은 상호 간 협력을 통해 각자가 지니고 있는 특성을 보완하여 모둠 활동의 효율을 높일 수 있는 장점이 있다. 하지만 성적 순이나 키 순 등 이질화된 특성을 강조하다 보면 학생 사이에 위화감이 조성될 수 있다.

〈예시 1〉 성별에 따른 편성

남학생	여학생
남학생	여학생

〈예시 2〉 학업성취도에 따른 편성

학업성취 보통학생	학업성취 우수학생
학업성취 보통학생	학업성취 우수학생

● 무작위 모둠 편성

무작위 모둠 편성은 학생의 반발심이 적은 장점이 있지만 학습활동에 방해가 되는 학생으로 모둠이 구성될 수 있다. 또한 학업성취도가 약한 학생으로 모둠이 구성되면 활동참여에 제한이 생길 수 있다.

〈예시 1〉

제비 '1'	제비 '2'
제비 '3'	제비 '4'

〈예시 2〉

무작위 선출	무작위 선출
무작위 선출	무작위 선출

● 학급부서별 모둠 편성

학급부서별 모둠 편성의 경우 학급회의를 진행할 때 별도의 이동소요가 없어 유리하다. 하지만 대개 학급부서는 교우관계가 돈독한 학생이 함께 조직되는 경우가 많기 때문에 이와 같이 모둠이 구성되면 수업에 방해요소로 작용할 수 있다.

〈예시 1〉

학습부	학습부
학습부	학습부

〈예시 2〉

체육부	체육부
체육부	체육부

예시자료 9 모둠 내부 조직 편성

● 모둠 내부 편성

청소장	기록장
모둠장	관리장

깔끔이	기록이
이끎이	모음이

6. 청소 당번 정하기

청소는 학생이 사용하는 공간을 스스로 정리함으로써 자신을 위해 할 수 있는 일을 경험토록 하며 다른 학생과 함께 일함으로써 협동심과 역할 분담의 중요성에 대해 배울 수 있다. 청소는 학생의 생활 속 한 부분으로 자연스럽게 자리잡아야 하며 이를 즐거운 분위기 속에서 수행할 수 있도록 교사의 신중한 계획이 필요하다.

1) 조직시기

청소 당번을 정하는 시기는 다양하다. 매일 청소 당번을 조직할 수 있고 또는 주 단위나 월 단위로 조직하여 운영할 수 있다. 대개 주 단위로 조직하는 경우가 많으며 월 단위의 경우 주기가 길어 청소의 난이도를 고려하였을 때 학생의 불만이 생길 수 있다.

2) 조직방법

청소 당번을 조직하기 전에 먼저 청소구역을 확실히 구분해야 한다. 학기 초 교사는 학급 외에도 교내 청소 담당구역을 확인하여 구역 및 필요인원 소요를 정확하게 파악하여 청소 당번을 조직해야 한다. 청소 당번은 모둠별로 돌아가며 조직하는 방법이 있으며 줄이나 분단별로 돌아가며 조직하는 방법이 있다. 또 우연성을 기초로 하여 다양한 게임을 통해 뽑거나 벌칙을 활용하여 학급규칙을 어긴 학생을 대상으로 청소 당번을 조직하는 방법이 있다.

3) 유의점

청소 당번이 너무 많으면 능률이 떨어질 수 있으므로 사전에 명확한 인원수를 파악하는 것이 중요하다. 교실은 학생의 생활의 장이므로 청결이 매우 중요하다. 따라서 학생에게 청소의 중요성을 강조하고 절차를 상세하게 지도해야 하며 필요시 담임교사가 직접 모범을 보일 수 있다.

7. 1인 1역 정하기

학급은 학생이 사회에 나가기 전 민주시민의 자질을 함양하는 사회적 공간이다. 사회 구성원으로서 많은 역할을 수행하듯이 한 학급의 구성원으로서 학생은 많은 역할을 수행해야 한다. 학급운영의 효율성을 높이고 학급 구성원으로서 책임감과 소속감을 길러 주기 위해 다양한 방법으로 1인 1역을 정해 주는 것이 바람직하다.

1) 조직시기

대개 주 단위, 월 단위로 돌아가며 조직한다.

2) 조직방법

청소 당번을 조직하는 방법과 마찬가지로 1인 1역을 조직하기 전에 교사는 학기 초에 학급에 필요한 역할을 세부적으로 정하는 것이 필요하다. 학급의 일을 학급 학생 수에 맞춰 모든 학생이 각자의 역할을 수행할 수 있도록 기회를 제공하는 것이 바람직하다. 1인 1역은 개인 희망을 고려해 조직하는 방법이 있고 게임 등을 통해 우연성을 기초로 조직하는 방법이 있다. 또 청소 당번과 마찬가지로 모둠이나 줄, 분단 단위로 돌아가며 조직을 구성하는 방법이 있다.

3) 유의점

1인 1역은 역할마다 선호도의 차이가 크다. 따라서 학급 구성원 모두가 골고루 역할을 맡아 볼 수 있도록 기회를 제공하는 것이 필요하다. 또 조직 시기마다 활동 내역이 우수한 학생에게 특별한 보상을 줌으로써 주어진 역할에 대한 책임감 향상을 도모하는 것이 중요하다.

예시자료 10 1인 1역 역할 정하기(1)

1인 1역

반장역할	• 하루가 시작할 때, 끝날 때 전체 인사하기 • 청소 상태 검사하기		

역 할	담당자	역할을 했나요?	비 고
교실 바닥 쓸기 및 책상 줄 맞추기(4), 손걸레 담당(1)	쓸기 1분단: 2분단: 3분단: 앞, 뒤: 손걸레:		• 교실 바닥 쓸기 & 걸레질하기 • 의자 내려놓고 줄 맞추기 • 책상 및 가구 위 닦기
복도 쓸기(1), 물걸레 닦기(1)	쓸기: 닦기:		• 복도 쓸기 • 복도 물 마포질하기
쓰레기통, 폐휴지, 병, 플라스틱(1)			• 매주 금요일 2교시 후 재활용
창틀 청소(2)			• 복도 및 교실 창틀 청소
신발장(1)			• 아침 신발주머니 정리 • 신발장 걸레로 닦기
3층 컴퓨터실 (남 3명, 여 3명)			• 쓸고 걸레질
1-1반 교실(4명)			• 동생들 교실 깨끗이 청소하기
칠판 & 책장(1)			• 학급문고 • 쉬는 시간에 칠판 지우기
우유, 시간표(1)			• 우유 나눠 주기 & 1교시 후 갖다놓기 • 시간표 정리하기
에너지 도우미 & 급식 메뉴 외우기			• 교실 비울 때 TV 및 전등 끄기 • 급식 메뉴 외우기

• TIP •

- 학급 구성원 모두가 이해하고 만족할 수 있도록 학급조직을 구성해야 한다. 이를 위해서는 구성원의 의견이 반영된 학교 및 학급규칙을 만들 필요가 있으며 교사는 이에 따라 학급조직을 구성해야 한다.
- 교사의 학급경영관이 적절하게 반영된 명확한 학급조직 구성이 필요하다.
- 학급 구성원이면 누구나 학급활동에 참여토록 해야 하며 모두에게 학급 업무가 분담될 수 있도록 학급조직을 구성해야 한다.
- 학급 업무는 업무의 종류에 따라 난이도가 다르다. 교사는 학급 구성원이 쉬운 일, 어려운 일을 모두 경험해 볼 수 있도록 학급조직을 구성할 필요가 있다.

---

8. 학급조직 구성 평가하기

체크리스트는 자신의 현재 상태를 파악할 수 있는 가장 기본적인 자료이자 스스로 피드백을 할 수 있는 기초 자료로서의 역할을 한다. 앞에서 제시한 다양한 학급조직 방법을 충분히 이해하고 자신만의 방법을 만들었는지 스스로 판단해 보자.

항목	그렇다	보통	아니다
1. 학급조직에 필요한 교사 경영관이 정립되어 있는가?			
2. 분야별 학급조직의 다양한 방법을 이해하고 있는가?			
3. 학급임원 선출 전·중·후에 교사가 해야 할 일에 대해 알고 있는가?			
4. 학급경영에 꼭 필요한 학급부서 조직이 이루어졌는가?			
5. 학생의 수준과 학급 여건에 맞는 모둠 조직이 이루어졌는가?			
6. 청소 당번 및 1인 1역이 적당한 주기에 맞게 수정되어 조직되고 있는가?			
7. 학급조직 구성에 학생이 참여하였는가?			
8. 학생 모두가 자신의 역할에 대해 이해하고 있는가?			

9. 구성된 학급조직이 잘 보이도록 게시되어 있는가?			

질문에 대한 자신의 대답을 주의 깊게 검토한 후 다음에 답하시오.

→ 앞으로 개선할 사항은?

→ 잘된 점은?

학습과제 및 실천활동

1. 학급 및 전교 임원 선출 전에 학생에게 어떤 것을 교육하면 좋을지 논의해 보자.
2. 자신의 교육관에 맞는 학급부서를 미리 조직해 보자.
3. 자신의 교육관에 대해 이야기해 보고 어떤 방식으로 모둠 및 자리를 배치하는 것이 좋을지 생각해 보자.
4. 효과적인 1인 1역 편성방법에 대해서 정리해 보자.

참고문헌

교육과학기술부(2009). 초 · 중 · 고 창의적 체험활동 교육과정 해설서.

박병량, 주철안(2001). 학교학급경영. 서울: 학지사.

조동섭, 이승기, 송윤선, 이현석, 장수진, 나인애, 박선주, 안병천(2008). 새내기 교사가 알아야 할 교직실무 100가지. 파주: 교육과학사.

부산광역시교육청(2004). 꿈 · 사랑 · 신뢰가 함께하는 교실.

제6장

학급환경 구성하기

나는 새 학기가 시작될 때마다 교실 뒤편의 넓은 게시판 공간을 어떻게 채워야 할지 고민이 된다. 손재주가 좋으신 학년부장 선생님은 벌써 형형색색의 색종이로 장식을 하셨고, 옆 반의 노총각 선생님도 무엇인가 잔뜩 사다가 붙이시는 모양이다. 계절의 변화에 맞게 게시판의 장식을 바꿔 보라는 교장선생님의 말씀은 나를 너무 힘들게 한다.

사실 게시판만 걱정되는 것은 아니다. 교실의 비품도 깔끔하게 정리하였으면 좋겠다. 컴퓨터, TV, 교사의 책상과 의자, 사물함과 옷장 등 교실에는 각종 물건이 참 많다. 이 모든 것을 효과적으로 배치하여 수업에 활용하면 좋겠다는 생각이 든다. 학생의 책상 배치는 어떻게 하는 것이 좋을까? 지금까지는 일제형 수업을 할 때는 분단형태로 만들고, 모둠 수업일 때는 조별로 바꾸는 단순한 형태만 활용했었다. 올해는 수업에 따라 좀 더 다양한 형태의 책상 배치를 도전해 보고 싶다.

어떻게 하면 학급환경을 잘 구성할 수 있을까? 학생과 함께 교실을 꾸며 보는 것은 어떨까? 학급환경 구성에서 고려해야 할 점은 무엇일까?

〈이성웅, 구월서초등학교 교사, 교직 경력 1년〉

학급환경을 구성하는 요소는 상당히 많다. 먼저 각 교실에는 교사와 학생의 책상과 의자, 교탁, 책꽂이, 청소 도구함, 사물함 등의 가구류가 비치되어 있다. 그리고 컴퓨터와 TV, 실물화상기나 CD 플레이어와 같은 시청각 기자재도 있다. 이외에도 액자나 시계, 화분과 같이 교실을 꾸미기 위한 장식물이 있으며, 칠판과 교실 앞뒤의 게시판 같은 시각적 보조물도 있다. 이런 여러 가구와 비품이 교사의 의도에 맞게 적절하게 구성되고 배치되어야 한다.

교실은 교사의 일터이자 학생의 생활공간이다. 따라서 학급의 여러 구성물로 인해 교사와 학생이 불편을 겪지 않도록 쾌적하고 편리하게 조성되어야 한다. 하지만 무엇보다 중요하게 고려해야 할 점은 교실이 바로 학습의 공간이라는 것이다. 학생의 학습에 영감을 주고, 성과를 게시하며, 학습에 불편함이 없도록 하는 학급환경의 구성이 필요하다. 여기서 더 나아가 개별학급만의 특색을 보여 줄 수 있다면 가장 좋은 학급환경 구성이라 할 수 있다.

사실 '학급환경'은 학급을 구성하는 물리적인 요소뿐만 아니라 교사와 학생과 같은 인적 요소와 학급풍토와 같은 문화적 요소를 함께 포함하는 개념이라고 할 수 있다. 이들은 각각 학급의 환경에 큰 역할과 의미를 가진다. 하지만 이 장에서는 학급구성의 대상을 물리적인 요소에만 한정하기로 한다.

1. 학급환경 구성의 계획

학급환경은 교사와 학생이 편리하고 쾌적하게 생활할 수 있도록 조성되어야 한다. 하지만 무계획적이고 즉흥적인 학급환경 구성은 비효율적이고 빈틈이 생기기 쉽다. 그러므로 먼저 학급환경 구성 계획을 세우는 것이 좋다. 고려할 요소로는 학급환경 구성의 주체·시기·중점·원칙 등이 있다. 이런 계획의 단계를 거친 뒤에 본격적으로 학급환경을 구성하게 된다. 그럼 지금부터 학급환경 구성을 계획해 보자.

1) 주 체

학급환경 구성의 주체는 일반적으로 교사가 된다. 교사는 새 학기가 시작되기 전에 미리 책상과 의자, 사물함과 같은 학급비품을 적절한 위치에 배치하고 교실 게시판 등을 정리한다. 이후에 학생과 함께 생활하면서 게시판에 자료를 게시하거나 학생의 작품을 전시하고 학급비품의 위치를 필요에 따라 조정해 가게 된다.

혼자서 학급환경을 구성하는 것에 부담을 가지고 있는 교사는 공동작업을 하기도 한다. 공동작업의 참여자로는 동료교사, 학생, 학부모 등이 있다. 먼저 신규교사의 경우 선배 동료교사의 도움을 받을 수 있다. 아직 학급환경 구성이 익숙하지 않은 신규교사는 자신이 미처 고려하지 못했던 세부적인 환경 구성요소에 대한 팁과 방법을 얻고, 다른 학급환경의 장점을 가져올 수 기회가 된다. 만약 어느 정도의 학급환경 구성에 대해 자신만의 틀이 잡혀 있는 경우에는 학생과 함께 환경을 구성할 수도 있다. 자신이 생활할 공간을 직접 학급환경으로 꾸미는 일은 학생에게도 좋은 경험이 된다. 실제로 요즘은 교사가 학생과 함께 학급환경을 꾸미는 경우가 가장 많다. 마지막으로 학부모의 도움을 받는 경우가 있다. 보통은 손재주가 있거나 관련 계통의 일에 종사하는 학부모가 학급환경 구성을 돕지만 그렇지 않은 경우도 있다. 그러나 학급은 교사와 학생이 생활하는 공간이기 때문에 학부모의 도움을 얻기보다는 교사와 학생이 직접 구성하는 것이 바람직하다고 본다.

2) 시 기

학급환경 구성의 시기는 특별히 정해져 있지 않다. 학급환경은 학기 초에 설정된 후에도 끊임없이 변화한다. 특히 계절의 변화를 반영한다거나, 새로운 학기의 시작 혹은 교사와 학생의 관심사에 따라 학급의 환경은 얼마든지 바뀔 수 있다. 하지만 학급환경의 교체 시기를 정기적으로 설정하여 일주일이나 한 달과 같이 정해진 기간마다 바꾸는 것은 바람직하지 않다.

가장 좋은 학급환경 구성은 교사의 학급운영 의도 및 학습활동과 연계되는 것이다. 예를 들어, 사회교과에서 역사를 배운다면 교실 벽면에 연대별 주요사건을 정리하여 벽면에 길게 게시한다거나, 과학교과에서 행성을 배운다면 교실 천장에 행성의 모형을 걸어 놓는 식의 환경 구성이다. 만약 정해진 기간마다 학급환경을 변경한다면 이런 목적과는 별개의 활동이 되기 쉽다. 또 환경 구성을 위한 환경 구성, 빈 공간을 채우기 위한 의미 없는 학급환경 구성이 되기 쉽다. 따라서 정해진 기간마다 의무적으로 환경을 교체하기보다는 의도와 필요에 따라 자율적으로 변경하여야 한다.

3) 주 제

학급환경은 담임교사의 관심사와 교육관에 따라 환경 구성의 주제를 가지며 이것이 바로 각 학급환경의 특색이 된다. 학급환경의 주제가 될 만한 소재는 수없이 많다. 여기서는 자주 활용되는 학급환경 구성 주제의 예를 5가지 소개해 본다.

주제 1. 학습자료-학습자료를 활용하는 가장 일반적인 경우이며 학생의 프로젝트 결과물과 작품, 안내자료, 그래프와 연대표 등을 활용하여 학급환경을 구성한다.

주제 2. 세계문화-세계 여러 나라의 문화와 풍습 등을 활용하여 학급환경을 구성한다. 주로 세계 지도와 지구본, 관련된 사진과 글 등을 활용한다.

주제 3. 공예-색종이나 풍선이나 목재 등 여러 가지 재료를 활용한 학급환경 구성도 있다. 단독으로 활용되기도 하지만 다른 중점의 보조로 활용되는 경우가 더 많다.

주제 4. 환경과 생태-환경에 관한 관심과 보호를 중점으로 학급환경을 구성한다. 교실에서 작은 곤충이나 물고기, 채소 등의 동식물을 기르기도 한다.
주제 5. 청소년단체-청소년단체를 중점으로 학급환경을 구성하는 경우도 있다. 여러 청소년단체(스카우트, 아람단, 소년단 등)를 소개하고 관련 활동을 활용하여 학급을 꾸민다.

이외에도 수많은 주제가 있다. 학생과 함께 의논하여 주제를 정해 보는 것도 좋은 경험이 될 것이다. 계절의 변화에 따라 환경을 구성하는 방법은 고전이지만 진부하다. 하나의 주제만을 활용하기보다는 여러 주제를 동시에 활용할 수도 있으며, 주제를 바꿔 가며 환경을 구성할 수도 있다.

4) 원 칙

교실은 학습의 장소이자 교사와 학생이 함께 생활하는 공간이다. 많은 사람이 모여 다양한 활동을 이루어지기 때문에 동선과 공간활용을 고려하여야 한다. 혼잡스러움을 최소화하고 효율적인 공간 활용을 위해서 학급 구성을 계획할 때 다음의 요소를 기본적으로 고려하면 도움이 될 것이다.

원칙1. 적절성-학급환경 구성 물품의 배치가 적절하여 이용에 불편함이 없어야 한다. 수량, 크기, 형태, 위치가 학생의 생활에 적합하여야 한다.
원칙2. 효율성-학급환경 구성 물품의 관리와 이동, 보관과 처리, 공간과의 연계성, 안전 등의 기능이 효율적으로 이루어져야 한다.
원칙3. 심미성-학생이 생활하는 공간이므로 교실은 창의성과 학습의욕을 북돋아 주는 아름다운 공간이어야 한다.
원칙4. 안정성-학급환경은 혼잡스러움을 피하고 안정적이어야 하며, 학생이 생활하는 데 안전하도록 구성되어야 한다.

이외에도 학생과 정기적으로 토론하여 나온 결과를 학급환경 개선에 반영하는 것이 바람직하다.

2. 학급환경 구성의 영역

학급환경을 구성하는 영역은 다양하다. 이 책에서는 학급환경 구성의 영역을 크게 4가지(교실 구성 · 좌석 배치 · 전시와 게시 · 물품 보관)로 나누어서 접근하고, 각각의 영역별로 세부 영역을 제시하고자 한다. 그리고 영역별로 환경 구성의 예시와 사진자료를 제시하여 다양한 학급환경 구성을 스스로 구성할 수 있도록 돕고자 한다. 보다 참신하고 다양한 학급환경의 구성은 연습과 경험을 통해 각 학급에서 만들어지고 사용될 것이라 생각한다.

예시자료 1 학급환경 구성의 영역

영 역	세부 영역
교실 구성	① 교실의 앞과 뒤
	② 벽과 천장
	③ 교실바닥
	④ 교사비품(책상, 캐비닛, 컴퓨터)
	⑤ 책꽂이와 사물함
좌석 배치	① 일반형(일제형)
	② 모둠형
	③ 회의형
전시와 게시	① 학생작품
	② 시간표와 게시판
	③ 포스터와 기록물
물품 보관	① 학생의 개인 물품
	② 교사의 물품
	③ 자주 사용하는 학용품
	④ 기자재와 장식물

1) 교실 구성

학급환경 구성의 가장 기본이라고 할 수 있는 영역이 바로 교실 구성이다. 흔히 교실의 앞과 뒤만을 생각하지만 교실의 벽과 천장뿐만 아니라 심지어 교실의 바닥도 환경 구성의 대상이 될 수 있다. 그리고 부피를 많이 차지하는 교사의 비품(책상과 컴퓨터, 캐비닛) 등의 배치와 활용에 대한 고려도 필요하다. 다음은 교실 구성의 예시자료다.

(1) 교실의 앞과 뒤

교실의 앞과 뒤는 가장 학급환경 구성에서 가장 활용도가 높은 공간이라고 할 수 있다. 다른 공간에 비해 빈 공간이 많아서 전시와 게시가 용이하기 때문이다. 먼저 교실의 앞은 칠판이나 화이트보드가 대부분의 공간을 차지하기 때문에 이 부분을 제외한 나머지 빈 공간을 활용할 수 있다. 학급시간표나 학급일정을 이곳에 게시하는 경우가 가장 많으며, 경우에 따라서는 학급의 성과측정표(예, 독서상황표, 상벌점표 등) 등을 게시하기도 한다.

한편 교실의 뒤는 학생의 작품을 전시하는 경우가 가장 일반적이다. 그림이나 서예 작품의 경우에는 벽면에 부착하며, 만들기나 조각 작품 등은 사물함과 선반 등의 위에 올려서 전시한다. 하지만 단순하게 학생의 작품으로만 전부 채우기보다는 영역을 나누어 다양한 정보와 자료를 게시하는 것이 좋다(이 내용은 '전시와 게시' 영역으로 할당하여 뒤에서 좀 더 자세하게 다루도록 한다). 학교에 따라서는 교실의 앞과 뒤의 환경 구성에 일정한 기준을 부여하기도 한다. 예를 들면, 환경교육이 학교교육의 역점 중 하나인 경우에는 환경보호에 관련된 섹션을 각 교실의 게시판에 공통적으로 할당하고 내용은 각 학급에서 자율적으로 구성하는 방식이다.

예시자료 2   교실의 앞과 뒤 사진

출처: 초등참사랑(http://chocham.com), 상록초등학교의 예시

(2) 벽과 천장

교실의 벽과 천장은 학급환경 구성에서 크게 고려되지 않는 요소 중 하나다. 벽면에는 창문이 대부분의 공간을 차지하며, 천장은 활용도가 낮다고 생각되기 때문이다. 그래서 일반적으로 교실의 벽면에는 시계와 달력, 액자 등을 걸어 놓는 경우가 전부다. 하지만 이곳에도 학생의 작품이나 학습성과물을 전시할 수 있다. 예를 들어, 창문에는 스테인드 글라스와 같은 미술작품을, 벽면에는 가로로 길게 공간을 차지하는 연대표 등을 제시할 수 있다. 천장의 경우에도 모빌과 같은 미술작품이나 행성모형과 같은 과학 수업의 결과물 등을 활용하여 색다른 전시 공간으로 생각해 볼 수 있다.

예시자료 3   벽과 천장 사진

출처: 초등참사랑(http://chocham.com), 상록초등학교의 예시

(3) 교실바닥

교실의 바닥도 충분히 공간 활용의 대상이 될 수 있다. 스티커 등을 이용한 표식을 하여 교실의 영역을 구분하여 학습이나 놀이에 활용이 가능하다. 교실의 한편에 카펫 등을 깔아서 독서공간이나 놀이공간으로 사용하는 경우도 있다.

(4) 교사비품

교실에는 필수적으로 교사의 책상과 의자, 컴퓨터, 프로젝션 TV 등의 비품이 자리 잡고 있다. 이런 비품은 무엇보다 학습상황에서 학생의 시야에 방해되지 않도록 배치하는 것이 가장 중요하다. 특히 프로젝션 TV는 모든 학생이 잘 볼 수 있는 위치에 있어야 한다. 그리고 이런 비품류는 부피가 커서 교실에서 많은 공간을 차지하므로 일상생활할 때 동선에 불편함을 주지 않도록 고려하여 배치하는 것이 좋다.

(5) 책꽂이와 사물함

책꽂이와 사물함은 교실의 옆이나 뒷면에 주로 배치하며 정해진 규칙은 없다. 교실의 구조와 상황에 따라 여유로운 곳에 둔다. 책꽂이와 사물함를 배치할 때 앞쪽의 공간이 너무 좁으면 학생이 책과 개인소지품을 넣고 빼는 것이 힘들기 때문에 책꽂이와 사물함 근처는 충분한 공간을 확보하도록 한다.

2) 좌석 배치

좌석 배치도 학급환경 구성의 중요한 영역 중 하나라고 할 수 있다. 좌석 배치의 형태와 종류는 다양하다. 교사는 교실의 구조나 학습의 종류에 따라 적절하게 좌석 배치를 바꿔 가며 활용할 수 있다. 좌석 배치는 크게 일반형, 모둠형, 회의형으로 나눌 수 있으며 세부적인 형태는 다양하게 변형하여 구성할 수 있다. 다음은 좌석 배치의 예시자료다.

(1) 일반형

일제형으로도 부르며 모든 학생이 교실의 앞(칠판)을 바라보는 형태의 좌석 배치다. 이 형태는 학생의 개별적인 주의집중이 필요한 경우나 교사주도의 수업, 개별평가를 하는 경우에 적합하다. 학생이 개별학습에 집중하기 좋고, 모둠형이나 회의형에 비해서 소란스럽지 않다는 장점을 가진다. 하지만 학생 간 의사소통이 제한적이라는 단점을 가지기도 한다. 교사의 의도에 따라 한 줄씩 떨어뜨려서 구성하거나, 짝의 수를 바꿔서 구성(2인 분단, 3인 분단 등)할 수 있다.

예시자료 4 　일반형 좌석 배치

삼일초등학교 김민규 선생님의 5학년 2반

(2) 모둠형

학생끼리 모둠을 구성하여 서로 마주보고 있는 형태의 좌석배치다. 이 형태는 학생이 소규모의 토론이나 토의를 하거나 간단한 실험 등을 하기에 적합한 구조다. 모둠별이나 모둠 간 의사소통을 활용하여 다양한 형태의 학습이 가능하다는 장점이 있다. 하지만 교사와 마주 보지 않고 학생끼리 마주 보고 있기 때문에 집중도가 낮고 소란스러워지기 쉽다는 단점 또한 있다. 학급 구성원의 수와 학습내용을 고려하여 4인 모둠, 5인 모둠, 6인 모둠 등으로 구성할 수 있다.

예시자료 5 　모둠형 좌석 배치

삼일초등학교 김민규 선생님의 5학년 2반

(3) 회의형

모둠형이 소규모 토론이나 토의에 적합하다면, 회의형은 학급 전체가 참여하는 토론이나 토의에 적합한 형태의 좌석 배치다. 일반적으로 교사를 가운데 두고 반원 모양으로 둘러싸는 형태를 가지며 대표적으로는 말발굽 모양의 마제형이 있다. 학생이 발표자의 얼굴을 관찰할 수 있고, 교사가 모든 학생에게 쉽게 접근할 수 있다는 장점을 가진다.

예시자료 6   회의형 좌석 배치

삼일초등학교 김민규 선생님의 5학년 2반

3) 전시와 게시

학급에는 학생의 작품과 학습결과물 등 여러 종류의 게시물이 많다. 전시를 통해서는 학생 개개인의 성과물을 공개하거나 다른 학생들의 작품을 감상할 수 있고, 각종 정보와 자료는 게시를 통해 효과적으로 전달한다. 전시와 게시에서는 명시성과 주목성을 고려하여 학생이 쉽게 살펴볼 수 있도록 하는 것이 가장 중요하다. 다음은 전시와 게시의 예시자료다.

(1) 학생작품

미술작품 이외에도 여러 교과에서 여러 형태의 학생작품이 만들어진다. 작품의 형태는 실험보고서, 프로젝트 결과물, 연대표, 사진, 회화작품, 조소작품 등 매우 다양하다. 이런 다양한 종류의 작품을 크기와 형태에 알맞게 배치하는 것이 중요하다.

(2) 시간표와 게시판

학생의 수업 준비를 위하여 교실에 과목시간표를 게시하는 것이 도움이 된다. 시간표의 형태는 일주일의 내용이 전부 제시되는 것과 매일 교체하면서 쓰는 하루 시간표가 있으며 개성을 살려 다양하게 꾸밀 수 있다. 게시판에는 학급규칙이나 일과표, 급식메뉴, 그 달의 행사 등 각종 안내사항이 공지되며 마찬가지로 여러 형태를 고려하여 꾸밀 수 있다.

예시자료 7　시간표와 게시판 사진

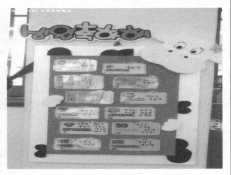

출처: 초등참사랑(http://chocham.com), 상록초등학교의 예시

(3) 포스터와 기록물

각 학급에는 저마다 활용하는 상벌점표, 학습상황표, 독서상황표 등의 여러 종류의 기록물이 있다. 그리고 캠페인이나 행사안내와 관련한 포스터물을 게시할 때도 있다. 이를 위해 학생의 눈에 잘 띄는 공간을 할당하여 게시하도록 한다.

예시자료 8　포스터와 기록물 사진

출처: 초등참사랑(http://chocham.com), 상록초등학교의 예시

4) 물품보관

학급에는 커다란 비품뿐만 아니라 교사와 학생의 개인물품과 같은 작은 물건도 많이 있다. 이런 것을 효과적으로 보관하거나 정리하지 않으면 혼잡해지고 관리가 어려워진다. 몇 가지 영역을 나누어 효과적으로 물품을 보관하는 방법을 알아보자.

(1) 학생의 개인물품

학생의 개인물품은 교실이 어질러지지 않도록 지정된 장소에 보관하는 것이 좋다. 수업 시간에는 수업에 관련된 물품만을 책상에 올려 두도록 하며, 일상생활에서도 쓰지 않는 물품은 책상 서랍이나 지정된 장소(바구니), 혹은 사물함에 보관하도록 하여야 분실하거나 파손되는 것을 막을 수 있다.

(2) 교사의 물품

교사의 물품도 학생과 마찬가지로 지정된 장소에 필요한 것만 두는 것이 바람직하다. 교사의 가방이나 소지품은 옷장이나 캐비닛에 넣어서 보관한다. 관리 소홀에 따른 분실사고가 일어나는 경우 해결이 어렵기 때문에 미리 예방하는 것이 좋다.

(3) 자주 사용하는 학용품

학급에서 공동으로 사용하는 색연필, 풀, 가위, 연필깎이 등의 학용품은 바구니 등에 정리하여 지정된 장소에 보관하는 것이 사용과 보관에 용이하다.

예시자료 9 　공동 학용품 정리 사진

출처: 초등참사랑(http://chocham.com). 상록초등학교의 예시

(4) 기자재와 장식물

이외에도 각종 기자재(실물화상기, CD플레이어 등)와 여러 장식물(화분, 꽃병 등)은 심미성과 효율성을 고려하여 배치한다.

● 유의사항 ●

앞서 제시하였던 학급환경 구성의 유의사항을 정리해 보면 다음과 같다.
- 교육적 의도: 교사가 자신만의 학급운영 의도를 가지고 학급환경을 구성한다.
- 지속적 관리: 환경 구성도 중요하지만 지속적인 유지 · 관리도 항상 고려해야 한다.
- 벤치마킹: 다른 교사의 의견이나 학급의 환경 구성에서 좋은 점을 받아들이고 자신의 학급환경 구성에 적용하여 발전시킬 수 있어야 한다.
- 자율적 교체: 정해진 기간마다 의무적으로 환경을 교체하기보다는 의도와 필요에 따라 자율적으로 변경하여야 한다.

---

3. 학급환경 구성의 평가

다음은 15개의 문항을 통해 영역별로 학급환경 구성을 평가하는 체크리스트다. 이것을 참고하여 교사가 학급환경 구성의 개념을 이해하고 있는지, 적절하게 구성하여 적용하고 있는지를 스스로 판단할 수 있도록 돕고자 한다.

항 목	그렇다	보 통	아니다
1. 학급환경 구성의 필요성을 알고 있는가?			
2. 학습활동 중 학생의 시야를 방해할 만한 것이 없는가?			
3. 물품의 배치가 적절하여 이용에 불편함이 없는가?			
4. 시설물의 관리와 이동, 보관과 처리가 용이한가?			
5. 교실이 아름답고 창의적으로 꾸며져 있는가?			
6. 학생의 작품 등을 전시할 공간이 충분한가?			
7. 공지사항 등을 게시할 공간이 충분한가?			
8. 비품의 배치에 교사와 학생의 동선을 고려하였는가?			
9. 필요와 여건에 따라 학급환경을 변경하였는가?			
10. 학생은 교사의 학급환경 구성의 의도를 알고 있는가?			
11. 학습활동에 적합한 좌석 배치를 하였는가?			
12. 교사와 학생의 여러 물품을 적절하게 보관하였는가?			
13. 더 좋은 의견을 받아들여 학급환경 구성에 적용하였는가?			
14. 자신만의 학급운영 의도에 따라 학급환경을 구성하였는가?			
15. 학급환경을 지속적으로 유지·관리하였는가?			

질문에 대한 자신의 대답을 주의 깊게 검토한 후 다음에 답하시오.

➜ 앞으로 개선할 사항은?

➜ 잘된 점은?

학습과제 및 실천활동

1. 자신만의 학급구성의 주제를 정하고 환경구성의 세부요소를 말하여 보자.
2. 인터넷을 활용하여 좋은 학급환경 구성의 예를 찾아서 발표하여 보자.
3. 4가지 영역(교실구성 · 좌석배치 · 전시와게시 · 물품보관)별로 자신만의 학급환경구성
   방안을 설정하여 보자.

참고문헌

Everston, C. M., Emmer, E. T., & Worsham, M. E. (2010). 초등교사를 위한 학급꾸리기 (강
       영하, 박종필 공역). 서울: 아카데미프레스.
박남기, 강원근, 고전, 김용, 박상완, 성병창, 유길한, 윤홍주, 정수현, 조동섭(2009). 초등학
       급경영의 이론과 실제. 파주: 교육과학사.
박병량(1997). 학급경영. 서울: 학지사.
조동섭, 이승기, 송윤선, 이현석, 장수진, 나인애, 박선주, 안병천(2009). 새내기 교사가 알아
       야 할 교직실무 100가지. 파주: 교육과학사.
Castle, K., & Rogers, K. (1994). Rule-creating in a constructivist classroom community.
       Childhood Education, 70(20), 77-80.
Jones, V. F., & Jones, L. S. (2004). *Comprehensive management: creating positive
       learning environments.* Boston: Allyn and Bacon.

제7장
학습지도하기

나는 올해 신규 임용된 새내기 교사다. 다른 건 몰라도 성적만큼은 전교에서 가장 우수한 반으로 만들겠다는 나의 당찬 포부는 금방 난관을 겪게 되었다. 우리 반 학생 중에 학습부진아가 두 명 있다. 이 아이들은 현재 학년에서 배우는 내용은 고사하고 작년에 배운 내용도 잘 모른다. 교과학습시간에 가르치기에는 진도 나가기에도 바빠서 따로 가르치기가 쉽지 않다. 설상가상으로 우리 반 아이들이 전반적으로 수업 시간에 집중력이 너무 낮다. 그래서 발표를 시키면 묵묵히 쳐다만 보는 경우가 있으며 심지어 엉뚱한 대답을 하는 아이도 있다. 그래서 야심차게 준비했던 모둠학습도 잘 되지 않고 있다. 아침자습시간부터 떠들고 있는 우리 반 아이들을 어떻게 하면 수업에 적극적으로 참여시킬 수 있을까? 이제 수업을 어떻게 해야 할지 정말 모르겠다. 지금부터라도 연습하면 잘할 수 있을까? 아이들의 기본학습훈련은 언제, 어떻게 해야 하는 걸까? 발표를 잘하게 하는 방법은 무엇일까?

〈김성훈, 김포서초등학교 교사, 교직 경력 2년〉

• 학습지도를 위해 필요한 준비사항을 안다.
• 학습지도를 할 때 주의할 점을 안다.

전인교육을 목표로 하는 초등학교 교육에서는 학생의 교과학습지도가 생활지도와 더불어 중요한 교육 영역으로 자리 잡고 있다. 우리나라 「교육기본법」 제2조는 '우리나라의 교육은 홍익인간의 이념 아래 모든 국민으로 하여금 인격을 도야하고, 자주적 생활능력과 민주시민으로서의 필요한 자질을 갖추게 하여 인간다운 삶을 영위하게 하고, 민주국가의 발전과 인류 공영의 이상을 실현하는 데 이바지하게 함을 목적으로 하고 있다.'라고 교육의 이념을 명시하고 있다. 또한 제3조에서 '모든 국민은 평생에 걸쳐 학습하고, 능력과 적성에 따라 교육 받을 권리를 가진다.'라고 언급하고 있다.

초중등학교 교육과정 총론에서는 초등학교 교육 목표를 다음과 같이 제시하고 있다(교육과학기술부 고시 제2012-31호, 2012. 12. 13.).

初등학교의 교육은 학생의 학습과 일상생활에 필요한 기초 능력 배양과 기본 생활 습관 형성, 바른 인성의 함양에 중점을 둔다.
• 풍부한 학습 경험을 통해 몸과 마음이 건강하고 균형 있게 자랄 수 있도록 하며, 다양한 일의 세계에 대한 기초적인 이해를 한다.
• 학습과 생활에서 문제를 인식하고 해결하는 기초 능력을 기르고, 이를 새롭게 경험할 수 있는 상상력을 키운다.
• 우리 문화에 대해 이해하고, 문화를 향유하는 올바른 태도를 기른다.
• 자신의 경험과 생각을 다양하게 표현하며 타인과 공감하고 협동하는 태도, 배려하는 마음을 기른다.

학생의 학습, 일상생활에 필요한 기초 능력 배양, 바른 인성 함양, 기본 생활 습관 형성을 위해 정해진 교과 속에서 교사의 계획적이고 의도적인 학습지도가 중요하다. 학습지도를 통해 학습태도를 익히고 각 과목별로 기본학습 요소를 익혀 기본학력을 향상시킨다. 또한 수업 활동을 통한 '학습하는 방법의 학습'을 터득하여 자기주도 학습력을 기를 수 있다. 교사는 평생학습의 바탕이 되는 기초·기본학력을 갖출 수 있게 지도해서 학생이 자신의 특기와 재능계발을 위해 지속적으로 학습할 수 있는 능력을 길러 주어야 한다.

1. 학습지도 준비하기

교사는 새로운 지식을 발견하기보다는 자신이 가지고 있는 지식을 학습자에게 이해시켜야 하므로, 학문에 대한 내적 이해가 필요하다. 또한 학습자를 학습의 장으로 이끌어 내기 위해서는 어떤 재료 및 경험을 이용해야 하는지에 대한 원리를 알고 있어야 한다. 교사는 학생의 수준에 따라 눈높이를 조절하여 학습동기를 진작하고 학습방법을 강구하는 자질이 필요하며, 교사는 답을 주는 것이 아니라 답에 이르는 활동을 주어야 한다(정태범, 1995). 그렇기에 학습 목표 달성을 위한 교사의 계획적이고 의도적인 학습지도는 많은 준비가 필요하다. 학습지도를 위한 준비를 주체, 지도 계획, 내용, 기본학습훈련, 원칙으로 나눠 알아보자.

1) 주 체

학습지도는 교사가 학생을 대상으로 하는 것이다. 물론 학습을 하는 것은 학생이지만, 학생이 학습 내용을 잘 이해하고 학습문제를 해결하기 위해서는 교사의 지도 능력이 중요한 몫을 한다. 교사는 열정적으로 학생을 지도하고, 학생은 적극적인 태도로 배우려는 자세를 가진다면 더할 나위 없이 훌륭한 학습 준비를 갖추었다고 말할 수 있다.

2) 지도 계획

학습지도를 하기 위해 교사는 매일 교재 연구를 하며 해당 교과를 충실히 이해하여야 한다. 매일 수업 시간마다 교과의 차시별 학습목표, 학습내용, 학습자료 등무엇을 어떻게 가르칠 것인지에 대한 설계가 머릿속에 청사진처럼 펼쳐져 있어야한다. 그리고 아침자습 시간에도 학습지도가 이루어진다.

그러기 위해서는 3월, 학기 초에 학습지도 계획이 세워져 있어야 한다. 학교 경영 방침에 따라 같은 학년이 공통적으로 교육과정운영 계획을 세워서 공유하거나, 또는 각 학급마다 교육과정운영 계획을 세우기도 한다. 교육과정 시수표와 교육과정 진도표가 포함되어 있는 교육과정운영 계획을 학년 교육과정에 맞춰 3월에 작성하면 그 계획에 맞춰 일 년 동안의 교육과정이 운영되고 수행 평가와 학업성취도 평가를 실시하게 된다. 또한 3월에 이루어지는 학급 실태 조사와 교사의 교육관에 따라 학습지도의 기본적인 약속, 활동이 정해진다.

3) 내 용

학습지도는 크게 수업 시간에 이루어지는 교과지도와 수업 시간이 아닌 때 이루어지는 교과지도로 나누어 볼 수 있다. 그리고 효율적인 학습지도를 위해 학급별로 실시하는 기본학습훈련도 큰 범위의 학습지도로 볼 수 있다. 단 창의적 체험활동 시간이나 몇몇 교과 시간에 이루어지는 인성지도는 생활지도를 다룬 다른 장과겹치므로 이 장에서는 제외하겠다.

(1) 수업 시간에 이루어지는 교과지도

먼저 수업 시간에 이루어지는 교과지도는 수업을 하고 교재연구를 꾸준히 하다보면 과목별로 지켜야 할 몇 가지 사항과 나름대로의 방법이 생기게 된다. 3월에과목별 교육과정 진도표가 작성되면 그에 맞춰 교재연구와 학습지도를 한다.

수업 준비는 교과서와 지도서를 기본으로 삼고, 그 외에 교육, 학습 관련 인터넷사이트 검색을 통해 준비한다. 그리고 선배교사, 동료교사의 수업 장학, 동학년 협의를 통해 학습지도의 팁을 얻기도 한다. 다른 교사의 시범수업이나 연수를 통해 수업모형을 익히고 교수–학습 과정안을 작성하면서 수업 시간의 학습지도 준비를 하는 것이 학습지도 능력을 기르는 데 많은 도움을 준다. 동영상, 프레젠테이션, 사진 등 다양한 교수–학습 자료를 활용하고 브레인스토밍, 직소 등의 다채로운 수업 방법으로 학습지도를 하면 학생이 수업 시간에 지루해하지 않으면서 적극적으로 수업에 참여할 수 있다.

(2) 수업 시간 외에 이루어지는 교과지도

수업 시간 외에 이루어지는 학습지도는 주로 아침자습 시간과 방과후에 이루어진다. 아침자습 시간을 이용하여 교과와 관련된 학습지도, 예를 들어 경필 쓰기, 받아쓰기, 기초계산 훈련, 독서 등을 통해 학생의 학력을 향상시킬 수 있다. 방과후에는 학습이 부진한 아동을 남겨 교과 학습지도를 하기도 한다.

수업 시간 외에 이루어지는 학습지도는 3월 초에 학급 실태 조사와 진단 평가를 실시하고 난 후 학습활동 지도 주제와 계획을 세운다. 받아쓰기 같은 경우에는 주로 저학년에서 하는 활동이고 고학년에서는 심화된 수준의 글쓰기 활동이 아침자습 시간에 이루어지기도 한다. 수학과 관련된 학습지도로는 3~5가지 정도의 수학 문제를 매일 아침자습 시간에 꾸준히 풀어서 수학부진 학생 수를 줄여 나가는 방법이 있는데, 이것도 수업 시간 외에 이루어지는 학습지도다. 다음의 예시자료는 아침자습 시간을 활용해서 활동해 볼 수 있는 학습지도의 예다.

예시자료 1 아침자습활동의 예시

아침 활동

월	애국 조회	화	재미있는 영어 공부
수	수학아 놀자!	목	독서교육
금	창의학습지		

출처: 인천 발산초등학교 김수미 선생님의 아침자습활동

---

4) 기본학습훈련

학습 분위기는 기본학습훈련을 통해 조성된다. 기본학습훈련이 제대로 되어 있지 않은 학급은 학습 분위기가 산만하고 어수선하다. 이렇게 중요한 기본학습훈련은 학습지도를 효율적으로 만든다. 기본학습훈련은 3월 첫 주부터 바로 시작하는데, 짧게는 1주, 길게는 한 달 정도 노력이 필요하다. 기본학습훈련은 교사와 학생 간의 약속으로 책 읽는 자세와 방법, 듣는 자세, 손 들기 자세, 발표 자세 및 요령, 학습약속 방법, 주의집중 방법, 학습장 사용 등이 있다.

(1) 책 읽는 자세

- 책을 읽을 때는 책을 15도 정도 뒤로 젖혀서 들고 팔꿈치를 편다.
- 눈과 책과의 거리는 30cm 정도 되게 한다.
- 책상과 배 사이에 주먹 하나 들어갈 정도로 띄어 앉는다.
- 허리는 펴고 엉덩이는 의자 등받이에 닿을 정도로 깊게 앉는다.
- 앉을 때 발은 편안하게 살짝 벌리고 발바닥은 바닥을 딛는다.

(2) 책 읽는 방법

- 책을 읽을 때는 책의 중심 내용이 무엇인지 생각하며 읽는다(글의 종류에 따라 파악해야 할 요점이 달라진다).
- 너무 빨리 또는 느리게 읽지 않고, 쉼표와 마침표를 지킨다.
- 수업 시간에 교과서를 윤독시키는 방법은 많다. 한 문장씩 돌아가며 읽기, 한 문단씩 읽기, 한 명씩 읽기, 짝과 같이 읽기, 한 모둠씩 읽기, 한 분단씩 읽기, 학생은 대화글을 읽고 교사는 대화글이 아닌 부분 읽기 등이 있다. 읽는 방법은 한 가지 방법만 고수하지 말고 상황과 글에 따라 달리하도록 한다.

(3) 발표지도

- 교사가 발문을 하면 학생은 생각을 한 후 조용히 왼손을 위로 쭉 펴 든다. 오른손은 필기를 하거나 발표할 요점을 메모할 수 있기 때문에 왼손을 든다. 왼

손잡이는 반대로 손을 들면 된다.

- 지명을 받은 발표자는 학생이 많은 쪽을 바라보고 선다. 그리고 듣는 이들이 발표자를 주목하는지 살펴본다.
- 자리에서 일어서면서 말하거나 앉으면서 말하지 않도록 한다.
- 발표자는 듣는 사람과 눈을 맞추며 발표한다.
- 발표를 할 때는 큰 소리로 또박또박 끝까지 말한다. 소리는 '솔' 음의 높이에 맞춰 말하는 것이 듣는 이들에게 전달이 잘된다.
- 다른 발표자가 말한 내용은 빼고 발표를 한다.
- 발표를 할 때 '저요.' 하는 말은 하지 않는다.
- 발표가 몇 명에게 집중되지 않도록 많은 학생에게 골고루 발표 기회를 주도록 한다. 그러기 위해 손을 들 때 하루 중 몇 번째 발표인지 손가락으로 표시하도록 지도하는 방법도 있다.
- 발표자가 생각이 막히거나 발표 준비가 되지 않았을 때는 계속 서 있는 것이 아니라 '좀 더 생각해 보겠습니다.'라는 내용의 말을 하도록 지도한다.
- 발표할 때 의견, 찬성, 반대, 질문 등 내용을 구분하기 위해 학급약속을 정하는 것이 좋다. 예를 들어, 발표할 때는 손가락을 쭉 펴고, 질문은 검지손가락을 펴고 다른 손가락은 접는다. 다른 사람의 의견을 보충할 때는 손가락으로 V자를 만든다. 반대 의견을 발표할 때는 주먹을 쥐도록 교사와 학생 간에 약속을 하도록 한다.

예시자료 2 발표 시 손 든 자세의 예시

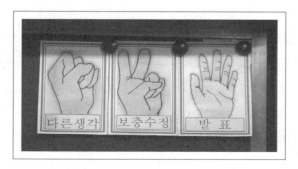

출처: 인천 발산초등학교 김수미 선생님의 아침자습활동

(4) 듣는 자세

- 바르게 앉아 말하는 사람을 보면서 듣는다.
- 발표자의 발표 내용을 들을 때 자기의 의견이나 생각과 비교하며 듣는다.
- 발표자가 말하는 동안 방해하지 않고 끝까지 듣고 자기의 의견을 말한다.
- 중요한 내용이나 질문 등은 간단히 요점만 적으며 듣는다.

(5) 주의집중 및 학습약속

3월 첫 주부터 교사에게 집중하도록 학생들을 꼭 지도해야 한다. '주의집중 박수, 한 점 바라보기, 눈을 감고 10초가 되었다고 생각하면 손을 들고 눈 뜨기, 자신의 숨소리 들어 보기' 같은 다양한 주의집중 방법을 통해 집중하는 훈련을 한다.

수업 중 주의를 환기시키는 방법으로는 박수 세 번 치고 학급 이름 부르기, 교탁 위에 있는 종 치기, 타이머 활용, 얼음 땡 등이 있으며 인터넷에서 다양한 방법을 찾을 수 있다. 그중 교사 자신이 선호하고 학생의 수준에 맞는 방법을 몇 가지 골라 학생과 약속을 하고 몇 번 연습을 하면 수업 시간에 활용할 수 있다. 하지만 처음에 너무 다양하고 많은 양의 학습약속을 알려 주고 자주 활용하면 오히려 수업에 방해가 될 수 있다.

(6) 학습장 사용

학년에 따라 학습장 사용이 달라지고 필요한 공책도 달라진다. 일단 기본적으로 알림장은 꼭 있어야 한다. 저학년일 경우 같은 형식의 알림장 공책에 매일 과제 및 준비물을 쓰고 담임교사가 검사를 한다. 고학년일 경우 알림장은 쓰되 꼭 일정한 공책이 아닌 수첩 등 원하는 곳에, 검사는 학년 초에만 잠깐 하고 매일 하지 않고 자율적으로 관리하도록 한다. 그 외 다른 공책은 담임의 교육관에 따라 공책의 권수, 활용법 등이 달라진다. 주지 교과마다 공책을 따로 사용하기도 하고, 한 공책에 종합적으로 쓰게 하기도 한다. 또 바른 글씨와 문단 지도를 위해 14칸 공책을 중·고학년에서 사용하기도 한다.

학습장을 사용할 때 학습 내용을 적기 전에 날짜, 과목명, 단원명, 학습문제 또는 목표를 적게 한다. 중·고학년일 경우 색볼펜을 사용하는 경우가 많은데, 너무 많은 색깔의 색볼펜을 쓰지 않도록 지도한다. 학년이 시작되기 전에 미리 담임교사가 다양한 방법을 찾아서 알아 두고 학년수준과 교사의 교육관에 맞춰 학년 초에 학생에게 지도하고 안내해 주어야 한다.

5) 원 칙

- 각 교과의 기초적 · 기본적 요소가 체계적으로 학습되도록 계획한다.
- 정확한 국어사용 능력을 신장할 수 있도록 배려한다. 특히 기초적 국어사용 능력과 수리력이 부족한 학생을 위해 별도의 프로그램을 편성 · 운영한다.
- 학습지도가 일회성이 아닌 일 년 동안 체계적으로 이루어질 수 있도록 한다.
- 교육 내용의 순서를 조정하거나 공통 주제를 중심으로 교재를 재구성하여 활용할 수 있다.
- 교사의 일방적이고 강압적인 학습지도가 아닌, 학생의 흥미와 참여를 고려한 학습이 될 수 있도록 한다.
- 3월에 기본학습훈련 정착을 통해 학습 분위기 조성이 이루어져야 한다. 3월이 지나고 난 후의 기본학습훈련은 효과가 없다.
- 학생의 학력 실태를 파악하여 학업 부진 요인을 분석하고, 그에 대한 종합적이고 구체적인 학습지도 계획을 수립하여 실천한다.
- 자주적 탐구 · 실험 · 조작활동 중심의 수업 전개로 자기주도적 학습능력 신장을 꾀해야 한다.
- 학습약속의 지속적 실천을 통해 집중력을 강화하고, 목표지향적인 활동으로 학력 신장을 도모한다.

2. 학습지도하기

1) 학습 순서

(1) 수업 시작 전에 학습 준비 갖추기

학생은 쉬는 시간에 다음 시간에 공부할 책과 준비물을 책상 위에 준비해 둔다. 수업 종이 치면 자리에 앉아서 수업 시작 인사나 다짐 구호를 외친다.

(2) 학습문제, 학습방법 알아두기

수업 도입에 다양한 형태의 동기유발을 활용하여 수업에 흥미를 불러일으키고 그 수업의 학습문제나 목표를 학생들이 찾을 수 있도록 한다. 또한 학습 안내를 통해 학습의 흐름과 방법을 알려 준다.

(3) 생각을 바르게 말하고 듣기

수업은 해당 교과와 내용에 따라 다양한 수업모형으로 구성된다. 수업이 진행되면서 교사의 표정과 어투, 목소리 크기는 단조롭지 않아야 한다. 같은 크기의 목소리로 교사가 수업을 하다 보면 학습 내용이 흥미로워도 수업은 지루해진다. 또 학생의 목소리는 전체 활동, 모둠 활동, 짝 활동에 따라 알맞은 크기와 바른 태도로 말하도록 이미 기본학습훈련이 되어 있어야 한다. 다른 사람의 발표를 들을 때의 자세도 중요하다.

(4) 수업 활동에 집중하며 적극 참여하기

학생이 수업 활동에 집중하며 적극 참여할 수 있도록 활동 방법을 다양하게 하고 주의집중 활동이 수업을 방해하지 않으면서 자연스럽게 수업 안에서 흘러갈 수 있도록 한다. 또한 미리 학생에게 해야 할 행동과 하지 말아야 할 행동을 알려 주어 구분할 수 있도록 한다. 특히 저학년 학급에서는 수업 시간에 자리에 앉아 있지 못하고 돌아다니는 학생이 가끔 있다. 바른 수업 태도에 대한 지도를 통해 그런 일이 없도록 3월에 기본학습훈련을 한다.

(5) 수업 종료 시 학습 내용 알아두기

수업의 마무리 단계에서 그 시간에 공부한 내용에 대해 형성 평가를 하거나 발표를 통해 정리해 보고, 새로 알게 된 사실을 다시 한 번 돌아볼 수 있는 시간을 가진다. 판서를 통해 정리를 하는 것도 한 방법이다. 이때 공책 정리 방법도 지도해야 한다. 그 외에 수업 정리 활동을 과제와 연결시켜 복습이나 심화학습으로 나아갈 수 있도록 해야 한다. 더 나아가 자기주도학습 능력이 길러질 수 있도록 학습지도 방안을 꾀해야 한다.

2) 학습 형태

학습방법에는 학생 개인이 하는 활동과 모둠, 전체가 하는 활동이 있다. 학생이 오답공책을 작성하거나 자신의 학습 산출 자료를 포트폴리오로 만드는 것은 개인 활동이다. 전체 또는 모둠이 같이 활동하면서 학습이 이루어지는 것으로는 신문 만들기, 토의·토론학습, 조사보고서 작성하고 발표하기, 협동화 그리기 등이 있다. 학습지도를 할 때 개인 학습과 모둠이나 전체 학습이 따로 진행되기도 하지만 개인 학습과 모둠, 전체 학습이 같이 병행되거나 섞여 있는 경우도 있다. 예를 들어, 토의·토론학습은 자신의 생각이나 의견을 정리하는 개인 활동 후에 서로 이야기를 나누는 모둠, 전체 활동이 이루어진다.

(1) 오답공책

학습을 하고 나면 평가를 한다. 수업 시간에 하는 간단한 형성 평가부터 학업성취도 평가까지 평가는 빠지지 않고 꼭 있다. 배웠으면 얼마만큼 아는지 알아봐야 한다. 모르는 것이 있으면 알고 넘어가야 한다. 모르는 것을 빠뜨리지 않고 복습하기 위해 오답공책을 작성하게 한다. 오답공책을 쓰는 방법과 취지를 학생에게 학년 초에 잘 설명하고 안내해서 기초 기본학습능력이 잘 갖춰지도록 지도한다. 오답공책 작성법을 학생에게 나눠 주고 공책 속 앞면에 붙이게 하면 쓰는 법을 몰라

질문하는 일이 없다. 작성법은 학년에 맞춰 조금씩 다르게 한다. 저학년은 쓰는 게 많으면 힘들어하고 학습이 떨어지는 학생은 더 학습하기 싫어할 수 있으므로 학급 실태에 따라 융통성이 필요하다.

예시자료 3 오답공책의 예시

오답공책은 이렇게 씁니다!

● 첫 줄 쓰는 방법
먼저 '날짜, 시험과목, 단원명, 시험이름, 점수'를 씁니다.
예) 3월 24일 / 수학 / 1단원) 10000까지의 수 / 단원 평가 / 90점
※ 시험 이름은 단원 평가, 학습지 등 보기 좋게, 이해하기 쉽게 써 보세요.

● 내용 쓰는 방법
• 문제 쓰기: 문제 번호와 문제의 내용, 문항 등을 빠짐없이 씁니다.
• 오답 쓰기: 내가 쓴 그대로 씁니다.
• 정답 쓰기: 정답을 모르면 선생님, 친구에게 물어보기!
• 틀린 이유 쓰기: 만약 답을 '4'라고 썼다면, 왜 정답을 '4'라고 생각했는지 자세히 씁니다 (내가 틀린 이유를 알면, 다시는 같은 문제를 안 틀릴 수 있답니다).
• 설명 쓰기: 문제를 푸는 방법을 씁니다.
만약, 답이 '1'이라면 '1'이 답인 이유를 쓰거나, 답을 쉽게 찾는 방법 등을 자세히 씁니다('설명'은 문제를 푸는 방법을 모르는 사람이 봐도 이해가 될 수 있도록 자세히, 하지만 알아보기 쉽게 간단하게 나타냅니다. 간단히 식으로 나타내고 설명을 써도 좋겠죠. 한눈에 쏙 들어오게 설명을 쓰는 사람이 잘 쓰는 거예요).

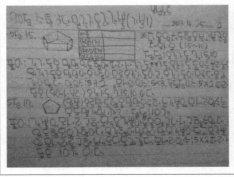

(2) 신문 만들기

수업 시간에 국어, 사회, 과학, 창의적 체험활동 등 다양한 교과에서 조사하거나 학습한 내용을 신문으로 만드는 활동을 종종 한다. 개인이 조사한 자료를 가지고 모둠에서 같이 협의하여 신문을 만든다. 또는 단원에서 지금까지 배운 내용을 정리하는 단계에서 신문 만들기 활동을 활용하기도 한다. 신문 만들기를 통해 신문 형식, 글자 크기, 신문 구성, 글쓰기뿐만 아니라 자기의 생각을 표현하는 법, 다른 사람과 대화하는 법을 익히며 자기와 다른 사람의 의견을 조율하는 법을 배운다. 신문 만들기를 할 때 날짜와 발행인은 꼭 쓰도록 하며 내용보다 꾸미기에 치중하지 않도록 주의를 주도록 한다.

예시자료 4 신문 만들기의 예시

(3) 토의 · 토론학습

토의 · 토론학습은 수업 시간에 많이 활용되나 제대로 하기에는 결코 쉽지 않은 학습방법이다. 토의 · 토론 수업이 되려면 충분한 연습과 학습 준비가 되어 있어야 한다. 같은 형식으로 주제를 다르게 여러 번 반복해야 어느 정도 토의 · 토론학습이 이루어진다. 또한 다른 사람의 입장을 생각하며 활동해야 하고 서로 학습의 동반자가 될 수 있도록 협력하는 태도가 갖춰져 있어야 한다.

토의 · 토론학습훈련은 간단한 주제를 가지고 홀로, 짝끼리 대화한다. 그리고 모둠이 대화를 한 후 전체 집단 토론을 한다. 소집단 전원이 윤번제로 자기 생각을 발표하게 한 다음 상호 유발 · 갈등, 협력 토의를 통하여 분석 점검하여 문제해결에 심화를 기하도록 한다. 소집단에서 토의된 내용은 대표 1~2명이 전체 집단에 발표하게 한 다음 전체 토의 활동을 하면서 전원 참여하도록 한다.

모둠활동 시 의견을 모으면서 이야기를 하지 않는 학생도 말하게 하는 방법으로 쪽지를 개인당 2~3장씩 나눠 주고 하나의 종이에 자신의 의견을 하나만 쓰게 한 후 돌아가면서 쪽지에 쓰인 글을 읽고 내려놓게 한다. 자신과 같은 의견을 다른 사람이 말하면 그 쪽지는 의견을 말한 사람이 내려놓을 때 같이 내려놓는다. 이처럼 토의 · 토론학습에는 브레인스토밍, 브레인라이팅, 육색 사고 모자 등 기법이 다양하므로 상황에 맞게 여러 방법을 활용하여 학습지도를 한다.

3) 학습 관리

수업이 끝났다고 학습이 끝난 것은 아니다. 금방 잊어버리게 되고 잘 이해하지 못하는 학습 내용도 있을 수 있다. 학급 학생 중에는 학력이 높은 학생도 있고 학력이 낮은 학생도 있으므로 학습능력을 고루 상향시키기 위해서는 교사의 지도가 필요하다. 과제와 보충 심화지도를 통해 교사는 학급 학생의 학습능력을 향상시킬 수 있다.

(1) 과 제

학습한 내용을 정리하고 자기 것으로 만들기 위해서는 복습이 필요하다. 교사가 과제를 내주기도 하고 학생 개인의 계획표에 따라 가정에서 자기주도학습이 이루어지기도 한다. 교사가 과제를 내줄 때는 학생이 할 수 있는 만큼의 양을 제시하도록 유의한다.

학생이 의무감과 책임감으로 과제를 수행하는 데 있어, 교사가 다양하게 학생의 흥미를 끌 만한 내용으로 적절한 수준의 적당한 양을 과제로 제시한다면 과제 수행이 좀 더 수월할 것이다. 각 시도교육청에서는 학생의 학력향상과 자기주도학습을 위해 사이버학습 사이트를 운영하고 있다. 이 사이트를 이용하는 것도 과제 제시의 한 방법이 될 수 있다. 사이버학습 사이트는 회원으로 가입하면 무료로 이용할 수 있다. 여러 수준의 교과 학습이 다양하게 있어 교사가 사이트에 있는 여러 교과 학습 중 필요한 교과를 골라 학급 개설을 하고 학급 학생이 드나들게 할 수 있다. 또한 평가 자료가 있고 논술학습, 자기주도학습 등 교과 외에 자료도 있다. 경기도 교육청에서 운영하는 사이트는 다높이, 인천은 인천 e스쿨, 서울은 꿀맛닷컴 등 이름과 내용이 조금씩 다르다.

예시자료 5 　인천e스쿨의 예시

예시자료 6 경기도 다높이의 예시

또 수업 시간이나 과제 제시 아이디어를 얻기에 좋은 사이트가 있다. 한국과학창의재단에서 만든 사이트로 '창의인성교육넷(http://www.crezone.net/main_new.do)'이 있다. 창의성교육과 인성교육의 기능과 역할을 강조하면서, 두 교육의 유기적 결합을 통해 창의적 인재를 육성하기 위해 만든 사이트로 창의적 체험활동을 소개하며 체험활동을 할 수 있는 다양한 기관과 프로그램을 소개하고 있다.

창의인성교육넷의 예시

(2) 보충지도

교과학습시간에 학습하는 것만으로는 벅찬 학생을 위해 보충지도가 필요하다. 따라서 교사는 그런 학생을 위해 학력향상 계획을 세워 학습결손이 없도록 노력해야 한다. 목표, 방침, 세부방침, 기대되는 효과 등의 계획을 세우고, 학생 명단과 부진내용, 지도내용을 기록할 수 있는 칸도 만들어 연중 학습 관리를 하도록 한다.

예시자료 8 학력향상 계획1

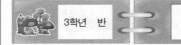

실력 쑥쑥! 학력 쑥쑥!

1. 목 표

　학습이 가능한 모든 학생이 읽고, 쓰고, 셈할 수 있는 기초적인 학습능력을 기르고 나아가 교육과정에서 요구하는 최저 수준의 기본학습능력을 갖추고자 한다.

> 한글 못 읽고 쉬운 셈 못하는 아동이 없는 교실 만들기
> * 초등학교 3학년까지 모두 한글을 읽을 수 있게 하고,
> * 초등학교 3학년까지 두 자리 수의 가·감을 할 수 있도록 하고(받아올림, 내림 있음),
> * 초등학교 3학년까지 구구단을 외울 수 있도록 한다.

2. 방 침

* 주지교과 중심으로 학력향상 계획을 실시한다.
* 주지교과의 각 단원을 학습한 후 단원 평가를 실시한다.
* 각 개인별 학업성취목표를 세워 운영한다.
* 가정과의 연계 교육을 강화하여 학습의 효과를 높인다.
* 학습부진아 지도 단계별 학습 프로그램을 활용한다.

3. 세부 계획

* 좋은 습관형성을 통한 학력향상
  - 학습시간 지키기, 학습 준비 잘하기, 좋은 학습 태도 갖기, 과제이행 힘쓰기, 예습 복습하기, 친구와 함께 공부하기, 자투리시간 활동하기
* 단원 평가 실시
  - 각 단원별 단원 평가 및 수행 평가 후 즉시적인 피드백을 실시
  - 국어(8회), 수학(8회), 사회(3회), 과학(4회)
* 경필쓰기(올바른 모양으로 글자쓰기 지도)
* 공책 정리하기
  - 1인 4권의 공책 갖기 운동(학습장, 오답 공책, 일기장, 알림장)
  - 공책 정리하는 방법 지도(학습하는 방법 지도)
* 한자지도(창의 재량시간과 아침자습시간 활용)
* 독서지도

4. 기대되는 효과

    교과학습 부진 학생이 교과학습 활동에 성취감을 갖게 함으로써 학습에의 의욕과 자신감을 심어 주어 상위 학습이나 차후 학습에 동기를 부여해 줄 수 있다.

5. 개인별 기초학력 부진아 카드 누가 기록

교과 (영역)	성 명	부진 요인	개별 지도 내용	지 도 결 과			
				1/4	2/4	3/4	4/4

출처: 효성남초등학교 김수미 선생님의 학력향상 계획

    학급 차원에서 이루어지는 보충지도도 있고 학교 차원에서 이루어지는 보충지도도 있다. 학급에서는 아침자습, 점심시간, 방과후 시간 중에서 택하여 지도하고, 학교에서 실시하는 보충지도는 방과후와 방학을 이용하여 지도한다. 보충지도를 할 때는 학생 개개인의 수준에 맞는 자료를 선택하여 학습지도를 해야 한다. 한국교육과정 평가원에서 만들어 운영하는 기초학력향상지원 사이트가 있어 기초학력 부진아 및 지도교사를 위한 다양한 자료가 탑재되어 있다.

예시자료 9 기초학력향상지원 사이트의 예시

자료: 기초학력향상지원 꾸꾸(http://www.basics.re.kr/)

이 사이트에는 진단 평가, 학업성취도 평가 등 다양한 평가 문항과 학습부진아 판별검사도구, 학습부진 예방 지도 프로그램, 기초학습자료, 초등 기초학력 보정교육자료, 학습부진유형별 학습지원 안내자료, 학습자 이해(e-러닝), 문제행동 대처 방안, 학력향상 우수사례 등의 많은 자료가 있어 필요할 때 도움을 받을 수 있다.

(3) 기타

- 주지교과의 각 단원을 학습한 후 단원 평가를 실시한다.
- 각 개인별 학업성취목표를 세우도록 지도한다.
- 가정과의 연계 교육을 강화하여 학습의 효과를 높인다.
- 학습부진아 지도 단계별 학습 프로그램을 활용한다.
- 학습우수아, 영재아를 위한 학습지도 방안을 구상하여 실시한다.

3. 학습지도 평가하기

학습지도의 중요성을 이해하고 계획하여 활용하고 있는지 점검하고 진단하는 과정이 필요하다. 이 장에서는 다음 10개의 문항을 통해 학습지도에 관한 교사의 항목을 평가하는 체크리스트를 제시하였다. 이를 참고하여 교사가 학습지도의 중요성을 이해하고 있는지, 계획하고 활용하고 있는지를 스스로 판단할 수 있도록 돕고자 한다.

항 목	그렇다	보통	아니다
1. 학습지도 준비 시기는 언제인가?			
2. 학습지도 주제는 대략 어떻게 나눌 수 있는가?			
3. 학습지도 내용은 학년에 따라 달라지는가?			
4. 학습지도를 준비할 때 유의할 점은 무엇인가?			
5. 학습지도 계획은 작성하였는가?			
6. 학습지도를 위해 아침자습 활동은 고려되었는가?			

7. 학습지도의 효율성을 위해 기본학습훈련은 어떤 것이 있으며 시행이 잘되었는가?			
8. 수업 시간 시작부터 끝까지 학습지도는 어떻게 이루어지고 있는가?			
9. 학습지도를 위해 각 교과별 기본학습 요소는 추출하였는가?			
10. 학습지도를 한 후 학업성취도 평가는 적절히 실행하였는가?			

질문에 대한 자신의 대답을 주의 깊게 검토한 후 다음에 답하시오.

➜ 앞으로 개선할 사항은?

➜ 잘된 점은?

___

학습과제 및 실천활동

1. 학습지도의 효율성을 위해 기본학습훈련안을 작성하여 보자.
2. 학습지도를 위해 준비할 내용은 무엇인지 말하여 보자.
3. 주의집중을 위한 학습약속을 만들어 보자.

참고문헌

교육과학기술부(2012). 초중등학교 교육과정 총론. 교육과학기술부 고시 제2012-31호 ('12. 12. 13.).

정태범(1995). 학교학급경영론. 서울: 도서출판 하우.

조동섭, 이승기, 송윤선, 이현석, 장수진, 나인애, 박선주, 안병천(2009). 새내기 교사가 알아야 할 교직실무 100가지. 파주: 교육과학사.

제8장

생활지도

교실에 들어서면 숨이 턱 막힌다. 책상 위를 뛰어다니며 돌아다니는 아이, 스마트폰 게임에 열중인 아이, 친구에게 욕을 하고 도망 다니는 아이. 담임교사인 내가 교실에 들어와도 아이들은 전혀 개의치 않고 자신의 일에 열중하고 있다.

나는 발령을 받은 지 4개월 된 신규교사다. 얼마 전까지만 해도 학생과 함께 어울리며 즐겁게 생활하는 내 모습을 꿈꿨었는데…… 이제는 아이들 얼굴조차 보기 싫고 심지어 아이들이 무섭기까지 하다.

아이들은 마치 울타리 밖을 벗어나 날뛰는 미친 동물 같다. 내 통제권에서 완전히 벗어나 버렸다. 이제는 나도 어떻게 행동해야 할지 전혀 감당이 되지 않는다.

발령을 받기 전 현직에 있는 선배에게 '아이들은 다른 거 다 필요 없고 친구처럼 편하게 대해 주는 교사를 제일 좋아해.'라는 말만 듣고 아무런 준비 없이 아이들을 맞이하였던 내가 어리석은 걸까?

나도 과연 다른 선생님처럼 학생을 잘 지도할 수 있을지 의문이 든다. 효과적인 생활지도 방법은 도대체 무엇일까?

〈최동녕, 주곡초등학교 교사, 교직 경력 4개월〉

- 생활지도의 개념 및 필요성을 이해한다.
- 생활지도의 영역을 이해하고 효과적으로 실행할 수 있다.
- 생활지도 시 유의해야 할 점을 알 수 있다.

생활지도의 개념을 어원을 통해 생각해 보면, 가이던스(guidance)란 말을 우리말로 옮긴 것이며, '안내'라는 뜻으로 널리 사용되는 말이다. 초등학교에서 생활지도는 '학생의 일상생활을 직접 지도하여 바람직한 습관이나 태도를 갖게 하는 일'이라고 할 수 있다. 즉, 학생 각자로 하여금 본인이 지니고 있는 능력, 흥미 그리고 성격 등 인격적 특성을 이해시켜 이를 최대한으로 발전시켜 나가며, 또한 자신의 생활 목표와 결부시켜 결국 바람직한 민주시민으로서 원만하고 성숙한 자기지도를 이루는 과정이라고 볼 수 있다.

바람직한 생활지도가 이루어지기 위해서는 계획부터 추진 과정까지 교사의 일방적인 지시나 억압, 명령으로 운영되기보다는 인간존중의 바탕 위에서 담임교사가 구체적이고 계획적으로 진행하여야 한다. 또한 생활지도는 치료가 필요한 문제의 발견보다는 예방이 필요한 문제의 발견에 주력해야 한다.

학교교육은 크게 교과지도와 생활지도로 구분되어 이루어진다. 교과지도가 학생의 지적 발달과 지식습득을 통한 지적 가치를 추구하는 데 중점을 두고 있다면, 생활지도는 학생의 정서적이고 인성적인 발달을 바탕으로 의미 있고 올바른 삶을 살도록 도우며 지도하는 교육활동이라고 할 수 있다. 그러나 최근 맞벌이부부 증가에 따라 가정교육이 부족해지고 사회적으로 과도한 입시경쟁, 황금만능주의, 편법주의, 요령주의 등이 범람하면서 학교 현장에서조차 제대로 된 생활지도가 이루어지지 않고 있는 것이 현실이다.

이러한 현실을 반영하듯 최근 청소년의 폭력과 비행, 잇따른 자살 문제 등이 꾸준히 증가하고 있으며, 이를 타개하기 위한 해결책이 절실히 요청되고 있다. 이에 학생 스스로가 문제를 정확히 파악하고 슬기롭게 해결할 수 있는 지혜와 기술을 갖추고, 자신의 능력과 적성을 이해하고 진로를 잘 선택할 뿐만 아니라, 창의력을 개발하여 민주사회에 봉사하며 전인적으로 통합된 인격을 갖추게 하는 데에 생활지도의 필요성이 있다(김종운, 2010).

생활지도의 필요성을 교육적·개인적·사회적인 측면으로 구분하여 살펴보면 다음과 같다. 첫째, 교육적인 측면에서 살펴보면 생활지도는 학생이 학교생활에 올바르게 적응하고 나아가 급변하는 사회 속에서 잘 적응하도록 돕는 데 필요성이 있다. 다가오는 사회는 더욱 다원화되고 상호 간의 다양한 가치가 상존하는 복잡한 사회다. 이러한 변화의 소용돌이 속에서 학생이 다양하게 접하게 되는 문제를 해결해 나갈 수 있도록 돕기 위해 생활지도가 필요하다.

둘째, 개인적인 측면에서 살펴보면 학생 개개인은 그 사회집단을 구성하는 일원이다. 따라서 올바른 인격을 형성하여 사회에서 일익을 담당하는 민주시민이 될 수 있도록 자율적이고 자주적이며, 책임감 있고, 협동적이면서도 독창적이고, 창조적인 인격체가 되도록 전문적인 지도가 필요하다.

셋째, 사회적인 측면에서 볼 때, 현대 사회에서는 청소년의 일탈문제가 중요한 사회 이슈로 대두되면서 그 해결책이 절실하게 요구되고 있다. 천편일률적인 지식 중심의 교육은 학생의 일탈을 예방하고 해결하는 데 한계점을 드러냈다. 이와 같은 문제를 해결하기 위해서는 인지적 중심의 지육, 정의적 특성인 덕육, 운동 기능적 특성인 체육 등이 삼위일체로 균형과 조화를 이룰 수 있는 교육이 필요하다. 이러한 측면에서 볼 때 학생의 모든 일상생활을 포함하는 생활지도를 강화해야 할 필요가 있다.

생활지도의 영역은 생활지도 교사와 학생에 따라서 여러 가지 형태로 나누어질 수 있고, 각 학교마다 생활지도 내용과 활동 영역이 크게 달라질 수 있다. 따라서 생활지도의 영역을 구체적으로 진술하면 매우 다양하다. 하지만 결국 생활지도의 영역은 교육지도, 인성지도, 학습 및 학습상 문제지도, 진로지도, 건강지도, 여가지도, 기본생활습관지도, 사회성지도, 도덕성지도, 자아개념지도, 사회성지도, 여가선용지도 등과 같이 아동의 생활과 관련하여 학생에게 일어나는 모든 문제에 대한 일련의 지도 과정이라고 할 수 있다.

여기서는 실제 학교 현장에서 이루어지고 있는 생활지도 영역 중에서 교사가 지도하는 데 어려움을 겪고 있는 몇 가지 영역을 꼽아 실제 사례를 바탕으로 살펴보고자 한다.

1. 인성지도

• 사례 1 •

'10억 원이 생긴다면 잘못을 저지르고 1년 정도 감옥에 가도 괜찮다.'라고 생각하는 고등학생이 10명 중 4명이 넘는다는 조사결과가 나와 충격을 주고 있다. 흥사단 투명사회운동본부가 최근 초·중·고교생 2천 명씩을 대상으로 윤리의식을 조사한 결과 이 질문에 초등학생은 12%, 중학생은 28%, 고등학생은 44%가 그렇다고 답했다. 아직 가치관이 형성되기 이전인 어린 초등학생 가운데서 10명 중 1명 이상이 이처럼 생각하고 있다는 것도 놀랍지만 학년이 올라갈수록, 즉 교육을 받을수록 그 비율이 높아진다는 사실이 문제의 심각성을 보여 준다. 교육을 받을수록 윤리의식이 높아져야 하는데 오히려 반대의 결과가 나오고 있는 것이다.

• 사례 2 •

'정직지수'를 산출한 결과 초등학생 85점, 중학생 75점, 고등학생 67점으로 학년이 높을수록 윤리의식은 낮아지는 것으로 나타났다. '남의 물건을 주워서 내가 가져도 괜찮다.'라고 생각하는 비율은 초등학생 36%, 중학생 51%, 고등학생 62%였고, '시험성적을 부모님께 속여도 괜찮다.'라고 답한 응답자는 초등학생 5%, 중학생 24%, 고등학생 35%로 갈수록 많아졌다. 사이버 공간에서의 부정행위와 관련, '인터넷에서 영화 또는 음악 파일을 불법 다운로드해도 괜찮다.'라고 답한 학생은 초등학생 16%, 중학생 58%, 고등학생 84%였고, '숙제를 하면서 인터넷에 있는 내용을 그대로 베껴도 괜찮다.'라고 생각하는 학생은 각각 47%, 68%, 73%였다. 이러한 행위가 잘못된 것이라는 의식이 전혀 없는 것이다.

출처: 연합뉴스(2013. 1. 7.)

1) 인성교육의 필요성

교육의 기본 목적은 사람을 사람답게 만드는 데 있고, 그중에서도 가장 중요한 부분이 바로 인성교육이라고 할 수 있다. 그래서 과거 기초교육기관에 해당되는 서당에서는 한자만 아니라 명심보감, 동몽선습, 사자소학 등을 가르치면서 부모를 공경하고 웃어른을 대할 때 필요한 예의범절을 함께 가르쳤다고 한다.

인성교육은 인간이 타고난 성품을 발현하도록 이끌어 주는 교육으로 자신에 대한 올바른 이해와 자신을 수용하고 포용하는 자아 존중감, 그리고 자기 통제와 조절능력, 타인에 대한 이해와 존중자세 등을 갖추도록 하는 교육이다. 학교에서 인성교육을 한다는 것은 학생이 자신의 마음을 통합할 수 있도록 하며 사람다운 사람이 될 수 있도록 교사가 도와주는 것이다. 학생이 지·정·의를 조화롭게 발달시켜 마음을 통합할 수 있도록 도와주는 '마음의 교육'으로서의 인성교육은 '심성교육'이라고도 말할 수 있다. 또한 학생이 사람다운 사람이 되도록 교사가 그들을 도와주는 일을 인성교육이라고 볼 때, 인성교육이란 일종의 '가치교육'이라고도 할 수 있다(남궁달화, 2005).

하지만 현대교육에서는 인성교육이 철저히 외면당하고 있는데 이는 입시 위주의 교육과 무한 경쟁을 요구하는 사회 풍토 때문이라고 볼 수 있다. 학교는 본래의 제 기능을 상실한 채 그저 보다 나은 상급학교에 진학하기 위한 입시준비기관의 역할에만 충실하게 되었다. 이 때문에 제대로 된 인성교육을 받지 못한 학생은 각종 사회적 범죄와 물의를 일으키고 있다. 따라서 이와 같은 문제를 바로잡고 현대 사회를 살아갈 수 있는 건강한 인간을 길러 내기 위해 인성교육은 철저하게 이루어져야 할 필요성이 있다.

2) 인성교육의 지도 원리

인성교육의 지도 원리는 다음과 같다. 첫째, 인성교육에서 교사가 학습자에게 요구하는 방식, 그리고 평가의 척도는 항상 일정해야 한다. 모든 교사가 인성교육의 중요성과 필요성에 대해서는 공감하지만, 체계적인 지도 계획과 내용이 수립되지 않은 상태에서 각 교사마다 중요하게 생각하는 영역별로 다양하게 운영되는 경우가 대부분이다. 따라서 학습자의 행동과 인성교육의 결과물에 대해 항상 같은 평가를 내리고 격려하도록 노력해야 한다. 이를 위해서는 교사 역시 인성교육에 대한 체계적인 계획을 수립하고 내용과 평가 기준에 대해 정확히 숙지할 필요가 있다.

둘째, 인성교육은 학생이 직접 체험한 데에서 얻는 것을 바탕으로 또 다른 체험을 느끼고 숙지하면서 완성되는 것이다. 교사 중심의 이론 학습보다는 학습자 중심의 체험활동이 인성교육에서 매우 효과적이다.

셋째, 인성교육은 매일매일 이루어져야 한다. 그리고 학생이 학습한 것을 일상생활 속에서 자연스럽게 실천할 수 있도록 계획하여야 한다. 이를 위해 학습 단위 혹은 학교 단위로 인성교육을 이룰 수 있도록 계획을 세우고 시행하여야 한다. 특히 학급 단위의 인성교육과 실천이 매우 중요하다. 학생은 학년이나 학교보다는 학급에 더욱 애착을 가지고 있기 때문에 학교에서 이루어지는 인성교육은 학급 단위별로 시행하고 평가하는 것이 더욱 효과적이다.

3) 인성교육에서 교사의 역할

교사는 학생의 인성을 발달시키는 데 가장 중요한 역할을 하는 행위자다. 교사는 학생과 많은 시간을 공유하면서 학생이 학교공동체에서 생활하는 모습을 관찰하고 학생의 생각과 행동상의 변화 양상을 가장 정확하게 파악할 수 있기 때문이다.

인성교육이 효과적으로 실행되기 위해서 교사는 다음과 같은 자질을 함양하고 실천하여야 한다. 첫째, 교과 시간에는 단순히 지식을 전달하는 지식 전수자의 역할보다는 학생의 인성과 지성을 조화롭게 발달시킬 수 있는 촉진자 역할을 해야 한다. 예를 들어, 국어나 도덕 시간을 이용하여 학생 스스로 생활 주변에서 발생하는 여러 가지 문제점을 찾게 하고 토론 활동을 통해 민주적으로 해결해 나가도록 하거나, 상호 존중을 바탕으로 협동을 요구하는 탐구공동체 수업 방법을 적용하는 등 학생의 인성 발달이라는 목적 지향의 수업을 설계하도록 한다.

둘째, 교사는 학생에게 도덕적 성찰을 하고 자기성찰을 실현할 수 있는 모델이 되어야 한다. 인성교육은 수업 시간만이 아니라 학교 안에서 이루어지는 모든 활동 안에서 실행될 수 있다. 이때 교사의 역할은 학생에게 인성의 역할모델이 되어야 한다. 교사가 기본적인 생활에서 바람직한 모습을 보이지 않으면서 학생의 잘

못된 행동을 지적하는 모습은 보기에도 좋지 않으며, 학생이 모방학습을 할 기회를 잃고 혼란을 일으킬 수 있는 요인이 되기도 한다. 따라서 교사가 먼저 좋은 모범을 보이고, 학생에게 자기 자신의 인성을 끊임없이 돌아보고 발달시키는 방법을 보여 주는 친근한 모델이 되어야 한다.

3) 인성교육 프로그램

대부분의 학교에서 인성교육을 실시하고 있지만 학생의 학습부진, 대인관계, 반사회적 행동, 게임 중독 등과 같은 문제는 점점 심각해지고 있는 실정이다. 따라서 학생이 올바르게 사회에 적응하며 사람으로서의 도리를 다하고 정신적인 풍요를 누릴 수 있도록 양질의 우수한 인성교육 프로그램이 개발되고 적용되어야 한다. 이를 위해 학교 현장에서 적용할 수 있는 인성교육 프로그램의 예는 다음과 같다.

예시자료 1 인성교육 프로그램 (금광초등학교)

푸른 꿈 실천의 날 활동을 통해

1. 필요성
- 급격한 산업화와 가족의 해체로 인한 생명 존중 및 가정교육의 환원이 절실함
- 다양한 체험중심의 인성교육 활동을 통한 존중, 배려, 나눔의 생활화가 요구됨

2. 목적
- 체험중심의 생명존중 교육활동으로 자아 존중 및 생명존중 의식 고취
- 인권존중 풍토 조성으로 타인의 인권을 존중하고 배려하는 민주시민의식 함양
- 학교폭력 예방 활동의 내실화로 안심하고 보낼 수 있는 학교 풍토 조성
- 가정의 인성교육의 기능의 강화를 통한 바람직한 효 교육 문화 조성

3. 운영실제

1) 푸른 꿈 학교 텃밭을 통한 생명 나눔 활동으로 학교폭력 zero 프로그램

실천결과 및 우수사항	• 식물과 친구되기 활동을 하며 자연의 소중함과 존중과 나눔의 배려심이 자라 학교폭력 지도에 도움이 됨 • 지속적인 학교 텃밭 관리를 통해 생명의 소중함을 알고 자연과 더불어 사는 세상과 다른 사람에게 도움이 되는 사람이 되려고 노력함 • 식물과의 교감을 통해 농산물에 대한 거리감이 줄어들고 편식하는 식습관이 개선됨 • 텃밭활동을 통한 학교폭력 없는 학교 원예치료 교육 언론 보도 　-안성시청 텃밭 원예치료 사례 및 기남방송(t-broad) 통한 우수교육 사례 보도

2) 다양한 실천 위주의 인성 체험활동으로 푸른 꿈을 키워 가는 금광 어린이

목 적	• 지역 인프라를 활용한 다양한 체험활동으로 긍정적 자아의식 고취 • 실천 위주의 인성 지도 활동으로 공동체 의식 및 기본 소양 함양 • 학습자 흥미를 고려한 활동으로 사랑이 넘치는 학교
운영 방법	• 지역 인프라 구축 • 농촌 체험 프로그램을 통해 건강한 농심을 고취하며 다양한 체험활동으로 즐거운 학교, 가고 싶은 학교가 되며 토요일 나홀로 어린이를 위한 프로그램을 운영함

운영실제	실천내용	지도시기
안성종합 사회복지관	• 나눔과 기부의 생명 존중 교육 실시 • 학교폭력 및 학생 상담 교육실시	연 2회
농촌관광 CB센터	• 전교생이 참여하는 테마를 지닌 농촌 관광 체험 실시 • 안성의 테마 농촌 마을의 체험활동으로 고장애향심 및 건강한 노작의 경험을 통해 창의적 인성 함양	1학기 10회
안성의제 21	• 저탄소 녹색 성장을 통한 기후 교육 실시로 에너지 절약 • 기후 외교관이 되어 생활 속의 에너지 절약 습관의 실천화	4~6학년
안성시청	• 찾아가는 음악공연 '에버그린 챔버 오케스트라' 공연 개최를 통한 미적 감수성 고취 및 꿈을 키워 가는 활동	전교생
안성경찰서	• 교통안전 교육 및 학교폭력, 유괴 예방, 생명 윤리, 성폭력 관련 강의 • 학교폭력 전담 강사 강의를 통해 학교폭력 예방교육 실시	학부모 1회 교사 2회 아동 3회

3) 존중, 배려, 나눔의 금광 푸른 꿈 자람의 날 프로그램 운영

운영실제	실천내용	지도시기
꿈 자람의 날 월요일	• 진로적성종합검사 실시(학생의 성향과 비전을 파악하여 상담을 실시, 진로 적성 학부모 설명회 및 교사 연수 연찬 실시) • 나의 꿈 발표 및 금광 푸른 꿈의 날 지정 • 아침방송 조회 훈화의 날을 통해 기본인성지도에 철저	연중
욕 없는 날 화요일	• 욕 없이 말하기의 날 활동으로 바른말 고운말 쓰기 및 언어폭력 ZERO화를 위해 노력함 • 친구 칭찬릴레이, 친구 이름 불러 주기, 친구사랑주간 운영	연중
가족사랑의 날 수요일	• 밥상머리 대화의 날(안내장 배부 및 매주 수요일 SMS를 통해 자녀의 학교생활, 안전생활, 생명존중, 자아존중, 교우관계, 인터넷활용, 자살예방 등 가족 대화의 날 추진) • 잔반 ZERO의 날 운영(학교 스쿨팜 활동을 통해 건강한 먹거리 교육 및 잔반 ZERO캠페인의 날을 운영하여 시상함)	연중
생명나눔의 날 목요일	• 자살예방 및 생명 존중 교육의 날을 지정하여 운영함 • 푸름 꿈 텃밭 학년별 봉사활동 및 텃밭 가꾸기의 날을 운영함	연중
배려의 날 금요일	• 한 줄 서기, 질서 지키기의 날로 지정하여 학교자치회를 중심으로 캠페인 활동 및 한 줄 서기 운동 실시	연중
가족사랑 효도의 날 토요일	• 효도 체험주간을 통해 효 학습지활동 및 학급별 효도 주제활동 실시 • 매월 넷째 주 토요일 가족 사랑의 날로 SMS발송으로 가족사랑 독려	연중

4. 운영성과

• 다양한 체험활동을 통해 학업으로 스트레스를 받던 어린이들의 건강한 자아형성에 기여
• 교육과정을 재구성하여 기역 인프라를 활용한 재미있는 학교, 즐거운 학교생활 분위기 조성
• 요일별 주제를 지닌 배려 나눔 자람의 금광 푸른 꿈 자람의 날을 통해 연중 기본인권과 인성지도에 힘씀

출처: 인성교육범국민실천연합(http://insungedu.or.kr)

락(樂) 프로그램을 통한 소통 배우기

1. 필요성
- 학생의 발달적 특성에 맞는 프로그램 운영의 필요
- 즐거운 놀이 활동으로 학교 구성원 간의 정서적 유대감을 증진하여 소통 문화 형성

2. 목적
- 점심시간에 오락 프로그램을 실시함으로써 즐겁고 행복한 학교 문화 형성
- 다양한 활동 프로그램을 통해 교사와 학생 및 학생 간의 친밀감을 증대하여 학교 적응력 향상
- 학생 간의 정서적 유대감 형성을 통한 학교폭력 예방

3. 운영실제
1) 섬김락(樂)이벤트–선생님 찾아 삼만리

내 용	세부내용	실천결과
선생님 찾아 삼만리	▶ 진행내용 • 학년별로 선생님의 성함과 과목이 적혀 있는 쪽지 뽑기 • 쪽지에 적힌 선생님의 손 잡고 오기 • 학년별 선착순 5명씩 상품을 지급 • 선생님과 학생 기념촬영	–학생이 적극적으로 참여하였음 –선생님과 학생이 편안하게 교류하는 기회가 되었음

2) 오락 프로그램 – 이럴 땐 이렇게

내 용	세부내용	실천결과
이럴 땐 이렇게	▶ 진행내용 • 학생이 학교에서 놓일 수 있는 상황을 제시한다. • 상황에 대처하는 자신만의 방법을 적어 보고 게시한다. • 게시내용을 통해 학생 간 공유하는 시간을 통하여 상황에 대처하는 좋은 방향을 찾아볼 수 있도록 한다. ▶ 질문내용 • 친구가 내가 싫어하는 행동을 계속할 때 나는 어떻게 하나요? • 선생님께 칭찬 받는 방법은? • 화가 났을 때 화를 조절하는 방법은?	– 대처 방법의 다양함을 알게 됨 – 상황별 효과적인 대처방법에 대한 학습이 이루어짐

4. 운영성과

- 교사와 학생 및 학생 간의 친밀감 증대 프로그램을 통해 소통 문화 형성
- 점심시간 놀이 프로그램 운영으로 학생 사안 예방
- 놀이를 통한 교육으로 학생의 적극적인 참여 동기를 이끌어 냈으며, 그로 인해 교육의 효과성도 높임

출처: 인성교육범국민실천연합(http://insungedu.or.kr)

2. 교우관계지도

교우관계지도 영역은 친구와의 의사소통, 친구 사귀는 방법, 싸움 및 다툼, 학교폭력 등으로 세분화할 수 있다. 생활지도와 관련된 여러 문헌을 살펴보면, 사회성이라는 보다 광범위한 용어를 사용하여 학생의 교양, 도덕적 윤리관 등과 같이 수준 높은 사회성 내용을 포함시켜 다루고 있다. 하지만 사회성에서 초등학생은 국

가, 민족, 인류, 우주 등 높은 수준의 사회성보다는 부모님, 가족, 친구와 같은 낮은 수준의 사회성을 인식하고 있다. 따라서 사회성이라는 거창한 용어보다는 교우관계지도로 변경하여 살펴보는 것이 바람직하다.

• 교유관계지도 영역의 예 •

- 의사소통: 상대방과의 원활한 대화를 위한 의사소통 지도
- 친구 사귀는 방법: 친구 사귀는 것에 대한 구체적인 방법
- 싸움 및 다툼: 공정하고 명확한 학생갈등 처리
- 학교폭력: 학교폭력의 원인과 해결하기 위한 노력

---

1) 의사소통

원만한 대인관계는 인간이 자신의 생각과 느낌을 정확하게 지각하여 표현하고, 상대방의 입장에 귀 기울여 듣고 공감하며, 상호 간에 문제가 발생했을 때 이를 협력해 나가는 과정을 통해서 형성되고 유지될 수 있다. 교실 내에서 발생하는 또래 간의 문제는 대부분 서로 의사소통이 제대로 되지 않아 발생하는 경우가 많다. 교사가 보기에는 도무지 다툴 만한 내용이 아닌데도 불구하고 인격적으로나 지적으로 아직 미성숙한 학생은 자신의 의사를 제대로 전달하지 못하는 동시에 상대방의 의사를 올바르게 수용하지 못하면서 문제가 발생하게 된다. 이에 효과적인 의사소통 방법은 다음과 같다.

(1) 나-진술법

'나-진술법(I-statement)'은 자신의 내면을 표현할 때 주어를 '나'라는 단어로 시작하는 화법이다. 자신이 느끼는 감정이 다른 사람 때문에 야기된 것이 아니라 자신이 그 감정을 소유함을 나타내기 위해 사용될 수 있다(김종운, 2010). 예를 들어, "나는 네가 나를 놀릴 때 마음이 아파. 그러지 말았으면 좋겠어."는 나-진술법이고, "그만해!! 넌 참 나쁜 아이구나."는 너-진술법(You-statement)이다. 너-진술법은 문제를 더 크게 하거나 관계를 해치는 경향이 있으며 상대방을 변화시키기 어렵다.

예시자료 3 나-진술법의 예

상황	결과	느낌
영희야, 네가 밤늦게까지 게임을 하고 있는 것을 보니	나는 네가 내일도 학교에 지각하고 수업 시간에도 잠이 와서 집중을 잘 못할 것이라는 생각이 들어서	나는 매우 걱정스럽다.

(2) 공감하기

공감이란 상대방의 입장에서 그들의 내면세계를 이해하는 것을 말한다. 공감의 효과는 다음과 같다. 첫째, 상대방에게 자신의 말이 주의 깊게 경청되고 있음을 전달할 수 있다. 둘째, 상호 간에 신뢰, 존중, 매력이 더해져서 관계가 더욱 촉진될 수 있다(김종운, 2010). 공감하기 방법을 지도할 때는 상대방이 말하고자 하는 내용을 이해하면서 상대방이 느끼는 정서도 함께 느낄 수 있도록 해야 한다. 공감적으로 이해하기 위해서는 무엇보다 상대방의 의견에 주의를 기울이고 이해하려고 노력하는 모습을 보여 줄 수 있도록 지도한다.

A: 이번 그리기 대회를 위해 열심히 준비했는데……. 상을 타지 못해 너무 속상해.
B1: 네가 그렇지 뭐. (비효율적 공감하기)
B2: 상을 타지 못해서 속상하겠구나. 다음에는 좋은 결과가 있을 거야. (효율적인 공감하기)

(3) 존중하는 마음 갖기

효과적인 의사소통을 위해서는 상대방을 존중하는 마음을 가져야 한다. 학생 간에 발생하는 문제의 대부분은 상대방을 존중하지 않고 모욕적인 언행을 하기 때문에 일어난다. 잘난 척하거나, 눈동자를 이리저리 굴리거나, 머리를 흔들거나, 딴짓을 한다거나, 혐오스러움, 실망감, 지루함, 조바심, 부주의함 등을 드러내거나 하는 행동은 상대방을 존중하지 않는 행동이다. 부정적인 반응이나 빈정대는 말투도 마찬가지다. "너는 절대 못해." "너가 하는 짓이 맨날 그렇지." 등의 말은 효과적인 의사소통을 가로막는 장애물이다. 학생에게 존중하는 마음을 갖게 하는 데 가장 좋은 지도 방법은 교사 자신을 이용하는 것이다. 학생은 평소 교사의 언행을 그대로 보고 배운다. 그렇기 때문에 교사 스스로부터 학생을 존중하는 마음을 가지고 생활해야 할 것이다.

(4) 긍정적인 말

긍정적인 말은 상대방에게 좋은 감정을 불러일으키고 상대방을 만족하게 하며 좋은 관계를 유지시켜 준다. 반대로 부정적인 말은 상대방에게 좋지 않은 감정을 불러일으키고 상대방과의 관계를 멀어지게 한다. 긍정의 표현은 언어적인 면뿐만 아니라 비언어적인 면을 통해서도 나타낼 수 있다. 미소 짓기, 상대방이 말할 때 고개 끄덕끄덕해 주기, 바른 자세로 들어 주기 등의 비언어적인 행동도 효과적인 의사소통의 방법이다.

예시자료 4 인성교육 지도자료(연수초)

● 『나−진술법』과 효과적인 의사소통 방법을 익혀서 나의 생각이나 느낌을 정확하게 전달해 봅시다.

1. 『나−진술법』이란 어떤 대화 방법인가요?

> 『나−진술법』은 나를 주어로 하여 진술하는 방법입니다. 자신의 생각이나 느낌을 진술하는 것으로 단지 내가 화가 난다는 말만 하는 것이 아니라 화가 난 이유와 화가 난 결과, 내가 느끼고 있는 감정을 전달하는 것입니다.

2. 아래 상황에 대하여 『나−진술법』으로 적어 보고 모둠 친구들과 함께 연습해 봅시다.

단계	의사소통 방법	연습 예문
1	그 사람에 대한 느낌을 말하는 것이 아니라, 그 상황에 대한 나의 느낌을 말한다.	친구가 나한테 욕을 했을 때 "넌 나쁜 아이야." 라고 말하는 게 아니라, "나는 마음이 아파서 울고 싶어."라고 말한다.

2	상대방이 한 일에 대해 정확하게 말한다.	"네가 나한테 욕했을 때, 마음이 아프고, 울고 싶을 정도야."
3	왜 내가 그렇게 느꼈는지 말한다.	"왜냐하면 나는 네가 나의 가장 친한 친구라고 생각했기 때문이야."
4	상대방이 나에게 어떻게 해 주면 좋아할지 자세하게 말한다.	"나는 네가 그렇게 막 말하지 말고 조금만 더 날 생각해 주었으면 좋겠어."

- 내 친구 성민이는 평소에는 나와 친한데 나에게 좀 섭섭한 일이 있으면 돼지라고 놀린다.

  〈나를 주어로 말하기〉 → ＿＿＿＿＿＿＿＿＿＿＿＿＿＿

- 내가 갖고 싶어 하는 게임 CD를 아빠가 사 주셨다. 그런데 친구 지석이가 게임 CD를 빌려 가서 돌려주지 않는다.

  〈나를 주어로 말하기〉 → ＿＿＿＿＿＿＿＿＿＿＿＿＿＿

4. 효과적인 의사소통 방법을 단계별로 익혀서 내 생각이나 느낌을 정확하게 전달해 봅시다. 모둠 친구와 두 명씩 짝이 되어 연습해 보세요.

5. 의사소통 방법을 연습한 후의 느낌을 말해 보고, 새로운 상황을 만들어 더 연습해 봅시다.

출처: 인천연수초등학교 인성교육 지도자료

예시자료 5 인성교육 지도자료(연수초)

● 긍정적인 말과 부정적인 말의 차이점은 무엇일까요?
- 긍정적인 말: 상대방을 만족하게 하며, 가치 있고 사랑스러운 사람으로 만들어 줌, 상대에게 좋은 감정을 불러일으키고 좋은 친구 관계를 유지할 수 있음
- 부정적인 말: 상대에게 좋지 않은 감정을 불러일으키고 친구 관계가 멀어질 수 있음

🌑 친구 사이에 할 수 있는 긍정적인 말과 부정적인 말을 알아보고 해당 칸에 ∨표 하세요.

우리가 친구에게 할 수 있는 말	구 분	
	긍정적인 말	부정적인 말
1. 미소를 지으면서 "오늘 너 정말 예쁘구나!"		
2. 고개를 돌리며 "넌 형편없어!"		
3. 부드러운 목소리로 "내가 도와줄까?"		
4. 이마를 찌푸리며 "넌 제대로 하는 것이 하나도 없어."		
5. 입을 삐죽거리며 "정말 바보 같군."		
6. "난 네가 정말 싫어. 저리 비켜!"		
7. "미안해. 내가 실수를 했구나."		
8. "네가 교실에 들어오니 교실이 밝아졌어."		
9. 친구의 등을 두드리며 "너 정말 잘하는구나."		
10. "혹시 너 바보 아냐?"		

🌑 친구와 사이좋게 지내려면 칭찬하는 말(긍정적인 말)을 자주 사용해야 하며, 이는 말뿐만 아니라 표정과 행동으로도 표현할 수 있어요. 빈칸에 알맞은 내용을 써 봅시다.

친구를 사귈 수 있는 말(긍정적인 말)		친구를 잃을 수 있는 말(부정적인 말)	
언어적인 면(말)	비언어적인 면 (표정, 행동)	언어적인 면(말)	비언어적인 면 (표정, 행동)
"내가 도와줄까?"	미소 지어 주기	"넌 형편없어."	고개 돌리기
"너 정말 잘하는구나!"	끄덕끄덕해 주기	"정말 바보 같군."	이맛살 찌푸리기
"목소리가 예쁘구나!"	등 두드려 주기	"왜 그렇게 못하니?"	다른 곳 보기
"빌려 주어서 고마워!"	미소 지어 주기	"이런 멍청이."	째려보기

● 나는 어떤 말을 써야 하는지 자신의 생각을 친구와 이야기해 봅시다.

출처: 인천연수초등학교 인성교육 지도자료

---

2) 친구사귀기

최근 초등학교 예비 입학생을 둔 학부모를 대상으로 '자녀가 학교에 가게 되면 가장 걱정되는 부분은 무엇인가?'라는 주제로 설문조사를 실시한 결과, '학교에 입학하면 다른 친구와 잘 어울릴 수 있을지 걱정이다'라는 답변이 37%로 가장 많은 응답률을 보여 주었다(서울경제, 2013). 비단 예비 학부모뿐만 아니라 학생인 자녀를 둔 학부모도 마찬가지다. 일반적으로 학부모가 담임교사와 자녀에 대해 상담을 하려고 하는 이유가 성적과 관련된 부분이 클 것이라고 생각하겠지만 대부분 학교생활, 특히 교우관계와 관련하여 상담을 요청하는 경우가 많다.

아이들의 문제는 아이 스스로 해결해야 한다는 의견도 있지만 학급 내에서 친구를 사귀는 데 어려움을 겪는 학생이 있다면 교사가 어느 정도 개입을 하여 도움을 주는 것이 필요하다. 또래 집단과 관계 맺는 것을 어려워하는 학생을 위한 지도 방법을 정리해 보면 다음과 같다.

(1) 이기적인 아이

어느 조직에서든지 이기적인 사람은 다른 사람과 관계를 맺기가 어렵다. 아이들도 마찬가지로 자기 자신만 생각하고 다른 사람을 배려하지 않는 친구와는 어울리기를 꺼려 한다. 문제행동을 보이는 학생과 상담을 통해 친구의 소중함과 협동의 중요성을 느끼게 한다. 처음부터 큰 변화를 요구하기보다는 학생 스스로 자신의 이기적인 말과 행동 때문에 다른 사람이 느끼는 감정을 이해시킴으로써 문제 행동을 조금씩 고쳐 나갈 수 있도록 도와주어야 한다.

(2) 청결하지 못한 아이

형편이 어려운 가정이나 맞벌이 가정의 아이는 보통 다른 가정의 아이보다 부모의 관심을 덜 받는 경우가 있다. 이와 같은 경우 학생의 청결 상태가 원인이 되어 문제가 종종 발생하게 되는데, 이러한 문제는 가정과의 연계가 필요하다. 교사는 학부모에게 아이가 청결하지 못함으로써 다른 아이와 함께 생활하는 데 어려움을 겪고 있음을 사실대로 이야기하고 각별한 신경을 써 줄 것을 요청하도록 한다.

(3) 활동적이지 못한 아이

아이들의 생김새가 모두 다르듯이 성격 또한 각양각색이다. 잠시도 쉬지 않고 친구와 뛰어다니며 노는 학생이 있는 반면, 친구와 어울리기보다는 혼자 독서를 하거나 개인 활동을 하는 것을 좋아하는 학생이 있다. 이 경우 소극적인 아이에게 친구와 어울릴 것을 무리하게 강요하기보다는 다른 친구와 함께 어울릴 수 있는 기회의 장을 마련해 주도록 한다. 놀이나 게임 활동을 통해 함께 어울리는 것에 대한 재미를 느낄 수 있도록 한다.

예시자료 6 교우관계지도 방법 예시

🌙 **마니또(고학년용)**
  • '비밀 친구'라는 뜻의 이탈리아어
  • 게임 방법
    －종이에 자기의 이름과 좋아하는 것, 싫어하는 것들을 적어서 통에 넣는다.
    －한 명씩 차례대로 통에 있는 종이를 뽑는다.
    －뽑아서 나온 사람의 이름과 좋아하는 것, 싫어하는 것을 아무에게도 말하지 않고 자신만의 비밀로 간직한다.
    －일정 기간 동안 자신이 뽑은 아이가 눈치 채지 못하도록 편지를 써 주거나 힘든 일이 있을 때 도와준다.
    －일정 기간이 끝나면 자신의 마니또가 누구였는지 밝히고 새로운 마니또를 뽑는다.
  • 효과
    －친구 간의 우정이 깊어지며, 어색한 관계를 개선하고 더 친해질 수 있는 계기를 마련할 수 있음

◑ 서로 돕는 우리(저학년용)

- 10가지 활동 모두 각기 다른 친구와 하기
- 활동이 끝난 후 느낀 점 적어 보기

활 동	활동내용	함께한 친구	친구확인
1	1부터 20까지 세면서 친구와 양 손바닥을 20번 마주 치세요.		
2	친구와 오른쪽 발바닥끼리 10번, 왼쪽 발바닥끼리 10번 마주 치세요.		
3	친구와 엉덩이를 옆으로 번갈아 2번 치세요.		
4	팔짱을 끼고 세 바퀴 도세요.		
5	두 손으로 머리 위에 하트 모양을 만든 후, 친구에게 " 널 알게 된 것은 행운이야."라고 3번 큰 소리로 말하세요.		
6	친구와 손을 잡고 칠판 → 창가 → 교실 뒤 게시판 → 복도쪽 창가 → 칠판 순으로 교실 둘레를 2번 걸어 보세요.		
7	친구의 어깨를 30초간 주물러 주세요.		
8	친구에게 '사랑합니다.'라고 5번 말하세요.		
9	가위바위보를 해서 서로 같은 것을 낼 때까지 하세요.		
10	친구의 모습에서 제일 예쁜 곳을 다섯 군데 말해 주세요.		

출처: 인천연수초등학교 서석호 선생님 자료

3) 학교폭력

학교폭력이란 학교 안이나 밖에서 학생 사이에 발생한 폭행, 협박, 따돌림 등에 의하여 신체, 정신 또는 재산의 피해를 수반하는 행위라고 정의할 수 있다(한승재, 2005). 주로 중고등학교의 문제로만 여겨졌던 학교폭력이 초등학교에서까지 확산되고 있으며 그 정도가 점점 심각해져 최근 큰 사회 문제가 되고 있다. 그러나 정작 학교 내에서 학교폭력이 발생하면 학교는 사실을 쉬쉬하며 숨기기 바쁘고 가해 학생은 반성문을 쓰거나 봉사활동을 하는 등 학교폭력 대책이 소극적이고 미봉책으로 끝나는 경우가 많았다.

학교폭력은 문제가 발생한 뒤 사후 대책보다 발생을 막을 수 있는 사전 예방이 중요하다. 따라서 교사는 학교폭력을 예방하기 위해서는 어떠한 수업을 해야 하고, 학교폭력과 맞닥뜨릴 경우 가해자와 피해자가 될 학생을 어떻게 지도할 것인지에 대해 구체적으로 알아두어야 한다. 학급 내에서 교사가 조금만 관심을 가지고 주의를 기울인다면 학교폭력을 예방하는 데 큰 도움이 될 것이다.

(1) 학교폭력의 원인

학교폭력은 여러 요인이 복합적으로 얽혀서 일어나므로 특정 원인을 찾기가 쉽지 않지만 크게 사회적 요인, 학교의 문화적 요인, 가정적 요인으로 구분할 수 있다.

첫째, 학교폭력을 미성숙한 학생의 일시적인 일탈로 여기며 크게 문제시하지 않는 사회적인 인식에 문제가 있다. 학교생활을 하는 학생 사이에서 일어날 수 있는 단순한 실수와 장난으로 치부하다 보니 교사와 학부모뿐만 아니라 학교폭력의 가해자 역시 죄의식이나 죄책감을 갖지 않는다. 학교폭력을 장난이 아닌 범죄로 인식하고 자신의 행동을 책임질 수 있도록 한다면 적어도 지금보다는 학교폭력의 발생 빈도가 줄어들 것이다.

둘째, 인성교육보다 학업 성취를 강조하는 학교교육 문화가 학교폭력 문제를 야기했다고 볼 수 있다. 또한 학교폭력 발생 연령대가 점점 낮아지고 있는데, 이를 해결하고 예방하기 위한 교육 및 프로그램은 부족한 실정이다.

셋째, 가정의 교육적 기능 약화다. 학생의 기본 생활 습관, 생활태도, 가치관 등은 학교에 입학하기 전 가정에서 먼저 이루어진다. 결손 가정에서 자란 청소년의 범죄 비율이 높음에서 알 수 있듯이 가정교육의 중요성은 아무리 강조해도 지나치지 않는다. 핵가족화, 맞벌이 가정의 증가, 결손가정의 확대에 따라 가정의 교육적 기능이 약화되면서 학교폭력은 더욱 심해지고 있다.

(2) 학교폭력의 유형

학교폭력의 유형은 〈예시자료 7〉에 나타나 있다(한승재, 2005). 신체적 폭력은 가해자와 피해자가 명확하게 드러나기 때문에 처벌이 비교적 쉬우나 언어적 · 심리적 폭력은 피해자의 정신적 고통이 신체적 폭력 이상으로 큰데도 폭력에 대한 처벌이나 대응이 어렵다. 또한 문제 발생에 교사가 문제를 감지하는 데 신체적 폭력에 비해 언어적 · 심리적 폭력이 더 어렵다.

예시자료 7 학교폭력의 유형과 예

학교폭력 유형	학교폭력의 예
신체적 폭력	구타 및 폭행하기, 흉기로 위협하기, 신체적인 폭력을 통해 금품 갈취
언어적 폭력	모욕감을 주는 말하기, 안전을 위협하는 말하기, 약점 폭로하기, 신체적 특징에 대해 놀리기
심리적 폭력	무시하기, 비웃기, 장난을 빙자한 놀림과 괴롭히기

(3) 학교폭력을 해결하기 위한 노력

학교폭력의 문제는 무조건적으로 학교와 교사에게 책임을 묻는다고 해결될 일도 아니며, 단순히 학교폭력 문제를 학교 내에서 일어나는 문제로 봐서는 해결할 수 없다. 학교폭력을 해결하기 위해서는 교사, 학생, 학부모 모두 서로의 잘못을 따지기 전에 스스로를 돌아보고 반성하는 자세가 필요하다.

우선 피해학생은 자기 스스로 반성해 보고 학교폭력의 발생 원인이 자신의 문제 때문은 아닌지를 생각해 볼 필요가 있다. 따돌림과 같은 학교폭력을 당하는 학생의 경우 잘난 척하거나 예쁜 척하는 행동을 하여 다른 친구의 미움을 사는 경우가 있다. 피해학생 스스로 문제행동을 고치지 않는다면 학교폭력은 이후에도 지속적으로 발생할 것이다. 또한 따돌림을 받으면 숨기기보다는 선생님과 부모님에게 적극적으로 도움을 요청하여 문제를 해결하려고 하는 자세가 필요하다.

학교폭력 해결에서 가정의 역할은 무엇보다도 중요하다. 학교폭력 가해학생의 대부분은 부모와의 관계가 원만하지 않은 경우가 많다. 또한 부모와 대화를 하는 시간 및 빈도가 매우 적다. 부모가 자녀교육에 대한 확고한 신념을 가지고 자녀를 교육할 때 자녀는 올바르게 성장할 수 있다. 그렇기 때문에 부모와 자녀 사이의 건강하고 원활한 대화가 무엇보다 중요하다고 볼 수 있다.

학교차원에서의 노력도 매우 중요하다. 학교폭력은 사후 조치나 처벌에 중점을 두기보다는 예방적인 측면에 중점을 두어야 한다. 따라서 학교 내의 생활지도와 상담기능 강화를 위해 상담전문교사를 채용하거나, 상담관련 전공 학부모를 보조 상담교사로 활용하는 등 여건을 개선해야 한다. 또한 피해학생이 안심하고 도움을 요청할 수 있는 체제를 구축하고 지역 상담기관과의 연계도 갖추도록 해야 한다.

교사는 학급 내에서 일어나는 모든 일을 알고 있어야 할 만큼 학생에게 관심을 가져야 한다. 그럼으로써 학교폭력을 조기에 발견하고 예방할 수 있도록 해야 한다. 학교폭력이 발생했을 때는 혼자서 해결하려고 하기보다는 부장교사 및 학교 관리자에게 먼저 사실을 있는 그대로 알리고 적절한 해결 방안을 모색할 수 있도록 해야 한다. 학교폭력은 교사, 학생, 학부모, 학교 모두에게 민감한 사안인 만큼 섣부르게 혼자서 해결하다 보면 오히려 사건을 더욱 크게 만들 수 있으니 각별히 주의해야 한다.

학교폭력에서 무엇보다 중요한 것은 예방교육이다. 이를 위해 개별 상담 및 소집단 상담을 활성화하고 모둠활동, 단체 활동 등을 통해 학급 구성원이 모두 즐겁게 참여할 수 있는 수업을 지향하도록 해야 한다. 또한 서로를 배려하고 존중하는 학급 분위기를 조성할 수 있도록 교사 스스로 노력해야 한다.

(4) 학교폭력 예방 프로그램

학교폭력을 예방하기 위한 우수 프로그램 및 교육 자료를 소개하고자 한다.

- 행복나무 프로그램(법무부 · 이화여대 학교폭력예방연구소): 이 프로그램은 법무부와 이화여대 학교폭력예방연구소가 공동으로 개발한 학교폭력 예방 프로그램이다. 이 프로그램의 주제 분야는 학교폭력 예방과 관련되어 있다. 학교폭력을 목격하고도 방관하는 것 역시 학교폭력이라는 것을 인식시키고 주변인 학생을 방관자에서 건강한 또래 중재자로 변화시키는 것이 행복나무프로그램의 목적이다. 이를 위해 행복한 교실을 만드는 약속의 나무를 만들어 나의 마음, 행동에 대한 다짐을 나뭇잎에 써 붙이기, 만들어진 학급 행복나무의 약속

지키기 등을 시행한다. 프로그램 종료 후에는 만들어진 학급 행복나무의 약속을 지킴으로써 행복나무를 지속적으로 가꾸어 나가도록 한다.

- **태권도 인성교육 프로그램**(대한 태권도 협회): 이 프로그램의 주제 분야는 체육교육이다. 태권도 인성교육 및 수련목표를 이해하고 심신을 함양하여 자신감을 획득할 수 있도록 하는 데 목적이 있다. 송판격파는 태권도 현장에서 수련생에게 자신감을 키워 줄 수 있는 대표적인 기술이다. 송판격파라는 목표를 제시해 주어 지루함을 줄여 주고, 기술습득을 통해 자신 스스로가 송판을 격파함으로써 자신감을 키워 나갈 수 있는 계기로 삼는 것이 바람직하다. 이때 "내가 과연 해낼 수 있을까?"라는 의문에서 "나는 할 수 있다."는 확신의 경험을 갖는 것은 수련생에게 태권도뿐만 아니라 일상생활에서도 중요한 자신감 요인으로 작용할 수 있음을 명시한다.

예시자료 8 인성교육 프로그램(이화여대)

행복나무 프로그램(Let's TAB TAB)

1. 필요성
- 학교폭력 문제의 심각성이 지속적으로 제기되어 왔으나, 현장의 근본적인 개선이 어려운 상황에서 문제가 주기적으로 발생함
- 실효성 있는 학교폭력 예방 및 대처프로그램 개발을 위한 노력이 필요함

2. 목 적
- 학교폭력에 대한 스스로의 다짐 및 학급규칙을 함께 만들어 감으로써 학교폭력문제에 적극적으로 대응하는 학급 분위기를 형성하는 것을 목표로 함

3. 운영실제
- 총 12회기(6주, 주별 2교시로 구성)
- 각 회기는 40분으로 구성

회기	주제	세부내용
1	행복나무 씨앗 뿌리기 (& 사전검사)	학교폭력의 현황 및 심각성에 대해 설명하고 행복나무 프로그램의 목적 및 진행방법에 대해 안내, 시작 전에 사전검사 실시
2	미키, 미니의 점심시간	괴롭힘 행동에 대한 바른 대처 방식
3	툭툭 치지 말아요!	괴롭힘의 개념을 명확하게 파악할 수 있도록 하며, 특히 신체적 괴롭힘의 특징을 파악하는 것에 초점을 둠
4	나 잡아 봐라!	공감의 의미를 이해하고 집단에서 소외되었을 때의 감정을 경험하여 공감 능력을 향상시키고, 친구를 끼워 주는 방법을 포함하여 친구관계를 향상시키는 기술을 익히도록 함
5	미운 말, 아픈 말	언어적 괴롭힘의 특징을 파악하는 것에 초점을 두고 주변인의 역할을 중심으로 괴롭힘의 역동을 이해하는 것을 목표로 함
6	험담 쪽지는 이제 그만!	괴롭힘을 목격한 경우 중지시킬 책임의식을 느낄 수 있도록 하며, 보다 안전하고 효과적으로 괴롭힘을 중지시키는 방법을 익히도록 함
7	500원만 빌려 줘	material bullying에 초점을 두어 상대의 물건이나 돈을 빼앗는 것이 잘못된 행동임을 부각하는 것을 목표로 함
8	내 친구가 맞고 있어요!	신체적 폭력을 행사하는 것이 잘못임을 이해하고 친구가 괴롭힘을 당하는 것을 목격하였을 때 활용할 수 있는 기술을 익히도록 함
9	곰 발바닥! 곰 발바닥!	신체적 특징에 대해 놀리거나 그 특징을 이유로 괴롭히는 것이 잘못된 행동임을 인식하고, 괴롭힘을 당하는 상황에서 효과적으로 대처하는 기술을 익히도록 함
10	휴대폰 욕설! 안 돼요!	사이버 괴롭힘의 정의 및 특징을 알 수 있도록 하며, 이에 대한 해결방안에 초점을 둠
11	심부름 좀 해 줄래?	게임 상황에서 약자에게 부당하게 술래를 시키는 것이 괴롭히는 행동임을 인식하고, 그 부당함을 선생님께 알리는 것은 고자질하는 것이 아니라는 것을 인식하도록 함
12	행복나무 가꾸기 (& 사후검사)	정리 및 사후검사 실시

출처: 인성교육범국민실천연합(http://insungedu.or.kr)

　　체크리스트와 같은 간단한 자료를 활용하여 학교폭력의 개념 및 위험성을 깨닫게 하고, 해결방안을 실천할 수 있도록 지도한다.

예시자료9 　인성교육 지도자료(연수초)

● 다음의 내용을 잘 읽어 보고 해당 칸에 ∨표 하세요.

차례	내용	그렇다	아니다
1	장난으로 친구를 놀리거나 때리는 것은 폭력이 아니다.		
2	남을 괴롭히는 아이는 어른이 되면 더욱 폭력이 심해져서 나쁜 사람이 될 것이다.		
3	왕따나 괴롭힘을 당하는 아이는 다 그럴 만한 이유가 있다.		
4	왕따나 괴롭힘을 당하는 아이를 도와주면 나까지 왕따가 될까 봐 두려워서 모른 척하는 것이 좋다.		
5	잘난 척하는 아이는 따돌림이나 괴롭힘을 당하는 것이 당연하다.		
6	다른 친구가 나를 때리면 나도 때리는 것이 좋다.		
7	만일 왕따나 괴롭힘을 당하는 친구를 보면 나와 상관없는 일이라고 생각하고 그냥 무시해 버리는 것이 좋다.		
8	힘이 세다고 남을 괴롭히는 아이는 벌을 받아야 한다.		
9	만일 왕따나 괴롭힘을 당하는 아이를 보면 나도 왕따 당하지 않기 위해 친구와 함께 어쩔 수 없이 따돌리는 것이 좋다.		
10	친구 간에 놀다 보면 몇 대 때리거나 괴롭힐 수도 있다.		
11	별명을 부르는 것이 그리 나쁜 일은 아니다.		
12	말을 잘 안 듣는 사람은 맞는 것이 당연하다.		
13	왕따나 괴롭힘을 당하는 아이는 말 없이 당하기만 하는 것이 바보 같다.		

● 학교폭력에 대한 진실 게임에서 우리 모둠이 맞춘 정답은 모두 몇 개 입니까?

_____개

● 학교폭력에 대한 진실 게임을 하면서 느낀 점은 무엇입니까?

● 학교폭력의 원인과 문제점은 무엇이라고 생각하는지 이야기해 봅시다.

● 학교폭력을 없애기 위해서 우리는 어떤 노력을 해야 하는지 말해 봅시다.

출처: 인천연수초등학교 인성교육 지도자료

간단한 역할극 활동을 통하여 피해학생의 기분을 느끼게 하고, 활동 소감을 서로 이야기해 봄으로써 학교폭력의 위험성 및 심각성을 깨닫게 한다.

예시자료 9 인성교육 지도자료(연수초)

● 피해자, 가해자, 방관자의 역할을 맡아서 다음의 예시자료 내용을 역할극으로 꾸며 봅시다.

역할극 내용

철이는 반에서 키도 작고 몸도 허약한 편이다. 그런 철이를 아이들은 무시하고 놀리거나 가끔 툭툭 치며 지나다닌다. 특히 반에서 키가 가장 크고 힘도 센 석이가 제일 심했다. 어느 날 석이가 철이의 모자를 빼앗아 도망가 버렸다. 철이가 화가 나서 따라가니까 수돗가에 모자를 던져서 철이의 모자가 젖어 버렸다. 철이는 이내 울어 버렸다. 다음 날에는 석이가 철이 때문에 걸려서 넘어졌다고 철이를 주먹으로 등을 세게 때렸다. 철이는 아무 말도 못하고 아파서 울어 버렸고 그런 철이와 석이를 보는 다른 친구들은 아무도 참견하려 하지 않았다. 공연히 끼어들었다가 자기까지 석이에게 맞을까 봐 걱정되었기 때문이다. 그의 주변에는 도와줄 만한 친한 친구가 하나도 없었다. 철이는 집에서도 학교에서도 점점 말이 없어져 간다. 부모님은 그런 철이가 걱정스러워 물어보지만 철이는 아무 말도 하지 않았다. 그 대신 공연히 집에서 짜증만 냈다.

---

1. 역할극을 하고 난 후 여러분의 생각을 적어 보세요.

   1) 내가 맡은 역할은 누구였나요?

   2) 내가 맡은 역할을 할 때 기분은 어떠했나요?

   3) 만일 내가 철이라면 어떻게 하였을까요?

   4) 학급 친구들은 철이를 어떻게 도와야 할까요?

2. 역할극을 하고 나서 느낀 점을 이야기해 봅시다.

출처: 인천연수초등학교 인성교육 지도자료

---

3. 안전교육지도

각종 매스컴 및 언론 매체를 통해 하루에도 수십 건의 안전사고 관련 뉴스를 접할 수 있다. 학교 현장에서도 마찬가지로 가벼운 사고에서부터 심하면 사망에 이르기까지 각종 안전사고가 끊임없이 일어난다. 초등학생의 경우 호기심이 많고 활동력이 왕성한 데다 사고력, 판단력이 부족하기 때문에 위험에 대한 인식을 잘 못하는 경우가 많아 안전에 대한 지도가 특별히 요구된다. 생활지도로서의 안전교육지도는 안전에 대한 지식을 전달하기보다 생활상에서 위험한 상황을 알려 주어 일생생활에서 안전사고를 예방할 수 있는 생활 습관을 길러 주는 것을 목표로 삼아야 한다.

1) 안전사고 예방교육

안전사고 예방을 위한 지도 영역으로는 크게 교통안전, 화재, 지진 등과 같은 재난 시의 안전과 동식물로부터의 안전, 놀이 및 학습 시의 안전, 위생 등으로 나눌 수 있다. 좀 더 세부적으로 살펴보면 다음과 같다.

- 칼, 성냥, 라이터 등과 같이 학생이 다루기 위험한 물건을 소지하거나 학교 내

로 반입하지 못하도록 하는 위험물 안전교육
- 방학 전 수상안전 교육 및 겨울철 빙판길 안전사고 예방교육
- 복도나 계단 통행 시 우측통행을 하거나 뛰지 않도록 하는 복도통행교육
- 과학실 및 각종 실습실 이용 시 기자재를 안전하게 사용할 수 있도록 하는 기자재 사용교육
- 킥보드, 인라인 스케이트 등 이용 시 안전장구 착용 지도 및 교통안전교육

이와 같은 예방교육은 매일매일 강조해도 결코 지나치지 않다. 앞에서도 언급하였지만 초등학생은 안전에 대한 인식 능력이 떨어지기 때문에 잊지 않도록 수시로 언급해 주는 것이 필요하다. 또한 체육교과 시간 및 재량활동 시간을 이용하여 정기적인 안전교육을 실시하고, 추후 안전사고가 발생했을 경우 안전사고 예방교육의 실시 여부가 문제될 수 있기 때문에 이를 증명할 수 있도록 수업 일시, 내용 등을 기록·관리해 두는 것도 필요하다.

2) 안전사고 발생 시 행동요령

교과 시간 및 쉬는 시간, 점심시간 등에 안전사고가 발생했을 경우 일차적으로 담임교사는 신속하고 침착하게 부상당한 학생을 보건실로 이동시켜야 한다. 담임교사의 섣부른 판단으로 경미한 사고로 생각하고 넘어가 버리고 나서 추후 아동의 상태가 심각해지면 그 책임은 모두 담임교사에게 있기 때문에 반드시 보건실로 이동시키도록 한다. 또한 담임교사 혼자 해결하려고 하기보다는 학년 부장교사나 관리자에게 사고 소식을 보고하도록 하고, 해당 학생의 보호자에게 연락을 하여 사고가 난 경위와 현재 학생의 상태를 가감 없이 전달하여 차후에 오해가 발생할 소지를 미연에 방지하는 것이 좋다.

3) 안전교육 관련 사이트

(1) 어린이 경찰청

어린이 경찰청(http://kid.police.go.kr)의 주요 메뉴는 '경찰이야기' '숙제도우미' '놀이터' '경찰스케치' '교통교육관' '명예경찰소년단' '사이버범죄' '교통안전게임' 등으로 구성되어 있다. '숙제도우미'에서는 안전과 경찰업무에 관하여 학생이 궁금해할 만한 질문과 답변을 확인할 수 있다. '놀이터'에서는 안전과 관련된 게임을 통해 스트레스를 날리고 안전의 중요성에 대해 생각해 볼 수 있다. '교통교육관'에서는 각 연령별로 어린이 구현동화를 볼 수 있고 가상체험과 게임, 안전 동요, 동영상 교육 등을 체험할 수 있다.

(2) 교통안전공단 어린이세상

교통안전공단 어린이세상(http://kid.kotsa.or.kr/main.jsp)의 주요 메뉴는 '교통안전공단 소개' '우리가 지켜요' '어린이 안전' '어린이 뉴스' '어린이 게임방' 등으로 구성되어 있다. '우리가 지켜요'에서는 등·하교길에 지켜야 할 도로횡단방법과 통학버스 이용방법 등을 소개하고 있으며 교통안전과 관련된 카툰 및 플래시 동영상을 시청할 수 있다. '어린이 안전'에서는 어린이 교통사고의 통계 및 유형과 철도안전에 대해 소개하고 있다. '어린이 게임방'에서는 가로세로퀴즈, 교통표지판 찾기, 자동차 운전 등과 같은 게임을 통해 교통안전에 대한 관심과 흥미를 이끌어 낼 수 있다.

(3) 어린이 안전넷

어린이 안전넷(www.isafe.go.kr)의 주요 메뉴는 '안전넷이 궁금해요' '함께 알아가요' '재미있게 배워요' '같이 즐겨요' 등으로 구성되어 있다. '함께 알아가요'에서는 우리나라의 안전제도, 어린이 안전사고 정보, 어린이 안전뉴스, 어린이 안전법규, 응급처치법 등에 대해서 소개하고 있다. '재미있게 배워요'에서는 플래시를 통해 교통안전, 가정안전, 학교안전, 놀이안전, 식품안전, 화재안전, 공공시설안전 등 상황별로 지켜야 할 규칙을 배울 수 있다. '같이 즐겨요'에서는 O/X퀴즈, 재미난 퍼

즐, 틀린 그림 찾기와 같은 게임을 통해 배운 내용을 확인 및 점검할 수 있다.

(4) 어린이 교통안전연구소

어린이 교통안전연구소(www.go119.org)에서는 교통, 학교, 가정, 수상, 화재, 전기, 가스, 재난예방 등 15가지 상황별 안전교실을 운영하고 있다. 각 안전교실에서는 사고 현황, 사고 예방법, 지켜야 할 안전수칙 등을 배울 수 있으며 전문가의 동영상 강의를 무료로 시청할 수 있다. 또한 학년별 안전수업 지도 자료를 다운받아 사용할 수 있다.

예시자료 11 안전교육 관련 사이트

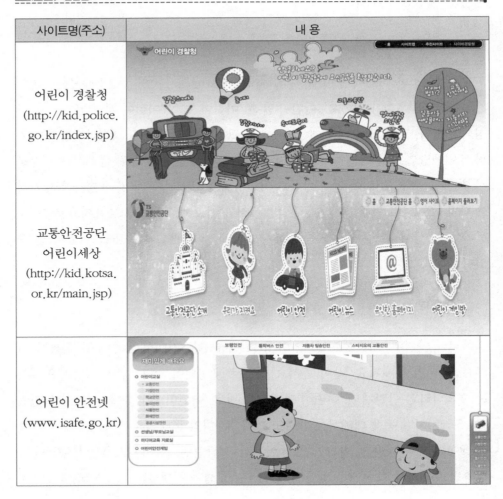

사이트명(주소)	내 용
어린이 경찰청 (http://kid.police. go.kr/index.jsp)	
교통안전공단 어린이세상 (http://kid.kotsa. or.kr/main.jsp)	
어린이 안전넷 (www.isafe.go.kr)	

어린이
교통안전연구소
(www.go119.org)

4. 생활지도 평가하기

생활지도의 개념 및 필요성을 이해하고 적절하게 활용하고 있는지 점검하고 진단하는 과정이 필요하다. 다음 15개의 문항은 생활지도를 효과적으로 실시할 수 있는가를 평가하기 위한 체크리스트다. 이를 참고하여 생활지도의 필요성을 이해하고 생활지도를 계획, 실행, 평가할 수 있는지를 스스로 판단할 수 있도록 돕고자 한다.

항 목	그렇다	보 통	아니다
1. 생활지도의 개념 및 필요성을 이해하였는가?			
2. 생활지도의 하위 영역을 설명할 수 있는가?			
3. 인성교육의 필요성 및 지도 원리를 이해하였는가?			
4. 인성교육 지도 시 교사의 역할을 이해하고 실천할 수 있는가?			
5. 교우관계지도의 하위 영역을 알고 있는가?			
6. 효과적인 의사소통 방법을 설명할 수 있는가?			
7. 또래 집단과 관계 맺기를 어려워하는 학생을 위한 지도 방법을 알고 있는가?			

8. 학교폭력의 원인 및 유형을 알고 있는가?			
9. 학교폭력을 해결하기 위해 학생, 학교, 가정에서의 역할과 노력할 점을 이해하였는가?			
10. 안전사고 예방교육의 필요성을 이해하고 올바른 대처방안을 알고 있는가?			

질문에 대한 자신의 대답을 주의 깊게 검토한 후 다음에 답하시오.

➜ 앞으로 개선할 사항은?

➜ 잘된 점은?

학습과제 및 실천활동

1. 생활지도의 개념 및 필요성을 이야기해 보자.
2. 인성교육에 있어 바람직한 교사의 역할에 대해 이야기해 보자.
3. 바람직한 의사소통의 방법을 알고 직접 실천해 보자.
4. 담임교사라고 가정해 보자. 본인의 학급에 친구사귀기를 어려워하는 학생이 있다면 어떻게 대처하고 지도할 것인지 생각해 보자.

참고문헌

김충기(1999). 생활지도 상담 진로지도. 파주: 교육과학사.

김종운, 김효운, 이태곤(2010). 예비교사를 위한 교직실무. 서울: 동문사.

김현주(2002). 유아에서 성인을 위한 상담 및 생활지도. 서울: 상조사.

조동섭, 김도기, 김민조, 김민희, 김병주, 김성기, 김용, 남수경, 박상완, 송기창, 오범호, 윤
    홍주, 이정미, 이희숙, 정수현, 정제영, 조석훈, 주현준(2009). 초등 교직실무. 서울:
    학지사.

이재창(2005). 생활지도와 상담. 서울: 문음사.

이현림(2002). 생활지도. 경산: 영남대학교 출판부.

익산초등학교(2012). 2012학년도 학생 생활 인성인권교육 계획.

연수초등학교(2013). 힐링과 리딩으로 행복한 연수 어울림(인성교육교재).

제주학생문화원(2000). 제주진로교육 '96-5.

청소년폭력예방재단(2006). 학교폭력 실태조사 보고서.

한국청소년정책연구원(2011). 국내외 청소년 도덕성 프로그램 현황과 사례.

한승재(2005). 학교폭력의 실태와 대처방안 연구. 서울대학교 석사학위논문.

이재유(2013). 서울경제.

http://economy.hankooki.com/lpage/entv/201302/e20130226112113118180.htm

인성교육범국민실천연합 http://insungedu.or.kr

제9장

학급특색 프로그램 개발하기

나는 올해 신규 임용된 새내기 교사다. 아직 학교생활에 대해서는 잘 몰라 새로운 일이 생기면 어떻게 해야 할지 헤매고 있는 상태다. 그런데 오늘 부장님께서 우리 학교는 해마다 11월에 학예회를 한다고 2학기도 되었으니 미리미리 준비를 하라고 하신다. 학예회는 학년별로 강당에서 진행되고, 학급별로 전시작품이나 무대공연을 준비해야 된다고 하신다. 그러기 위해서는 미리 계획을 잘 세워서 차근차근 준비를 해 나가야 바쁘지 않게 수업 결손이 생기지 않으면서 학예회를 성공적으로 마칠 수 있다고 하셨다.

갑자기 눈앞이 캄캄해진다. 무엇을 어찌해야 좋을지 모르겠다. 그래서 동학년 선생님들과 부장님께 어떻게 해야 하는지 여쭤 보았다.

학년 초에 학급특색을 정해 놓고 3월부터 계획을 세워 꾸준히 시간 날 때마다 준비를 하면 된다고 하신다.

'그럼 학급특색 프로그램으로 무엇을 하면 좋을까? 아이들이 할 수 있을까? 어렵거나 시간이 많이 걸리지 않을까? 어떻게 하면 꾸준히 해 나갈 수 있을까?' 여전히 고민 중이다.

〈강병혁, 솔빛초등학교 교사, 교직 경력 1년〉

- 학급특색 활동의 필요성을 이해한다.
- 학급특색 활동의 주제를 선정하고 효과적으로 운영할 수 있다.

자신만의 독특한 개성이 있는 사람이 매력적이듯이 학교에서 추구하는 교육목표에 따라 학교 특색활동이 학교의 독특한 문화를 형성한다. 각 학교마다 전인교육이라는 교육목표 아래 한 가지씩의 특색 있는 사업을 1학년부터 6학년까지 전교 학생에게 지속적이고 중점적으로 펼친다. 학교는 학교의 전통과 역사를 고찰하고 학교와 지역사회의 환경 및 특성을 고려하며 교육수요자의 의견을 수렴하여 학교 특색사업을 선정하고 운영해 나간다. 학교특색사업이 잘 이루어지고 있는 학교는 학생, 학부모의 만족도가 높아지고 학교에 대한 자부심이 커질 뿐만 아니라 외부인에게는 그 학교를 대표하는 상징처럼 여겨지기도 한다. 그래서 학교의 전통과 역사가 되고 다른 학교 학생으로 하여금 가고 싶은 선망의 학교가 되기도 한다.

학급특색 활동도 학교특색사업과 같다. 학급특색 활동이 잘 운영되면 학생의 만족도와 자신감, 자부심이 높아지고 자연스럽게 학급 분위기가 좋아지며 교사의 교육활동을 학생과 순조롭게 진행할 수 있다. 또한 다른 학급과 차별화되는 개성 있는 학급이 될 수 있다. 교사에게도 학급특색 활동이 교사의 경력과 비례하여 교사 개인의 교육 경험이 계속 쌓인다면 그 분야에서 다른 교사와 비교할 수 없는 전문가가 될 수 있다.

이렇듯 많은 발전 가능성을 가지고 있는 학급특색 활동은 학교특색 교육활동에 맞추어 정해지기도 하고, 담임의 교육목표, 특기에 따라 학급특색 활동이 정해지기도 한다. 일 년 동안의 학급 문화가 학급특색에 의해 형성되므로 학년 초에 학생과 교사의 여러 상황을 고려하여 즐겁게 활동할 수 있는 프로그램을 계획하는 것이 좋

다. 이번 장에서는 학급특색 활동의 주제 선정, 운영 시기, 준비, 계획, 평가 등에
관해 자세히 알아보기로 하자.

1. 학급특색 프로그램 준비하기

1) 주 제

학급특색 활동은 일단 교사가 흥미를 갖고 좋아하는 분야로 주제가 정해지는 것
이 대부분이다. 먼저 교사가 자신감을 갖고 잘하는 분야라면 학급 학생 수준에 맞
춰 어렵지 않으면서 재미있게 가르칠 수 있다. 하지만 때로는 교사가 잘 모르는 분
야의 주제지만 어쩔 수 없이 학교업무와 관련되어, 외부의 어떤 상황 때문에 필요
에 따라 주제를 정하게 되기도 한다. 어떤 이유로 주제가 선정되었든지 학급특색
활동은 학급만의 독특한 문화와 분위기가 만들어지고, 교사와 학생이 마음을 여는
소통의 시간이 될 수도 있으므로 중요하다. 서로 부담을 느끼지 않으면서 즐거운
활동이 되려면 주제를 선정해야 한다. 학급특색 활동의 주제는 크게 교과와 관련
된 활동과 인성 관련 활동, 교과 외 영역인 창의적 체험활동과 관련된 활동으로 구
분하여 볼 수 있다. 몇몇 주제는 어느 쪽이라고 명확하게 구분 지을 수 없는 것도
있어서 좀 더 연관 있다고 생각되는 영역에 포함시켰다.

(1) 교 과

교과와 관련된 활동으로는 독서활동, 연극활동, 동화 구연, 발명활동, 무용, 합
창, 음악감상, 리코더, 줄넘기, 창의수학, 그리기, 종이접기, 동요 부르기, 영어, 한
자 등을 예로 들 수 있다. 교과 관련 주제가 다양하고 인성이나 창의적 체험활동 주
제보다 수가 많아서 주제 선정 시 자료 찾기가 수월하다.

(2) 인성 관련 활동

인성과 관련된 활동 주제로는 시 낭송 또는 암송, 명심보감 옮겨 쓰기, 좋은 글귀 쓰기, 식물 기르거나 가꾸기, 명상 등이 있다.

(3) 창의적 체험활동

창의적 체험활동과 관련된 활동으로는 NIE, UCC만들기, 페이퍼크래프트(종이모형공작), 북아트, 만화 그리기, 창의력 학습지 등이 있다. 이러한 주제 중에서 학교특색사업이나 학년특색사업과 관련되어 있는 주제로 학급특색활동을 하면 좋은 점은 창의적 체험활동 시간을 이용하여 운영할 수 있어 시간상의 여유를 가질 수 있는 것이다. 또한 학교 또는 학년특색사업 관련 결과물을 제출해야 할 때 따로 결과물을 준비하거나 제출하지 않아도 되어 업무가 수월할 수 있다는 장점이 있다.

하지만 교사가 평소 갖고 있지 않은 능력을 요구하는 특색활동일 때는 그 자체가 교사에게는 큰 부담이 되고 하나의 커다란 잡무가 될 수도 있다. 따라서 그런 경우에는 교사가 가지고 있는 특기를 살려 학급특색 활동의 주제로 삼는 것이 준비하는 과정에서 교사에게 부담스럽지 않은 즐거운 활동이 될 수 있다. 또한 교사에게 즐거운 활동이 학생에게도 즐거운 활동이 될 수 있다.

2) 주체 및 수준

학급특색 활동의 수준은 활동 내용이 잘 맞지 않는 학생과 처음 접해 보는 학생을 배려하여, 기초적인 수준에서 알아가는 방식으로 시작하여 점차 관심을 높여 조금씩 수준을 높여 가는 방식으로 운영하면 학생이 흥미를 잃지 않고 한 명도 소외되지 않는 학급특색활동이 될 수 있다. 또한 종이접기를 예로 들어, 1학년에서 이루어지는 종이접기 활동과 6학년에서 이루어지는 종이접기 수준은 처음 시작하는 아이가 있다고 해도 출발 수준이 달라야 한다. 1학년이 종이비행기 접기, 배 접기로 시작한다면, 6학년 종이접기의 출발선은 학 접기처럼 1학년보다 좀 더 복잡한 수준에서 시작해야 학생이 일 년 동안의 활동을 알차게 해 나갈 수 있다.

3) 시 기

학급특색 활동은 주제에 따라 교과시간에 이루어지기도 하지만, 주로 창의적 체험활동 시간, 아침자습, 쉬는 시간, 점심시간, 방과후의 적정한 시간도 활용할 수 있다. 대부분의 학급에서는 주로 아침자습시간에 학급특색 활동을 운영하고, 교과 진도가 거의 끝나는 방학 무렵 시간을 이용하여 활동을 하기도 한다. 학년 초인 3월에 학급특색 프로그램에 대한 계획을 세우고, 활동과 함께 마무리 활동으로 주제에 따라 전시회를 갖거나 학급학예회, 장기자랑 발표회를 시도해 보는 것도 학생에게 의미 있는 경험이 될 수 있다.

4) 학급특색 프로그램 운영 시 유의할 점

- 학급특색 프로그램의 주제는 아동의 흥미를 고려해야 하지만 교사가 많은 시간을 기울이지 않아도 운영할 수 있는 주제여야 한다.
- 여러 가지의 학급특색 프로그램을 운영하면 시간, 노력, 결과 면에서 효율적이지 않으므로 하나의 주제를 정해서 아동의 수준을 고려하여 운영하는 것이 좋다.
- 학교특색 프로그램 운영은 학생도 성취감과 자부심을 느낄 수 있는 정리활동이 필요하다. 교실 뒷면 작품 게시, 학급학예회 활동 등을 이용하여 학급특색 프로그램을 마무리하는 것이 좋다.

2. 학급특색 프로그램 운영하기

1) 학 습

(1) 한 자

한자는 1학년부터 6학년까지 구분 없이 배우는 글자의 난이도만 조절하면 쉽게 접할 수 있는 학급특색 프로그램이다. 학년에 맞는 자료도 쉽게 구할 수 있고, 시중에 나와 있는 책자도 많다. 또한 한자 익히기를 다양한 방법으로 응용할 수 있는 방법도 많다. 사자성어를 익히는 것도 응용방법 중 하나다. 그리고 한자자격시험을 학급 공동 목표로 정하여 도전하면 학생도 스스로 열심히 하고, 일 년 동안 꾸준히 활동하면서 좋은 결과도 얻을 수 있는 프로그램이다.

예시자료 1 학급특색 프로그램(한자) 계획

학급특색

학년   반 담임: _____

특색명	배운 한자를 이용하여 짧은 글짓기하기
목 표	배운 한자를 활용하여 짧은 글짓기를 함으로 생활 속에서 한자가 어떻게 쓰이는지 알 수 있다.
방 침	• 아침활동 시간 및 점심시간을 활용한다. • 재량시간과 연계하여 배운 한자를 생활 속에서 익히도록 한다. • 한자를 통하여 어휘력이 향상될 수 있도록 한자 쓰기를 권장한다.

추진 계획

월	지도 내용	월	지도 내용
3	• 재량시간과 연계하여 알맞은 한자어 선정하기 • 월별 사용할 한자어 추출하기	9	• 便紙(편지), 便所(변소), 所重(소중)을 이용하여 짧은 글짓기하기 • 日記(일기), 每日(매일), 文章(문장)을 이용하여 짧은 글짓기하기
4	• 國旗(국기), 向上(향상), 敎訓(교훈)을 이용하여 짧은 글짓기하기 • 數學(수학), 計算(계산), 學問(학문)을 이용하여 짧은 글짓기하기	10	• 訓民正音(훈민정음), 國語(국어), 身分(신분)을 이용하여 짧은 글짓기하기 • 老人(노인), 少年(소년), 祖孫(조손)을 이용하여 짧은 글짓기하기

5	• 來日(내일), 多數(다수), 工夫(공부)를 이용하여 짧은 글짓기하기 • 時間(시간), 童話(동화), 時計(시계)를 이용하여 짧은 글짓기하기	11	• 休日(휴일), 家族(가족), 安定(안정)을 이용하여 짧은 글짓기하기 • 飮食(음식), 西洋(서양), 全世界(전세계)를 이용하여 짧은 글짓기하기
6	• 有名(유명), 電話(전화), 日氣(일기)를 이용하여 짧은 글짓기하기 • 生死(생사), 不安(불안), 勇氣(용기)를 이용하여 짧은 글짓기하기	12	• 植木(식목), 空氣(공기), 公明正大(공명정대)를 이용하여 짧은 글짓기하기 • 自動車(자동차), 道路(도로), 動物(동물)을 이용하여 짧은 글짓기하기
7	• 姓名(성명), 共同(공동), 人物(인물)을 이용하여 짧은 글짓기하기 • 生活(생활), 午前(오전), 午後(오후)를 이용하여 짧은 글짓기하기	1	• 洞口(동구), 漢字(한자), 車窓(차창)을 이용하여 짧은 글짓기하기 • 晝夜(주야), 日光(일광), 各自(각자)를 이용하여 짧은 글짓기하기
8	1학기 활동 반성 및 자료 정리하기	2	2학기 활동 반성 및 자료 정리하기

기대되는 효과

재량시간에 배운 한자를 생활 속에 접목시켜 짧은 글짓기를 함으로써,
• 생활한자 활용으로 한자에 대한 흥미와 친숙함을 느낄 수 있다.
• 한자의 음과 뜻을 익혀 실생활에 활용하고 신문기사를 읽을 정도로 어휘력이 크게 늘 것이다.
• 한자를 통하여 조상의 문화와 예절 생활을 알고 본받게 될 것이다.

출처: 인동초등학교 최선미 선생님의 학급특색 프로그램(3학년)

(2) 독서

독서는 언제 어느 때나 할 수 있다는 것과 쉽게 접할 수 있다는 것, 프로그램 구성을 다양하게 할 수 있다는 장점이 있다. 학급에 구비해야 할 환경 중의 하나가 학급문고이고, 학교마다 도서관이 있으며, 학교 예산에 도서구입비도 있고, 학력과도 밀접한 관계에 있어서 많은 학급과 학교가 독서를 특색 프로그램으로 정하고 있

다. 또한 매해 교육청을 비롯한 여러 기관에서 학년에 맞는 권장도서목록을 제시하여 주기 때문에 교사 입장에서도 쉽게 학급특색 프로그램으로 독서활동을 운영할 수 있다. 그리고 인터넷에서 다양한 독후활동지도 쉽게 구할 수 있는 장점이 있다. 독서 프로그램과 관련지어 북아트 활동도 학급특색 프로그램으로 응용할 수 있다.

예시자료 2 학급특색 프로그램(독서) 계획

영 역	창의적 체험활동	주 제	독서를 통한 사고력 기르기
목 적	현대 사회는 다양한 정보들이 쏟아지고 있는 시대다. 그래서 현대 인간은 많은 정보 속에서 올바른 가치관을 갖고 자기에게 맞는 정보를 판단하고 문제를 해결하는 사고력과 창의력이 필요하다. 그러므로 어릴 때부터 다양한 독서활동을 통해 앞으로의 미래를 헤쳐 나갈 힘을 길러야 한다.		
방 침	• 학급 문고 갖추기 • 학교 도서관 이용하기 • 아침자습 시간을 적절히 활용하기 • 다양한 독후활동하기(포트폴리오) • 독서왕 뽑기(월 1회) • 독서달력 실행하기(4월–다음 해 2월)		
실천 계획	• 학급 문고 100권 이상 갖추기 • 시간 운영(아침자습 시간의 활용) 　– 월요일: 학교특색활동(한자 공부) 　– 화요일: 학급특색활동(10분 아침독서) 　– 수요일: 학년특색활동(10분 아침독서) 　– 목요일: 학교특색활동(10분 아침독서 독서) 　– 금요일: 학급특색활동(다양한 독후활동) • 독서달력 운영하고 한 학기에 1회 시상 • 아침자습시간이나 창의적 체험활동시간을 이용하여 다양한 독후활동하기 • 1인 1권의 독서활동지 모음철 만들기		
기대 되는 효과	• 독서를 통해 학습기본습관을 형성할 수 있다. • 독서를 통해 이해력과 독해력을 기를 수 있다. • 책을 읽으면서 생각하는 힘이 생기고 깊게 생각하고 행동하는 습관을 기를 수 있다. • 책을 통해 다양한 상황을 간접 체험함으로써 문제해결력과 판단력을 기를 수 있다.		

출처: 발산초등학교 김수미 선생님의 학급특색 프로그램

(3) 과학

학급특색 프로그램의 주제로 과학은 쉽지 않은 활동이다. 활동에 따른 준비물이 매번 다른 경우가 많고, 수업 형식도 다르며, 수준과 활동 방향, 내용의 선정이 까다롭고 중요하기 때문이다. 그래서 과학 관련 업무를 맡은 교사나 과학에 관심이 많은 교사가 택하는 프로그램이다. 소재의 동기는 생활 속의 과학으로 시작하는 것이 좋다. 그러나 그 내용과 관련된 활동을 각 학년 수준에 맞춰 구성하는 것은 쉽지 않다. 인터넷에 과학과 관련된 사이트, 예를 들면 LG사이언스랜드 같은 사이트를 찾아보면 자료가 있다. 또한 과학과 관련된 실험을 소개하는 도서도 있다. 찾은 자료를 교사가 원하는 내용으로 재구성해서 활동을 하고, 준비물을 준비하거나 준비시켜야 하므로 교사의 많은 노력이 필요한 프로그램이다. 4학년 이상의 학년에서 운영하면 자료 찾기도 쉽고 준비물 준비시키기도 편리하여 주로 고학년에서 하게 된다.

예시자료 3 학급특색 프로그램(과학) 계획 •

1. 창의 발명왕
- 개인별 창의 포트폴리오 만들기
- 발명 전시회 등을 견학해 보기
- 일상생활 중 불편을 해소하는 발명 아이디어 고안해 보기

2. 과학의 생활화
- 생활 속의 과학 원리 탐구하기
- 다양한 실험 활동을 통하여 기초 과학에 충실하여 과학적 소양 함양하기
- 과학박물관 · 체험전시관 등을 가능한 한, 한 학기에 1회 이상 관람하기
- 어항 꾸미기, 애완동물 기르기 등을 통하여 생물의 행동 변화 관찰하기
- 고무동력기, 글라이더 제작을 통한 항공우주과학 체험하기
- 물 로켓 제작을 통한 로켓과학에 관하여 체험하기
- 과학 상자를 통한 기계 과학에 관하여 체험하기
- 라인트레이서 등의 로봇을 제작하여 로봇 과학에 대하여 체험하기

• 해양 과학에 이해 증진을 위해 갯벌 체험하기

출처: 발산초등학교 박왕국 선생님의 학급특색 프로그램

(4) 글쓰기

글쓰기는 독서처럼 학급에서 별다른 준비물 없이 할 수 있는 활동이다. 어느 시간이나 글쓰기를 할 수 있고 학력 향상과 인성 함양이라는 효과를 볼 수 있는 활동이다. 다만 어느 활동이나 마찬가지겠지만, 특히 글쓰기 활동은 계획을 구체적이고 꼼꼼하게 잘 세우는 것이 중요하다. 글쓰기를 어려워하거나 흥미 없어 하는 학생이 많기 때문에 꾸준히 재미있게 활동 내용을 구성하는 것이 중요하다. 그래서 글쓰기 주제의 학급특색 프로그램을 처음 운영해 보는 교사는 글쓰기활동 운영 경험이 있는 교사의 계획서나 운영 방법을 참고하여 해 보는 것이 실패를 줄이는 방법이다. 단기간에 효과가 나타나는 활동이 아니므로 교사의 인내가 필요하다. 그만큼 글쓰기 학급특색 프로그램은 교사의 축적된 경험이 필요한 활동이지만 얻는 것이 많다.

예시자료 4 학급특색 프로그램(글쓰기) 계획

● 창의력과 논리력을 키우는 글쓰기
- 일기 쓰기: 주 3회 이상 경험과 생각, 느낌을 자세히 쓰기
- 독후감 쓰기: 주 2회 이상 생각을 여는 독후감 쓰기
- 독후활동하기: 독후화 그리기, 만화로 표현하기 등

추진시기	활동	내용
3월	• 일기 쓰는 방법 지도	−일기 쓰는 목적 알기 −일기 쓰는 방법 알기
4월	• 독후감 쓰기 • 일기 쓰기	−독후감 쓰는 방법 알기 −일기 쓰기 지도
5월	• 독후활동하기 • 일기 쓰기	−독후화 그리기 −일기 쓰기 지도

6월	• 독후활동하기 • 일기 쓰기	‒만화로 표현하기 ‒일기 쓰기 지도
7월	• 독후활동 발표 및 전시 • 일기 쓰기	‒독후활동 발표 및 전시 ‒일기 쓰기 지도
9월	• 독후감 쓰기 • 일기 쓰기	‒독후감 쓰는 방법 알기 ‒일기 쓰기 지도
10월	• 독후활동하기 • 일기 쓰기	‒독후화 그리기 ‒일기 쓰기 지도
11월	• 독후활동하기 • 일기 쓰기	‒만화로 표현하기 ‒일기 쓰기 지도
12월	• 글쓰기 전시 및 발표회	‒글쓰기 전시 및 발표

출처: 양촌초등학교 양윤정 선생님의 학급특색 프로그램(4학년)

(5) 동요 부르기

　동요 부르기, 아름다운 노래 부르기 등의 학급특색 프로그램은 시간 투자가 적다는 장점이 있다. 글쓰기, 과학, 한자 등의 활동은 최소 1회 10분 이상의 시간을 들여야 하지만 노래 부르기는 5분 이상 걸리지 않는다. 새 곡을 처음 익힐 때는 어느 정도의 시간이 필요하지만, 그것도 다른 활동에 비해 시간이 적게 걸린다. 또한 인터넷의 발달로 자료를 찾고 구하기가 쉽다. 학급 분위기 조성에 도움이 되고 학년 초 교사와 학생의 소통을 쉽게 해 줄 수 있다. 수업이나 다른 행사에 활용할 수 있는 장점이 있는 활동이다.

예시자료 5　학급특색 프로그램(동요 부르기) 계획

◗ 밝고 고운 노래 부르기
　주1회 아침 자습시간을 이용하여 밝고 고운 노래 부르기를 통하여 학생의 잠재력과 창의성을 계발하고 자신의 감정과 생각을 자유롭게 표현하는 능력을 기른다.

월	노 래	월	노 래
3월	난 네가 좋아	9월	화가
4월	숫자송	10월	아이들은
5월	내가 제일 좋아하는 말	11월	우리 선생님
6월	딱지 따먹기	12월	얼굴 찌푸리지 말아요
7월	숲속을 걸어요	2월	이슬

(6) 리코더

리코더는 초등학교 3학년 음악에 처음 등장하므로 3학년 이상 학급에서 운영하는 것이 좋다. 리코더 연주를 통해 악기 연주 기능을 익히고 아름다운 곡을 접하면서 감정을 표현하는 법을 익히게 된다. 또한 다른 사람 앞에 서서 연주함으로써 자신감을 갖게 된다. 리코더 외에 5학년에서는 단소가 음악책에 나오므로 5학년 이상 학급에서는 학교특색 프로그램으로 단소 불기를 운영해 봄 직하다.

예시자료 6 학급특색 프로그램(리코더 연주) 계획

리코더~ 달인되기!

급수	도전할 곡명	통과 날짜	급수	도전할 곡명	통과 날짜
1	비행기음계 익히기		9	클레멘타인	
2	비행기		10	이야이야오	
3	나비야		11	노엘	
4	작은 별		12	학교 가는 길	
5	구슬비		13	할아버지의 시계	
6	환희의 송가		14	숲 속을 걸어요	
7	오 필승 코리아		15	어머님 은혜	
8	에델바이스				
당신을 리코더의 달인으로 임명합니다!					

2) 인 성

(1) 명심보감 쓰기

우리 조상이 해 왔듯이 좋은 글을 읽고 쓰고 자주 접하면서 자신의 마음을 좋은 글로 갈고 닦는 활동이다. 준비물은 명심보감의 좋은 구절이 쓰여 있는 학습지로 간편하다. 학습지에 쓰여 있는 좋은 구절을 같이 읽고, 뜻을 알아보고, 각각의 주제에 대해 이야기를 나눠 보기도 하며, 옮겨 써 보기 등의 활동을 한다.

예시자료7 학급특색 프로그램(명심보감) 계획

◗ 명심보감 옮겨 쓰기

주 1회 한자와 뜻 쓰기

추진시기	활 동	내 용
3월	• 명심보감이란	
4월	• 계선편(繼善篇)	−끊임없이 선행을 가르치는 글
5월	• 효행편(孝行篇)	−효도를 가르치는 글
6월	• 정기편(正己篇)	−자기를 바로 세우는 것을 가르치는 글
7월	• 존심편(存心篇)	−마음을 보존하는 것을 가르치는 글
9월	• 근학편(勤學篇)	−학문에 정진하는 올바른 자세를 가르치는 글
10월	• 성심편(省心篇)	−자기의 마음을 살피는 것을 가르치는 글
11월	• 언어편(言語篇)	−말을 조심하는 것을 가르치는 글
12월	• 교우편(交友篇)	−친구와의 사귐을 가르치는 글

출처: 인천발산초등학교 김수미 선생님의 학급특색 프로그램(3학년)

(2) 식물 기르기

식물 기르기는 노작활동을 통해 땀의 소중함과 생명 존중의 의미를 알리고 타인의 긍정적인 점을 찾아 더불어 살아가는 공동체 의식을 강화할 수 있는 학급특색 프로그램이다. 식물을 심는 과정과 생태를 학생이 꿈을 이뤄 가는 방법, 자신을 가꾸는 방법 등과 관련지어 설명하면 학생의 인성함양에 도움이 된다. 또한 다양한 식물을 보고 기르면서 일상생활에서 친구 간에 각자의 재능과 외양이 다를 수 있음을 알고 서로를 인정하고 칭찬하는 친구관계의 개선 효과도 있을 수 있다.

예시자료 8 학급특색 프로그램(식물 기르기) 계획

출처: 인천발산초등학교 김성숙 선생님의 식물 기르기

예시자료 9 학급특색 프로그램(식물 가꾸기) 계획서

월	일	활동 내용	비 고
4	9	식물 가꾸기부 활동 안내 / 텃밭 둘러보기	
	16	텃밭 정리하기 / 모종 심기(토마토, 고추)	모종 준비
	30	식물 주변 잡초 제거, 지지대 세우기 / 식물의 꽃 관찰하기	지지대 재료
5	14	야생화 옮겨 심기 / 학교 주변 야생화 관찰하고 그리기	
6	4	식물 주변 잡초 제거하기 / 식물의 열매 관찰하고 그리기	
	18	상추 솎기 / 상추 쌈 싸서 삼겹살 구워 먹기	쌈장, 버너, 후라이팬
9	10	식물 주변 잡초 제거하기 / 채취 가능한 열매 수확하기	
	24	과일 씨앗 관찰하기 / 맛 보기	여러 가지 과일
10	8	학교 주변 가을꽃 관찰하기 / 가을이 되어 변화된 잎의 색 관찰하기	
	22	잎맥 책갈피 만들기	과학실

11	12	텃밭 정리하기 / 내년을 위한 거름 주기	
	26	내가 키운 식물의 한살이 정리하기	

출처: 인디스쿨 쑥부쟁이 선생님의 활동 계획서

3) 창의적 체험활동

(1) 종이공작

종이공작은 학생 수준에 맞춰 내용을 재구성하기 쉽다. 인터넷에서 만드는 방법과 도안을 얻을 수 있고 기초적인 단계부터 전문가 단계까지 내용이 다양하다. 그래서 1학년부터 6학년까지 다양한 수준의 내용으로 학급특색 프로그램 계획을 세울 수 있다. 준비물은 색종이, 복사지, 도화지 등 다양한 크기의 종이와 가위, 풀이 필요하고 그 외 활동 내용에 따라 부수적으로 다른 재료가 필요할 때도 있다. 종이공작 학급특색 프로그램은 제작한 작품을 전시할 수 있어 학급환경미화나 학예회 등의 학교행사 준비 프로그램으로 운영할 수 있다.

예시자료 10 학급특색 프로그램(종이공작) 계획

종이공작을 통하여 스스로 선택한 도안을 통하여 공간지각력과 입체감각, 미적 감각과 즐거움, 건전한 심성, 창의적인 표현능력을 계발한다.

월	활동 및 내용
3	• 종이 공작의 개론 설명 -Making Book, Papercraft, 종이접기, 종이공작 준비물
4	• Making Book -연필북 만들기(사회과 각 지역에 대한 연필북 제작) • Papercraft -자동차 도안 제작 과정 설명, 여러 가지 자동차 만들기

5	• 메시지 인형 만들기 –어버이날 기념 메시지 인형 만들기
	• Papercraft –3D 축구공 저금통 만들기
6	• 종이접기 –종이접기로 장신구 꾸미기, 종이접기로 교실 꾸미기
	• Making Book –아코디언북에 관한 설명, 과학과 꽃에 관한 아코디언북 만들기
7	• 종이접기 –여름에 관한 종이 접기(바닷속 꾸미기, 각종 물고기, 해초 만들기)
9	• 종이접기로 가을 배경 꾸미기 –가을에 관한 종이 접기(계획하기, 조별로 배경 꾸미기)
	• 종이 접기 –추석에 관한 종이 접기(남녀 한복 입은 모습, 노리개 만들기)
10	• Making Book –피자북 만들기 1(조각 피자북 만들기)
	• Making Book –피자북만들기 2(조각 피자북 이어 붙여 완성하기, 피자북 틀 꾸미기)
11	• Papercraft –기본적인 도안 만들기, 탱크 만들기
	• Making Book –보트북 만들기 1(우리 가족 소개하는 보트북 만들기)
12	• Papercraft –세계 의상 및 건물의 특징 살펴보기, 세계 의상 및 건물 제작하기
	• 종이접기 –성탄절에 관한 종이 접기(종, 산타, 크리스마스 트리)
2	• Papercraft –Papercraft 도안 찾는 방법, 복잡한 도안 제작하기

출처: 효성남초등학교 김수미 선생님의 학급특색 프로그램(5학년)

예시자료 11 학급특색 프로그램(북아트)

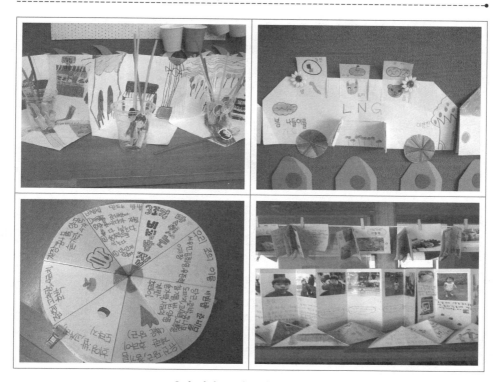

출처: 발산초등학교 정은하, 강경애 선생님의 학급특색 프로그램(2학년)

4) 다큐멘터리 감상

좋은 내용의 다큐멘터리를 학생에게 소개하고, 평소에 생각하거나 접해 보지 못했던 세계나 상황, 사건 등의 주제에 대해 함께 생각해 보고 이야기를 나누는 데 활동 목적을 둔다. 다큐멘터리를 통해 새로운 내용을 접하면서 나와 다른 것에 대해 이해하게 되고 공감하면서 때로는 비판하는 시각을 길러 보면서 생각하는 힘을 기르고자 한다. 다큐멘터리를 보는 데 많은 시간이 소요되므로 교사가 사전에 시청하고 지루한 부분은 빠르게 넘어가면서 약간의 설명을 해 주어도 좋다. 다큐멘터리의 내용은 환경, 예술, 문학, 과학 등 다양하게 구성하고, 매월 시사, 행사와 관련지어 주제를 정하는 것도 한 방법이다. 예를 들어, 6월은 호국보훈의 달이므로 '통일'과 같이 지루하지 않은 다큐멘터리를 택한다.

다큐멘터리를 보는 데 그치는 것이 아니라 학습지를 작성하거나 짧게라도 감상 소감을 적는다면 알찬 활동이 된다. 단 많은 양의 감상학습지를 작성한다면 학생의 호응을 얻지 못한다. 다음 예시자료는 인디스쿨에 올려놓은 백장미 선생님의 활동 내용을 참고해서 저자가 계획서로 작성했다.

예시자료 12 학급특색 프로그램(다큐멘터리 감상) 계획서

월	활동 내용	비 고
3	다큐멘터리란?	
4	'마이크로의 세계' (EBS)	
5	다큐멘터리 '흙'	학습지
6	'통일'	학습지
7	기후 변화 '투발루의 증언' (EBS)	학습지
9	언어발달의 수수께끼 2부 '언어가 나를 바꾼다.'	학습지
10	'독일의 역사교육' (EBS)	학습지
11	'아프리카' (EBS)	학습지
12	'세상을 바꾸는 착한 여행' (EBS)	학습지
2	'수학의 세계' (EBS)	학습지

출처: 인디스쿨 쑥부쟁이 선생님의 활동 계획서

3. 학급특색 프로그램 평가하기

학급특색프로그램의 필요성을 이해하고 적절하게 구성하여 활용하고 있는지 점검하고 진단하는 과정이 필요하다. 그래서 10개의 문항을 통해 학급특색 프로그램에 관한 교사의 항목을 평가하는 체크리스트를 제시하였다. 이것을 참고하여 교사가 학급특색프로그램의 필요성을 이해하고 있는지, 적절하게 구성하여 적용하고 있는지를 스스로 판단할 수 있도록 돕고자 한다.

항목	그렇다	보통	아니다
1. 학급특색 프로그램의 주제는 분명한가?			
2. 학급특색 프로그램의 구성은 학년 수준에 적합한가?			
3. 학급특색 프로그램의 구성은 주제에 부합하는가?			
4. 모든 학생이 참여할 수 있는 내용인가?			
5. 학급특색 프로그램의 한 회 분량은 적정한가?			
6. 학급특색 프로그램을 운영할 수 있는 시간은 배정되어 있는가?			
7. 학급특색 프로그램을 운영하는 교사의 능력은 고려되었는가?			
8. 학급특색 프로그램의 연간운영 계획을 세울 때 전체 분량은 적정한가?			
9. 학급특색 프로그램을 통해 쌓은 기량이나 성과를 발표·전시할 수 있는 기회가 주어져 있는가?			
10. 학급특색 프로그램을 일 년 동안 꾸준히 운영하고 있는가?			

질문에 대한 자신의 대답을 주의 깊게 검토한 후 다음에 답하시오.

→ 앞으로 개선할 사항은?

→ 잘된 점은?

학습과제 및 실천활동

1. 자신만의 학급운영관이 담긴 학급특색을 작성하여 보자.
2. 학급특색 프로그램을 운영할 수 있는 시간을 말하여 보자.

제10장

학교행사 활동 운영하기

나는 3월에 신규 임용된 새내기 교사다. 부장님께서 3주 뒤인 11월 3주에 학예회를 한다고 하신다. 학예회는 학년별로 강당에서 진행되고, 학급별로 3~4개의 프로그램과 전시품을 준비하면 된다고 하신다.

동학년 선생님들의 조언과 온라인상의 교사 커뮤니티의 정보를 바탕으로 학급 아이들과 협의를 거쳐 우리 반에서는 난타, 수화, 사마귀 유치원 등의 학예회 프로그램과 모래 그림, 시화 병풍, 탈 만들기 등의 작품을 전시하기로 결정했다. 학예회가 2주 남은 시점부터 본격적인 프로그램 연습과 작품 제작에 들어갔다.

한참 학예회 준비에 열을 올리고 있던 어느 날이었다. 탈 만들기를 하던 중 수업을 마치는 종이 울렸다. 급하게 알림장을 써 주며, 다 마무리하지 못한 학생은 남아서 하고 가라고 말하고 있는데, 강민이가 "와! 신난다! 오늘도 공부 하나도 안 했다."라며 가방을 싸고 있다. 순간 당황스러웠다. 쉬는 시간, 점심시간도 없이 열심히 학예회를 준비하고 있는데……. 공부를 하나도 안 했다니? 이것은 공부가 아닌가?

사실 오늘 시간표는 국어, 수학, 사회, 과학, 도덕이었지만, 거의 학예회 준비를 했다. 솔직히 지난 2주 동안 학예회 준비 시간 확보를 위해 2~3차시 진도를 1시간에 나가기도 하고, 건너뛰기도 하면서 왠지 모를 불안감이 들기도 했다. 학예회는 가장 큰 학교행사이고, 다른 학급도 다 이렇게 학예회 준비를 하는 것 같은데, 무엇이 잘못된 것일까?

〈전희경, 금강초등학교 교사, 교직 경력 8개월〉

- 학교행사 활동의 의의와 종류를 이해한다.
- 학교교육과정과 연계한 학급교육과정 편성·운영의 필요성을 이해한다.
- 학교행사 계획을 반영하여 학급교육과정을 편성·운영할 수 있다.
- 학교행사와 연계한 학급활동을 기획, 실행, 평가할 수 있다.

행사 활동이란 민주 시민의 자질과 전인적인 인간을 육성하기 위한 종합적인 교육활동을 포함하여 교내외에서 실시되는 여러 행사와 관계된 활동이다. 2009개정 교육과정에서는 창의적체험활동의 자율활동 영역의 활동으로 규정되고 있고, 교육과정에서는 초등학교행사 활동의 목적을 '교내외에서 실시하는 여러 행사의 의의와 중요성을 이해하고, 행사에 자발적으로 참여하여 학교와 지역 사회의 발전을 위해 노력하는 태도를 가진다.'로 설정하면서 다음과 같이 세부 내용을 제시하고 있다(교육과학기술부, 2009).

- 시업식, 입학식, 졸업식, 종업식, 기념식, 경축일 등
- 전시회, 발표회, 학예회, 경연대회, 실기대회 등
- 학생건강체력 평가, 체격 및 체질 검사, 체육대회, 친선경기대회, 안전생활훈련 등
- 수련활동, 현장학습, 수학여행, 학술조사, 문화재 답사, 국토순례, 해외문화체험 등

학교행사는 단위학교의 교육목표 구현과 관련이 깊은 활동이다. 학교교육목표를 기반으로 세워진 학급교육과정에서는 학교행사를 체계적으로 연계하여 운영할 필요가 있다. 학교에서 이루어지는 행사는 저마다 고유한 목표가 있지만, 교사가

학교행사활동을 해마다 반복되는 관례로 인식하고 전례를 답습하기만 한다거나, 학생이 그 필요성을 인식하지 못하고 활동한다면 교사와 학생 모두에게 무의미한 시간이 되기 쉽다. 이에 학교행사가 교육공동체에게 보여 주기 위한 일회성 행사로 그치거나 무미건조한 시간이 되지 않도록 하기 위해서는 교사가 각 활동의 교육적 의의와 특성에 대해 제대로 인식하는 것이 매우 중요하다.

학교에서 이루어지는 주요 행사는 의식행사활동, 학예행사활동, 보건·체육행사활동, 현장체험학습활동 등이 있다. 학급담임교사는 학급운영 계획 수립 시 학교교육 계획의 각종 행사 활동의 시기와 내용, 규모 등을 파악하여 학급경영 계획에 반영해야 한다.

1. 학교행사 둘러보기

단위학교는 학교교육 계획서 작성 시 학교행사 운영 계획을 다음 예시와 같이 수립한다. 학교마다 다르지만 일반적인 월별 학교 주요 행사를 살펴보면 다음과 같다. 3월에는 입학식, 진단 평가, 학급임원선거, 학교임원선거, 학부모 총회가 실시된다. 4월에는 과학행사, 소체육대회, 중간고사가 실시된다. 5월에는 학년별 현장학습이나 수학여행, 심성수련회가 실시되고 6월에는 호국보훈의 달 행사가 진행된다. 7월에는 총괄 평가, 방학식, 학기말 통지표 배부가 이루어진다. 방학을 지나서 8월말 개학식과 2학기 학급임원선거가 실시된다. 9월에는 대운동회가 실시되고, 10월에는 2학기 중간고사, 현장학습, 도서축제 등이 실시된다. 11월과 12월에는 총괄 평가, 학예회, 방학식 등이 실시된다. 겨울방학을 지나 2월이 되면 종업식과 졸업식이 거행된다.

예시자료1 학교행사 일정

학기	월	주	휴업일	학교행사	학기	월	주	휴업일	학교행사
1학기	3	1		입학식(4), 시업식(4) 진단 평가(7) 1학기 학급임원선거 (8)	2학기	8	1		개학식(26) 2학기 학급임원선거 (29)
		2		학부모총회 (15)		9	2		인성교육실천주간 (2~6)
		3		친구사랑주간 5학년 수학여행 (20~22)			3		
		4		학부모상담주간 (25~29)			4		
	4	5		인성교육실천주간			5		
		6		과학행사주간 (10~12)		6		개교기념일 (2) 개천절(3)	
		7				7	한글날(9)	중간 평가 (11)
		8				10	8		1, 2학년 현장학습(15) 글빛고을축제 (17~18)
							9		6학년 수학여행 (21~23)
		9		중간 평가(30) 작은 체육대회(1~3)			10		학예회(30~31), 방과후 페스티벌(1) 학부모상담주간 (28~1)
		10		내고장땅밟기(10)			11		
	5	11	석가탄신일 (17)	4학년 현장학습(16)		11	12		1학년 줄넘기대회
							13		

월	주		행사
	12		3학년 현장학습(23)
	13		
6	14	현충일(6)	호국보훈의달, 독도사랑주간
	15		한자 평가(13)
	16		
	17		
7	18		
	19		총괄 평가(9) 6학년 야영(11~12)
	20		
	21		방학식(25)

월	주		행사
	14		
12	15		총괄 평가(6)
	16		한자 평가(12)
	17		
	18	성탄절(25)	
	19		방학식(31)
2	20		개학식(3)
	21		종업식 / 졸업식(14)

출처: 목향초등학교 2013 학교교육력강화 지원 계획의 행사일정

2. 학교행사와 연계한 학급교육과정 계획 수립하기

학교행사활동이 구현하고자 하는 목표를 달성하기 위해서는 담임교사가 학기 초 학급교육과정 계획 수립 시 1년 동안의 학교행사 활동 실천을 위한 세부실천 계획을 월별로 상세히 작성해야 한다. 행사에 임박해서 학급활동 계획을 수립하면 교사 개인의 편의에 따라 축소 및 파행 운영하는 등 형식적으로 흐를 수 있다. 다음은 1학기 학교행사와 연계한 월별 학급활동의 예시다.

예시자료 2 1학기 월별 학급활동

월	학교 및 학급행사	학급활동
3	• 개학식 • 입학식 • 정부회장선거 • 환경점검 • 학부모총회 • 학부모상담주간 • 진단 평가	• 가정환경조사, 학급안내문 발송 • 정부회장 선출 및 학급 조직 구성 • 학급 환경 정리 • 새 학년의 계획 발표 / 자기소개와 인사 • 1인 1역, 청소구역 배정 • 아동명부, 학급요록 정리 및 비상연락망 작성 • 급훈, 반가, 학급규칙 정하기 • 학부모 총회, 학부모 단체 조직 • 학부모상담 • 학생 성적실태 파악 • 학습부진아지도 계획 수립
4	• 현장체험학습 • 중간 학업성취도 평가	• 현장체험학습 사전지도(안전지도) / 사후지도 • 학업성취도 평가를 위한 학습분위기 조성
5	• 어린이날 • 어버이날 • 스승의 날	• 어린이날 행사 • 감사편지 쓰기 지도(어버이날, 스승의 날) • 개별 상담 실시(성적 상담)
6	• 체육대회	• 학년 놀이마당 사전지도 / 사후지도 • 학급 잔치
7	• 학기말 학업성취도 평가 • 방학식	• 학업성취도 평가를 위한 학습분위기 조성 • 방학식(학교) / 반성 및 감사하는 마음 갖기 / 방학 계획 발표
8	• 여름방학	• 방학 중 학생과 전화상담, 메일 보내기

출처: 검단초등학교 안병천 선생님의 1학기 학급경영 계획 자료(6학년)

학교정부회장 선거 일정에 맞추어 학급에서도 학급조직이 이루어져야 하며, 학교 환경점검에 맞추어 학급환경 구성도 이루어져야 한다. 학부모 총회 일정에 맞추어 학급 안내(담임 소개)문 발송하기, 학부모상담 계획 세우기를 해야 한다. 현장체험학습이 다가오면 사전지도(프로그램 안내, 안전지도, 생활지도)를 반드시 실시하고 다녀온 후 사후지도(활동 평가)도 실시해야 한다. 학업성취도 평가를 실시할 때는 학습 분위기 조성 및 학습 정리에 대한 계획이 있어야 한다. 어린이날, 어버이날 등 기념일에 대비해서 계기교육 계획도 수립해야 한다.

2학기에 실시되는 학교행사와 연계한 월별 학급활동의 예시는 다음과 같다. 2학기 초에 학급임원 조직을 다시 실시하고, 1인 1역 등을 재조정한다. 9, 10월에는 대운동회 또는 학예회 종목을 지도한다. 12월에는 학급활동을 마무리하는 여러 가지 활동이 이루어진다.

예시자료3 2학기 월별 학급활동

월	학교 및 학급행사	학급활동
9	• 개학식 • 2학기 임원선거	• 2학기 학급임원 재조직 • 1인 1역 조정 • 방학과제물 지도 • 개별상담 혹은 모둠상담
10	• 중간 학업성취도 평가 • 현장체험학습(소풍, 수련활동, 수학여행)	• 학업성취도 평가를 위한 학습 분위기 조성 • 현장체험학습 사전 / 사후지도 / 보고서 만들기 지도
11	• 학예회	• 학예회 준비 및 지도
12	• 학기말 학업성취도 평가 • 방학식	• 학업성취도 평가를 위한 학습 분위기 조성 • 학급문집 발행하기 • 학교생활기록부 작성을 위한 준비 작업 • 비상연락망 재조직 • 겨울방학 계획표 세우기 지도
2	• 종업식(졸업식)	• 학급 문집 나누기 • 학급 마무리 행사 • 1년을 마무리하는 가정통신문 발송

출처: 검단초등학교 안병천 선생님의 2학기 학급경영 계획 자료(6학년)

〈예시자료 2〉와 〈예시자료 3〉은 대략적인 것으로 학기 초에 보다 구체적으로 누가, 무엇을, 언제 수행할 것인가를 정확하고 상세하게 실천 계획을 수립해야 한다.

학교행사와 연계한 학급교육과정 계획 수립 시 다음 사항에 유의해야 한다(교육과학기술부, 2009). 첫째, 행사 활동의 계획 수립, 준비, 시행, 반성 등에서 학생들이 적극적으로 참여하도록 지도하고, 적절한 역할 분담을 통하여 자치적인 운영이 되도록 한다. 행사 활동은 학생의 적극적인 참여가 전제되어야 한다. 행사 활동의 계획을 수립하고 사전 준비를 하며 시행하고 평가하는 각 단계에서 학생이 적극적으로 참여하도록 지도해야 한다. 이 과정에서 학생의 자치 역량을 보다 강화할 수 있도록 학생 스스로 적절한 역할을 분담하고 학생 개인의 능력에 맞게 참여하도록 하는 것이 필요하다. 둘째, 행사 계획을 수립할 때는 행사 명, 목적, 시기, 장소, 대상, 행사 과정, 역할 분담, 유의점, 배치도, 상황 변동 시의 대책 등을 충분히 고려하고, 필요에 따라 사전 답사 및 사전 교육을 실시한다. 행사 계획을 수립할 때는 사전에 치밀하게 계획을 세우지 않으면 교육적 효과를 얻기가 어려워지기도 한다. 필요한 경우에는 사전 답사를 통해 행사를 위한 사전 조치를 마련하고, 학생에게는 사전 교육을 통해 행사 활동에 대한 여러 가지 상황에는 어떤 것이 있으며 그러한 상황에 대처하는 방법은 어떠해야 할 것인지를 지도해야 한다. 셋째, 학교행사의 실시에서 필요한 경우 지역 사회와의 연계성을 고려하되, 지역 사회의 요청에 따른 학교행사는 그 교육적 가치를 충분히 검토하여 선택적으로 운영할 수 있다.

3. 학교행사 활동 운영하기

1) 의식행사활동

의식행사활동은 학생이 여러 의식 행사에 자발적으로 참여하게 함으로써 원만한 인성과 가치관을 지닌 올바른 인격체로 성장하는 기회를 마련하고, 학교 공동체의 구성원임을 자각하게 하여 애교심, 애향심, 애국심을 고취하기 위한 교육적 의의를 가진 활동이다. 일반적으로 계기교육이라고도 부르는데, 학교에서 행하는 의식행사활동은 국가적 행사인 국경일, 기념일, 경축일 의식과 명절 및 절기에 관련된 활동 및 학교 자체 행사인 학사 행사 의식, 기념행사 의식, 학교교육과정에 따라 의도된 행사 의식 등이 있다.

예시자료 4 의식행사활동의 종류 및 주요 활동

구 분	제 재	활동주제	주요 학급활동 내용
학사 행사 의식	시업식	새 학년, 새 친구, 새 출발	• 새 학년의 계획 발표 • 자기소개와 인사 • 새로운 각오와 다짐
	입학식	1학년 동생을 맞으며	• 입학식 준비 • 입학식 참여 • 신입생 환영 및 돌보기
	종업식	한 학기를 마치며 한 학년을 마치며	• 방학식(학교) • 반성 및 감사하는 마음 갖기 • 방학 계획 발표
	졸업식	한 학년을 마치며	• 종업식(학교) • 반성 및 감사하는 마음 갖기 • 석별의 정 나누기
경축일	삼일절	독립만세와 유관순 열사	• 삼일절의 유래 및 의의 조사 • 삼일절에 우리가 할 일 알아보기 • 삼일절 행사 참여 및 반성
	제헌절	나라의 법, 법을 지키자	• 제헌절의 유래와 의의 조사 • 기념식 참여
	광복절	나라를 되찾은 기쁨	• 광복절의 유래와 의의 알아보기 • 기념식 참여 • 광복절 행사의 반성 및 다짐
	개천절	우리나라 생일	• 개천절의 유래와 의의 알아보기 • 기념식 참여 • 개천절 행사의 반성 및 다짐
	한글날	자랑스러운 우리 한글	• 한글날의 유래와 의의 조사 • 각종 경연 대회 및 놀이하기 • 한글날 행사 참여 및 반성
기념식	식목일, 장애인의 날, 과학의 날, 어린이날, 어버이날, 스승의 날, 개교기념일, 현충일, 설날, 추석, 석가탄신일, 성탄절, 국군의 날		

┌─── • 의식행사활동 준비 · 운영 시 유의점 • ───────────

　　의식행사활동은 교육과정과 연계되어 운영되는 것이다. 교사는 학교행사 활동의 시기별 특성을 살려서 학생에게 유의미한 시간이 될 수 있도록 최선을 다해야 한다.

• 학급 담임교사는 학년 초 학교행사 활동의 시기별 주제, 활동 내용의 기본 계획을 수립해야 한다. 모든 의식행사와 국경일, 기념일을 철저하게 할 수는 없지만 몇 가지를 정해서 내실 있게 운영할 수 있도록 노력해야 한다.

• 계기교육은 시기에 따라서 민감한 문제를 다루게 되는 경우도 있다. 이 경우 주의해야 할 점은 학생에게 미치는 영향을 고려해 보았을 때 교사 개인의 의견보다는 사실의 전달에 중점을 둬야 한다는 점이다.

• 교육과정에 언급되지 않은 계기교육을 실시할 때는 학년협의회를 통해 충분히 논의하여 학교장의 승인 후 실시하도록 해야 한다.

2) 학예행사활동

　　학예행사활동은 교과활동과 창의적 체험활동에서 얻어진 지식과 기능을 종합적으로 심화, 발전시킨 미적 표현활동으로 전시회, 발표회, 학예회, 경연대회, 실기대회 등으로 이루어진다. 이를 통해 학생은 개개인의 소질과 잠재력을 개발 · 신장하고, 행사의 준비 과정에서 협동심, 사회성 등 바람직한 인간관계와 성취감을 경험하고, 진로를 탐색할 계기가 되는 등 여러 면에서 교육적 의의가 큰 활동이다.

　　학예행사활동은 학생의 교육성과를 보여 주는 마무리 활동으로 중요한 학교교육과정 운영 중 하나다. 대표적인 활동이 학예회로, 학교실정과 학교규모에 따라 10~12월 중에 학교전체, 학년별 또는 학급별로 운영된다. 학예행사활동 계획은 행사에 임박하여 수립되어서는 안 된다. 학예행사활동의 준비는 학급교육과정의 교과와 창의적 체험활동 교육과정 운영 계획과 연계하여 학기 초부터 꾸준히 이루어져야 하며, 계획적으로 추진해야 한다.

　　학예회는 크게 학생의 재능을 발표하는 공연활동과 학습 결과물을 전시하는 전시활동으로 나뉜다. 구체적인 프로그램과 전시 내용은 학교와 담임교사에게 재량권이 있다. 최근에는 학예행사활동과 보건 · 체육행사활동을 격년제로 번갈아 가며 실시하는 학교가 많다. 학예활동의 발표 프로그램 예시를 살펴보면 다음과 같다.

예시자료5 학예 발표 프로그램 예시

구분(학급)		종 목	프로그램명	출연 인원	지도교사
1	연합	태권도	태권도의 세상	7	김○○
2	연합	협주	음악으로 떠나는 겨울여행	13	원○○
3	연합	기타	기타의 선율 속으로	4	김○○
4	연합	재즈댄스	식스 센스	9	김○○
5	연합	오카리나	넌 할 수 있어라고 말해 주세요	9	김○○
6	1반	난타	두드려야 열릴 것이다	29	박○○
7	1, 7남자	깃발춤	소림의 세계로	29	박○○
8	2반	무용	슈퍼맨	27	김○○
9	2, 6여자	핸드벨 협주	도레미 송	25	김○○
10	2, 6남자	카드섹션	룩셈부르크	30	김○○
11	3	합창	All about you	29	이○○
12	3	패션쇼	목향 헤리티지 패션쇼	29	이○○
13	4	연극	이것이 인생이다	29	홍○○
14	4, 5남자	태보	더 파이팅	30	홍○○
15	4, 5여자	무용	오색 고운 부채 들고	27	원○○
16	5	연주	우리 가락과 떠나는 여행	28	원○○
17	6	무용	그녀는 예뻤다	20	김○○
18	7	수화	손으로 그리는 노래	27	홍○○
19	8	합창	즐거운 교과서 노래	29	안○○
20	8	개그	슈퍼스타 KTX	29	안○○

출처: 목향초등학교의 2011학년도 5학년 발표회 프로그램

(1) 공연활동

학급에서 학예활동이 진행될 경우 학생으로부터 재능 발표 신청서를 제출하도록 하고 내용을 검토한 후 발표 순서를 정한다. 재능 발표를 어려워하는 학생은 그동안 학급에서 배운 내용을 발표할 수 있도록 팀을 정해 준다.

학년 단위나 학교 단위로 공연활동을 할 경우 학급학생 전원이 참여할 수 있는 1~2개의 프로그램과 희망하는 아동의 재능 발표 프로그램을 상황에 따라 조합하여 발표한다.

예시자료 6 **학예회 발표 종목 예시**

- **무용**: 표현무용, 민속무용, 에어로빅, 스포츠댄스, 재즈, 치어댄스 등
- **연극**: 동극, 인형극, 즉흥극, 무언극, 촌극, 창작극, 코믹극 등
- **성악**: 독창, 중창, 합창 등
- **연주**: 독주, 합주, 사물놀이 등
- **발표**: 웅변, 시낭송, 동화 구연, 영어 구연 등
- **기타**: 태권무, 무술 시범, 체조, 음악 줄넘기, 오락, 퀴즈 쇼 등

학예활동에 관한 안내장을 작성한다. 안내장에는 순서와 걸리는 시간을 제시하여 학부모가 제시간에 볼 수 있도록 배려한다.

(2) 전시활동

일반적으로 학예활동은 진행 형태(학급별, 학년별, 학교 전체)에 관계없이 공연활동과 함께 학습결과물을 전시한다. 전시물은 행사에 임박하여 준비하지 말고, 교과와 창의적 재량활동의 누적된 학습결과물을 제시한다.

학예활동의 교육효과를 높이기 위해서 학예활동 후 소감문을 쓰거나 반성하는 이야기를 나누어 보는 시간을 갖는다. 재미있었던 종목이나 가장 기억에 남는 장면 등을 그림으로 그려 보는 활동을 하는 것도 좋다.

┌─ • 학예행사활동 준비 · 운영 시 유의점 • ─────────────

뜻 깊은 학예행사를 위해서는 사전지도와 사후지도가 매우 중요하다. 학예활동은 관람을 하는 시간이 길기 때문에 관람 예절을 지키지 않으면 좋은 학예회가 되기 어렵다.

• 사전지도에서는 학예회에서는 바른 자세로 앉아 조용히 관람하기, 프로그램이 끝나면 열심히 박수 치기, 실수하는 점을 비난하지 않고 응원하기 등의 관람 예절을 지도한다.

• 사후지도 시간에는 관람 태도를 개선하고 활동의 의미를 되새긴다. 모든 프로그램 내용에 대해서 세부적으로 보고서를 작성하다 보면 비판적으로 흐를 경우가 있기 때문에 잘된 점, 인상 깊었던 종목 등을 중심으로 사후 보고서를 작성하도록 지도한다.

(3) 학예행사활동 준비를 위한 학급교육과정 구성(예시)

학교행사활동 계획은 해당연도의 교육과정 시작일인 3월 1일 이전에 수립되어 단위학교의 학교교육력 강화 지원 계획에 제시된다. 이에 학급담임교사는 반드시 학기 초 학급교육과정 수립 시 이를 반영하여야 한다. 학예회 준비를 위한 학급교육과정 편성 · 운영의 예시를 제시하면 다음과 같다.

예시자료 7 학예회 준비 예시
- •

• 담임학급: 5학년
• 학예활동 형태: 학년별 운영
• 장소: 강당
• 학예활동 프로그램
　－공연활동: 난타, 수화, 사마귀 유치원 등
　－전시활동: 모래 그림, 시화 병풍, 탈 만들기 등

　　　　　　　　　　출처: 목향초등학교 남해진 선생님의 학예회 준비 자료(5학년)

예시자료 8   학급교육과정 편성 운영 예시(단계별)

단계	구분		관련교육과정 내용	활동 시기
학예회 계획하기	창의적 체험 활동	진로활동	내가 하고 싶은 일	3월 3주
			하고 싶은 일과 목표를 찾아 실천 계획 세우기	3월 4주
학예회 준비하기	창의적 체험 활동	자율활동	공공장소에서 지킬 예의와 질서 알고 실천하기	4월 5주
		진로활동	일을 할 때의 행동이나 태도 알아보기	5월 13주
		자율활동	(정보) 학예회 초대장 만들기	11월 12주
	교과	도덕	갈등을 대화로 해결하기	5월 10주
			여럿이 함께 해 봐요	11월 11주
학예회 정리하기	창의적 체험 활동	봉사활동	학예회장 정리하기	11월 13주
		자율활동	(정보) 보고서 만들기	11월 13주
	교과 활동	국어	중요한 사건을 골라 기사문을 쓰고 신문 만들기	3월 2주
			알릴 만한 사건 정하여 기사문 쓰기	9월 4주
			발표 상황에 알맞게 발표하기 (학예회 내용 정리하여 발표하기)	11월 13주
		실과	정리 정돈하는 방법 알기	5월 10주

출처: 목향초등학교 남해진 선생님의 학급교육과정 편성 운영 자료(5학년)
　　　활동 시기는 〈예시자료 1〉의 학교행사 일정의 '월'과 '주'에 준한다.

예시자료 9 학급교육과정 편성 운영 예시(프로그램별)

주 제	구 분		관련 교육과정 내용	활동 시기
난타	교과 활동	체육	표현활동의 가치	6월 15주
			장단에 맞추어 걷거나 뛰기	6월 16주
			우리나라 지역축제 감상하기	6월 20주
			음악에 맞추어 춤추기	9월 2주
			4박자의 두 마디 리듬꼴을 만들어 연주하기	11월 11주
		음악	생활 속에서 음악을 활용하는 방법 알기	3월 3주
			다양한 음악을 감상하고 즐기며 음악을 선택하여 장기자랑 시간에 활용하기	3월 3주
			박과 박자의 개념 알기	6월 14주
수화	창의적 체험활동	자율 활동	장애우를 배려하고 함께하기	4월 9주
	교과 활동	음악	(심화보충) 음악의 이해	7월 20주
			(심화보충) 바른 자세로 노래 부르기	11월 1주
사마귀 유치원	창의적 체험활동	자율 활동	(독서) 등장인물의 특징을 캐릭터로 나타내기	8월 1주
	교과활동	국어	(심화보충) 이야기를 연극으로 꾸며 보기	6월 14주
			이야기를 꾸며 쓰는 방법 알기	6월 17주
			사건 사이의 관계가 잘 드러나게 이야기 꾸며 쓰기	6월 18주
			촌극의 특성 및 표현방법 알기	11월 13주
			촌극의 특성을 생각하며 대본 쓰기	
			관객을 고려하여 실감 나게 촌극 공연하기	
		실과	상황에 맞는 옷차림 계획하기	8월 1주
		음악	이야기를 음악으로 묘사한 곡을 듣고 그 장면 떠올리기	10월 9주
			이야기를 음악으로 만들기, 이야기의 배경음악 만들기	11월 13주

모래 그림	교과활동	미술	자연환경에서 조화, 변화, 균형, 대비 등 조형의 원리를 찾아 강조하거나 표현하기	3월 4주
			여러 가지 표현 재료를 사용하여 대상의 특징 나타내기	5월 12주
탈 만들기	교과활동	미술	대상을 자세히 관찰하고 전체와 부분을 그려 보면서 대상의 느낌과 특징 이해하기	5월 11주
			여러 가지 표현 재료를 사용하여 대상의 특징 나타내기	5월 13주
			여러 나라의 민속 공예품을 살펴보고 특징 알기	11월 11주
			여러 가지 재료를 사용하여 민속 공예품의 특징이 나타나도록 만들기	11월 12주
시화 병풍	창의적 체험활동	자율 활동	(독서) 책을 읽고, 시화로 나타내기	10월 9주
	교과활동	국어	시에서 인상적인 부분에 대하여 알기	3월 2주
			인상적인 부분을 생각하며 시 읽기	3월 2주

출처: 목향초등학교 남해진 선생님의 학급교육과정 편성 운영 자료(5학년)
활동 시기는 〈예시자료 1〉의 학교행사 일정의 '월'과 '주'에 준한다.

3) 체육행사활동

체육행사활동은 학생의 건강 증진과 체력 향상을 통해 심신의 조화로운 발달을 도모하는 데 교육적 의의가 있는 활동이다. 학교에서 운영되는 대표적인 체육행사활동으로는 대운동회와 학년체육대회(놀이마당)가 있다. 체육행사는 체력을 단련하고 단체생활의 협동심을 기를 수 있는 기회이기도 하지만 학부모와 함께하는 화합의 무대이기도 하다. 학년체육대회는 흥미와 교과학습과의 연계를 최대한 활용할 수 있으며, 학급에서 즐거운 추억을 만들 수 있다. 이러한 체육행사에도 준비과정이 필요하고 장기간의 시간이 소요되므로 교사의 전문성이 요구된다.

(1) 대운동회

대운동회는 단체경기와 개인경기, 단체무용 종목, 기타 공연과 학부모 종목으로 이루어진다. 운동회 준비는 약 1개월 전에 종목 수립부터 시작되는 것이 일반적이다. 학년별 의견을 수렴하여 종목을 결정한 후 종목별 계획서 작성 → 종목별 준비물 신청 → 학년별 연습 시작 → 학부모 안내장 발송 → 종목별 방송 멘트 준비 → 전체 리허설 → 운동장 라인 폴 보완 및 본부석과 만국기 설치 등으로 진행된다. 운동회 종목은 학년에 따른 적합한 종목을 동 학년에서 협의하고 타 학년과 조정하여 결정한다. 다음은 대운동회 종목 예시다.

예시자료 10 대운동회 종목 예시

순	운영내용		학년	구분
1	검단학부모회 축하행사	식전 축하행사	학부모회	
2	사물놀이 공연	식전 축하행사	방과후학교	
3	꿈을 향하여 한발 두발	개인별 달리기	2학년	전체
4	뽀로롱 사랑을 주세요	현대무용	유치원	전체
5	인생극장 달리기	장애물 달리기	4학년	남
6	비석과 하나되어!	장애물 달리기	4학년	여
7	달려라 천리마!	단체경기	5학년	남
8	협동 제기 차기!	단체경기	5학년	여
9	나는야 우사인 볼트~	개인별 달리기	1학년	전체
10	신나는 락앤롤 댄스!	현대무용	3학년	전체
11	세상을 돌려라	장애물 달리기	6학년	남
12	오늘을 잡아라!	장애물 달리기	6학년	여
13	사랑은 우산을 타고	현대무용	2학년	전체
14	양파링은 내 것!	장애물 달리기	5학년	남
15	자루 입고 콩콩콩!	장애물 달리기	5학년	여
16	꼬마신랑과 각시	장애물 달리기	5학년	여
17	둘이서 한마음	개인별 달리기	유치원	전체
18	깃발아~ 깃발아~	현대무용	4학년	전체

19	의좋은 형제	단체경기	3학년	전체
20	우리는 행복한 효가족(효행 미션을 수행하라!)		참가자	
21	덩실덩실 탈춤	고전무용	6학년	전체
22	지구를 굴려라!	단체경기	2학년	전체
23	청백 이어달리기	계주	1~3학년	선수
24	터져라! 터져!	단체경기	1학년	전체
25	재즈댄스 공연	축하공연	방과후학교	
26	탬버린을 흔들며	5학년	현대무용	전체
27	동문 및 학부모 단체 이어달리기	이어달리기	학부모	전체
28	바닷속 여행을 떠나요	장애물 달리기	3학년	전체
29	바람을 가르며!	단체경기	4학년	남
30	운수대통 주사위	단체경기	4학년	여
31	바가지는 너무해	단체경기	6학년	여
32	북청 물장수	단체경기	6학년	남
33	청백 이어달리기	계주	4~6학년	선수

출처: 인천검단초등학교 2012학년도 대운동회 일정표 중 일부

(2) 학년체육대회(놀이마당)

학년체육대회는 일반적으로 대운동회가 없는 봄이나 가을에 실시되는데, 소운동회나 놀이마당 형식으로 운영된다. 학년체육대회의 준비는 약 2주전부터 시작되는데 놀이마당의 경우를 살펴보면, 학년 부장교사는 학년 협의를 통해 종목(민속놀이, 구기놀이 등)을 선정하고 게임 방법과 준비물을 정하여 세부 계획서를 작성한다. 주제 선정 후 학습 코너별 담당 교사를 배정하고 진행 요령을 숙지시킨다. 학부모 안내장을 배부한 후 학생에게 놀이마당 운영 방법을 교육한다. 놀이마당 당일은 각 반의 학생을 2~4개 모둠으로 나누어 조별 명찰을 주고 점수판에 점수를 기록하면서 코너학습을 하도록 한다.

예시자료 11 학년별 놀이마당 세부실천 계획 예시

- 일시: 안내장 발송 4월 26일
  - −1, 2학년: 5월 1일(수) 08:50〜12:00
  - −3, 4학년: 5월 2일(목) 08:50〜12:00
  - −5, 6학년: 5월 3일(금) 08:50〜12:00
- 장소: 운동장
- 참가 대상: 전교생
- 준비물
  - −아동: 체육복(하의 청색 상의 흰색 통일 트레이닝복 착용 권장), 운동화
  - −교사: 호루라기, 체육복, 운동화

출처: 목향초등학교의 2012학년도 학년별 놀이마당 운영 계획

예시자료 12 지도교사 업무분담 예시

구 분	담당자	업무내용
총괄	학년 부장	전체 경기 총괄
진행	학년 부장	경기 준비 예고 및 진행 시간 조절
체조	담당 교사	준비 및 정리체조
준비물 점검	각 마당놀이 담당자	각 마당 운영 및 준비물 점검
마당 라인	남교사	운동장에 마당별로 선 긋기
본부석 및 마당 이름 푯말	학년 부장	학년별 놀이 한마당
준비물 정리	각 마당놀이 담당자	준비물 정돈, 지휘기 준비
사진촬영	학년 전담	사진 촬영
약품준비	보건교사	약품준비 및 양호업무
출발계	학년별 협의	트랙경기 출발, 호루라기
결승계	학년별 협의	트랙경기 결승점 및 질서 관리, 결승테이프, 등기, 등위도장
각종 준비 및 준비물 철거	학년담임	준비물 철거 및 정리
환경 정리	각 담임	운동장 및 본 · 후관 휴지 줍기

출처: 목향초등학교의 2012학년도 학년별 놀이마당 운영 계획

학년별 놀이마당 운영 시 다음과 같은 행정 사항에 유의해야 한다.

- 각 담임교사는 놀이마당별 준비물을 사전에 준비한다.
- 행사 전에 각 반별로 사전 안전교육 및 질서교육을 철저히 실시한다.
- 행사 중 가벼운 상처를 입은 아동은 약품담당 교사의 선 조치를 받고, 보건실로 안내 후 학년부장에게 보고한다.
- 행사 후 정리 정돈 및 쓰레기 분리수거는 마당놀이 담당자가 철저히 한다.
- 우천 시 대비 방법을 사전 협의한다.

(3) 학년별 놀이마당 종목 및 경기방법

학년별 놀이마당의 종목은 저, 중, 고 학년별로 학생의 발달 단계의 특성과 신체 특성, 흥미도를 고려하여 선정한다. 고학년의 경우 남, 여 성별 차이 또한 고려하여 정하는 것이 좋다. 저, 중, 고학년별 놀이마당 종목 예시는 다음과 같다.

예시자료 13 저학년 놀이마당 종목예시

놀이마당명	경기방법	준비물
학급대항계주	전학생이 참여하여 달리는 계주로서 한 사람이 운동장 반 바퀴씩 돌며 마지막 주자가 결승선을 먼저 통과하면 승리하는 경기	바통 6
콩 옮기기	나무젓가락을 이용해 30초 내에 콩을 다른 쪽 쟁반으로 옮기는 경기	콩, 쟁반 8, 나무젓가락 4, 초시계 1
캔 쌓아 올리기	30초 동안 흩어져 있는 알루미늄 캔을 높이 쌓아 올려 높은 층을 쌓는 사람이 이기는 경기	알루미늄캔 50개, 초시계 1
신나게 춤을	모든 경기를 마친 아동이 막간을 이용하여 신나는 음악에 맞추어 춤을 추고, 잘한 아동을 선별하여 시상	음악CD, 플레이어
조심조심 달려요	신문지 위에 풍선을 올려놓고 반환점을 돌아오는 릴레이 경기로 신문지 손상 없이 조원 모두가 먼저 반환점을 도는 팀이 이기는 경기	신문지 30장 풍선 12개 반환점 4개

힘껏 던져 봐요	선 위에 한 조가 모두 서서 신발을 힘껏 멀리 던져, 던진 신발이 멀리 나가면 높은 점수를 얻게 되는 경기	
후프 오래 돌리기	동시에 후프를 돌리기 시작해서 종료시간까지 오래도록 끊이지 않고 남는 사람이 많은 조가 이기는 경기	후프 20개
고무줄 림보왕	일정한 높이의 고무줄 밑으로 몸이 닿지 않게 지나가되 가장 낮은 높이로 지나가는 조가 승리하게 되는 경기	고무줄 3m 2개
깡충깡충 토끼	2인 1조로 홀라후프를 이용하여 토끼처럼 뛰어넘어 반환점을 돌아오는 경기	홀라후프, 반환점

출처: 목향초등학교의 2012학년도 학년별 놀이마당 운영 계획

예시자료 14 중학년 놀이마당 종목예시

놀이마당명	경기방법	준비물
돼지씨름	돼지 엉덩이로 원 밖으로 밀어내는 경기	
닭싸움	모둠별 경기에서 많이 남은 모둠이 승리하는 경기	
단체 홀라후프	모둠별 홀라후프 돌리기 경기	홀라후프
신발 차 넣기	원안에 신발을 많이 넣은 팀이 승리하는 경기	
달팽이 놀이	달팽이모양 선을 따라 움직이다가 상대팀과 가위바위보하여 이긴 사람은 계속 돌고 진 사람은 나가는 경기	
딱지 치기	딱지 치기를 하여 상대편의 딱지를 뒤집기를 많이 한 수로 판정하는 경기	두꺼운 종이 딱지 20개
꼬리를 잘라라	각 팀이 1열로 허리를 잡은 뒤 맨 뒷사람의 풍선을 터뜨리는 경기	풍선, 끈
간이 볼링	페트병 10개를 핀으로 세우고 배구공으로 굴려 더 많이 페트병을 쓰러뜨린 팀이 이기는 경기	페트병(1.5L) 20개, 배구공 2개
우유 갑 높이 쌓기	정해진 시간에 정해진 장소에 우유 갑을 높이 쌓은 팀이 이기는 경기	우유 갑 20개

출처: 목향초등학교의 2012학년도 학년별 놀이마당 운영 계획

예시자료 15 고학년 놀이마당 종목예시

놀이마당명	경기방법	준비물
승부차기	축구 골대에서 페널티킥을 차서 골문에 넣는 경기	축구공 4개
2인 3각	둘씩 줄로 다리를 묶고 달리는 경기	바통 2개, 반환점, 호각, 줄 8개, 기저귀(끈)
나는 운동화	자기가 신은 신발을 원안으로 집어넣는 경기	라인기, 백회가루
긴 줄 넘기	4~8명이 긴 줄 넘기를 하여 넘은 총 수가 많은 팀이 승리하는 경기	긴 줄 4개
비석 치기	5m 앞의 비석을 무릎 사이에 끼운 비석으로 넘어뜨린 수로 판정하는 경기	비석 10개
고리 던지기	원을 그리고 일정 거리에서 고리를 던져 원 안으로 넣어 많이 넣는 팀이 승리하는 경기	고리
굴렁쇠	모둠별로 인원 수를 맞추고 굴렁쇠를 굴려서 릴레이 형식으로 돌아오는 경기	굴렁쇠, 막대기
투호	항아리에 창을 5회 던져 3회 이상 집어넣은 사람을 뽑아 모둠끼리 경쟁하여 승패를 가리는 경기	투호창, 항아리

출처: 목향초등학교의 2012학년도 학년별 놀이마당 운영 계획

학년별 놀이마당은 운동장이나 강당에서 운영된다. 〈예시자료 16〉은 5, 6학년 놀이마당 배치도의 예시이며, 〈예시자료 17〉은 조별참가 활동표 예시다. 각 코너를 운동장에 설치하고 푯말을 만들어 걸고 학생이 모든 코너를 한 번씩 참가할 수 있도록 안내한다.

예시자료 16 5, 6학년 놀이마당 배치도 예시

수돗가앞					
	화단	스텐드		〈모래사장〉 깃대 세우기(6)		카드 뒤집기(6)
			돼지 씨름(6)	〈축구 골대 앞〉 승부차기(6)	의자 앉기(6)
		플라잉 디스크(6)	투호(6)	제기다트(6)	달팽이 놀이(6)
		구령대	개인 달리기	볼링(5)	손바닥 씨름(5)	비석 치기(5)
	화단	스텐드		탑 쌓기(5)	탁구공 계주(5)	나는 운동화(5)
소운동장				긴 줄 넘기(5)	피구(5)

출처: 목향초등학교의 2012학년도 학년별 놀이마당 운영 계획

놀이마당에 참가할 때는 조별로 각 종목을 순서에 따라서 참가하되 각 코너에서는 승, 패, 질서 등의 점수를 부여한다. 조별참가 활동표를 바탕으로 활동 결과를 평가할 수 있다.

예시자료 17 조별참가 활동표 예시

( )학년 ( )반 ( )조							
종 목	승	패	질 서	종 목	승	패	질 서
깡충깡충 토끼				달팽이			
투호 던지기				판 뒤집기			
누가 먼저 먹나				승부차기			
돼지씨름				2인 3각			
닭싸움				나는 운동화			
딱지 치기				긴 줄 넘기			
꼬리를 잘라라				비석 치기			

투호				공기놀이			
고리 던지기				개인 달리기			
합계							

출처: 목향초등학교의 2012학년도 학년별 놀이마당 운영 계획

● 체육행사활동 준비 · 운영 시 유의점 ●

　체육행사를 운영할 때는 여러 가지 문제가 발생한다. 각 상황에 유연하게 대처하기 위해서는 다음과 같은 상황을 염두에 두고 미리 조치해 둬야 한다.

- 안전사고가 발생할 것을 대비하여 구급상자를 준비해 두고 운동장 내에 진료를 하는 코너를 만들어 둬야 한다. 그리고 학생에게 보건 진료 코너를 미리 안내해 준다.
- 체육행사와 관련한 소음 등으로 민원이 발생할 수 있으므로 경찰서에 사전에 행사를 고지해야 한다.
- 운동회 날에는 많은 사람이 학교를 출입한다. 특히 각종 도난 사고가 많이 일어난다. 학급에 잡상인의 출입을 금지하도록 하고, 잠금장치로 반드시 문단속을 하고 다녀야 한다. 학생에게는 물건이 분실되지 않도록 사전 지도를 철저히 해야 한다.

4) 현장체험학습활동

　현장체험학습활동은 학습의 장을 학교에서 현장으로 옮겨 관찰 · 조사하는 활동으로 현장의 자연과 문화에 직접 접촉하게 함으로써 교실에서 익힌 학습을 보다 폭넓고 깊이 있는 학습으로 보완 · 발전시킨다. 현장체험학습은 자연과 문화현상에 대한 관심과 흥미를 가지고 자주적으로 학습하려는 의욕을 조장할 수 있으며, 집단행동의 훈련과 협력적 태도를 육성할 수 있다는 교육적 의의를 찾을 수 있다. 소풍, 여행, 견학, 답사, 방문 등은 학교수업의 연장활동이며, 산교육으로서의 그 의의가 크다고 할 수 있다(박병량, 주철안, 2001).

　학급경영의 측면에서도 현장체험학습은 학급 친구 간의 협동심을 증진시키고, 서로 소통하는 계기가 되는 중요한 행사활동이다.

(1) 수학여행과 수련회

수학여행과 수련회는 자아를 확립하고 강인한 정신력과 건강한 신체 발달을 이끌어 미래의 인재를 키우기 위한 교육활동이다. 따라서 단체 생활을 기본으로 하는 수학여행과 수련회를 통하여 서로를 존중하고 협동하는 공동체 의식을 갖게 하고, 남을 위하여 봉사할 수 있는 마음을 갖게 하며, 어떠한 문제가 주어졌을 때 자기 주도적으로 해결하는 문제해결력과 능동적으로 대처하는 정신을 지도해야 한다.

- 계획 단계: 계획 단계에서는 학년 부장교사 중심으로 학년 초 수학여행과 수련회 계획 수립 → 학부모 의견 수렴 → 현장 답사 → 신청서 받기 → 학교운영위원회 심의 → 교통편 이용 계획 수립 및 입찰 공고 → 수학여행 및 수련회 업체, 버스 업체 계약 단계로 진행된다. 이때 미 참가 학생 지도 계획도 수립하여야 한다.

  학급단위에서의 계획 단계에서는 담임교사는 참가자의 현황과 요보호자 명단을 정확하게 파악하고 있어야 한다. 보통 현장체험학습에 참가하기로 한 학생이 중간에 빠질 경우 현장 학습비는 정산하여 돌려줄 수 있지만 교통편 이용 요금은 환불이 불가능하다. 이에 참가 학생을 정확하게 파악하지 못하면 담임교사가 책임을 지게 되는 경우도 생길 수 있다.

- 실행 단계: 실행 단계에서는 뜻 깊은 활동이 되기 위해서 담임교사는 현장 학습지, 답사의 초점 등에 대한 사전지도를 실시해야 한다. 학생에게 조사 학습 과제를 제시하거나 학교에서 제작한 학습 자료를 미리 배부한다. 이때 반드시 안전지도와 생활지도를 실시한다.

  수학여행과 수련활동 등의 현장체험활동 시 반드시 담임교사는 학생과 동행하여야 한다. 또한 보호가 필요한 학생을 미리 파악하고 관찰해야 한다.

- 정리 단계: 정리 단계에서는 수학여행 평가 매뉴얼에 따라서 교사, 학생 대상 설문조사를 실시하고 결과를 학교에 보고하여야 한다. 학년 부장교사는 학생 수학여행 및 수련활동 경비를 정산하고 경비 송금을 행정실을 통해 처리한다. 담임교사는 수학여행과 수련활동을 다녀온 후에 소감문, 가장 즐거웠던 일 그리기 등을 통해 활동 결과 발표회를 갖고 이후의 교육활동과 연계한다.

┌─ ● 현장체험학습활동 준비 · 운영 시 유의점 ● ─────────────────

- 수학여행과 수련활동에서는 생활지도와 안전지도를 최우선 과제로 추진한다. 생활 지도 측면에서 학생이 허락되지 않은 비교육적 활동을 하지 않도록 지도하고 학생 일 탈 행동을 사전에 예방할 수 있도록 지도에 만전을 기한다.
- 안전 지도 측면에서 수련 활동 시 담임 교사는 수련 관련 각종 시설물에 대한 사전 점 검을 철저히 하며 각종 안전 장비의 비치 여부, 안전 요원 배치 여부 등을 반드시 확 인한다.
- 담임교사는 교육 활동에 필요한 교육 자료 및 유사시 필요한 구급약품 등을 준비한 다. 담임교사는 차량 운행 시 운전자와 가까운 자리에 탑승하여 과속 방지, 안전거리 확보 등 운전자의 준법 및 안전 운행에 필요한 사항을 조언하고, 탑승 학생이 안전 운 행에 방해되는 행위를 하지 않도록 지도한다.
- 마지막으로 교사는 부득이한 경우를 제외하고는 각종 교육 활동에 반드시 참여하여, 교육의 효율성을 높이고 각종 사고 예방에 주력(식사 시간 포함)한다.
- 성희롱 등의 예방을 위하여 학생에게 노출이 심한 옷은 되도록 삼가며, 단정한 복장 을 착용하도록 지도한다. 친구 사이에 예절 바른 언어를 사용하고 서로 신체에 대해 놀리지 않으며 싫어하는 별명을 부르지 않도록 한다.
- 담임 교사는 다음의 사고 발생 시 행동 요령을 반드시 숙지하고 있어야 하고 학생에 게도 지도한다.
  - 사고 발생 시 인솔선생님과 담임선생님께 보고한다.
  - 인솔 책임자 및 지도 교사는 돌발적인 재난 및 교통사고를 비롯한 안전사고 등이 발생한 때에는 사고자에 대한 응급 처치와 안전지대로의 대피 등 신속히 조치한다.
  - 인솔 책임자 및 지도 교사는 학교장과 119 구급대 및 인근 경찰관서 등에 신속히 연 락하여 구호를 요청한다.
└───

4. 학교행사활동 준비 · 운영 평가하기

학교행사활동의 개념과 필요성을 이해하고, 학교행사 계획을 반영하여 학급활 동을 기획, 실행, 평가할 수 있는지를 진단하고 평가하는 과정은 매우 중요하다. 학 교행사활동 프로그램 평가는 운영 계획의 현실성, 활동 내용의 타당성, 운영 결과 등이 포함되어야 한다. 평가 기준은 단위학교 · 학급에서 지역과 학교 · 학급 실정 에 맞게 선정하여야 하겠지만 교육과학기술부(2009)의 창의적 체험활동 교육과정 평가 요소를 수정 · 보완하여, 기준이 될 만한 10개의 평가 항목을 체크리스트로 제시하였다. 이를 참고하여 교사가 학교행사 활동의 의의를 이해하고, 학교행사 계획을 반영하여 학급교육과정을 적절하게 구성하여 운영하고 있는지를 스스로 판단할 수 있도록 돕고자 한다.

항목	그렇다	보통	아니다
1. 학교교육과정의 행사 활동목표를 적절하게 분석하고, 이를 학급교육과정에 적합하게 적용하였는가?			
2. 학교행사와 연계한 학급교육과정 편성 · 운영 시 학부모, 학생의 다양한 의견을 충실히 수렴하고 수용하였는가?			
3. 학교행사와 연계한 학급교육과정 편성 · 운영 시 배정된 시간의 영역별 배당과 별도 시간 확보는 적절하였는가?			
4. 지역 사회와 학교 및 학급의 교육 여건상의 특수성을 학교행사와 연계한 학급활동 계획 수립에 적절히 반영하였는가?			
5. 학교행사 활동의 하위 영역(의식행사활동, 학예행사활동, 보건 · 체육행사활동, 현장체험학습활동)별 지도내용과 지도 방법이 적절하였는가?			
6. 학교행사 활동의 하위 영역별 자료 개발, 확보, 관리, 활용 상태는 양호한가?			
7. 학교행사 활동의 하위 영역별 장소 선정 및 시간 운영은 영역의 특성에 따라 적절하였는가?			
8. 학교행사와 연계한 학급교육과정 편성 · 운영 평가가 학교, 학급, 지역 사회의 실정과 상위 교육목표에 비추어 적합하게 이루어졌는가?			
9. 학교행사와 연계한 학급교육활동의 평가를 위하여 하위 영역별 평가 관점과 평정 척도가 적절하게 마련되어 활용되었는가?			
10. 학교행사 활동 평가 결과, 학생이 참여한 정도와 성과를 지속적으로 기록하였는가?			

질문에 대한 자신의 대답을 주의 깊게 검토한 후 다음에 답하시오.

➜ 앞으로 개선할 사항은?

➜ 잘된 점은?

출처: 교육과학기술부(2009).

학습과제 및 실천활동

1. 학급경영 계획과 연계해야 하는 학교행사는 무엇인지 말하여 보자.
2. 학교교육력 강화 지원 계획의 학교행사 계획을 확인하고, 이를 반영한 학급교육과정 운영 계획을 작성해 보자. 먼저 학교행사와 연계한 월별 학급활동을 나열해 보고, 학교의 행사 내용에 알맞게 교과와 창의적 체험활동 교육과정의 순서를 재구성해 보자.
3. 의식행사활동, 학예행사활동, 보건·체육행사활동, 현장체험학습활동 운영 시 유의할 점은 무엇인지 말하여 보자.
4. 3학년 담임이라고 가정해 보자. 11월 4주에 강당에서 학년별 학예행사가 계획되어 있다. 학예회 프로그램을 계획하고, 그에 따라 교과와 창의적 체험활동의 순서를 재구성하고, 연간시간 운영 계획을 작성해 보자.
5. 초등학교 6학년 교사라고 가정해 보자. 5월 3주에 2박 3일 일정으로 경주 수학여행이 계획되어 있다. 활동 장소, 내용, 일정은 학기 초에 이미 대략적으로 정해졌다. 학급 담임으로서 학급에서 이루어져야 할 활동을 중심으로 수학여행 지도 계획서를 작성해 보자.

참고문헌

교육과학기술부(2009). 초·중·고 창의적 체험활동 교육과정 해설서.
박병량, 주철안(2001). 학교학급경영. 서울: 학지사.

제11장

학급사무 관리하기

교육에 대한 열정은 누구에게도 뒤지지 않았던 나. 교사가 되면 누구보다 열심히 가르치자고 다짐했다. 아침시간이나 쉬는 시간 같은 짜투리 시간까지 아이들을 위해 보낼 수 있는 그런 멋진 선생님이 되고 싶었다. 당연히 방과후에도 아이들과 남아 부족한 부분을 보충하고 이런 저런 이야기도 나누면서 도란도란 예쁜 반을 만드는 게 어떻게 보면 나의 학급경영목표였던 것 같다.

그런데 교직에 들어온 후의 내 모습은 내가 그리던 그때의 모습과는 사뭇 다른 면이 있었다. 늘 컴퓨터 앞에 앉아 있었다. 아이들의 상담에서부터 학력 관리, 생활지도 등 거의 모든 영역을 아이러니하게 컴퓨터와 함께하고 있었다.

새삼 교육공무원이라는 말이 실감이 났다. 맞다. 난 그냥 선생님이 아니라 교육공무원이다. 교육자의 신분이기도 하지만 공적인 업무를 수행하는 공무원이기도 하다. 내가 생각했던 것보다 현장에는 더 많은 행정업무 및 사무가 존재했다. 이러한 것을 모르고 교직에 들어왔을 때는 당황스러운 부분도 있었고 늘 일에만 쫓기는 것 같아 불안한 감정까지도 들었다. 하지만 몇 년이 지난 지금은 업무와 교육 두 가지를 그나마 균등하게 배분하여 수행하고 있다.

새내기 교사로 처음 교직에 들어오면 업무나 사무 관리 면에서 배워야 할 것이 많을 것이다. 나와 같은 새내기 교사가 더는 생기지 않았으면 하는 아쉬움에 이렇게 몇 자를 남겨 본다.

〈이은영, 명선초등학교 교사, 교직 경력 3년〉

- 학급에서 이루어지는 사무의 종류와 성격을 이해한다.
- NEIS에서 처리하는 기본업무를 이해한다.
- 업무 관리 시스템에서 처리하는 기본업무를 이해한다.
- 학교에서 진행되는 사무의 종류와 성격을 이해한다.

1. 학급사무 관리 준비하기

학급사무는 다른 분야보다 이해와 경험이 요구된다. 임용고사를 준비하는 예비 교사나 새내기 교사에게 학급사무는 다소 생소한 분야일 수 있다. 대학생활을 하면서 수업과 관련된 다양한 부분에 대해서는 깊이 생각하고 고민하는 시간을 갖지만 학급사무에 대해서는 그런 시간을 갖기가 힘들다.

학급사무는 실제 경험을 하지 않고서는 이해하기 어려운 부분이 많아 이를 미리 알아보고 간접적으로나마 경험하는 것이 교사를 준비하는 데 많은 도움을 줄 것이다. 학급사무 관리에 대해 준비하기에 앞서 학급사무에는 어떤 것이 있는지 알아보고 그 후에 현장에서 어떤 방식으로 학급사무를 처리하는지 이해하는 것이 중요하다. 이 장을 통해 학급사무를 간접적으로 경험하고 다음에 제시한 다양한 예시 자료에 대해 고민해 봄으로써 교사의 실제 업무를 확인하고 이해해 보는 시간을 가져 보자.

1) 학급사무 관리의 필요성

학급사무 관리는 교사의 기본적인 업무 중 하나다. 교사는 교과지도 등의 교수–학습 업무를 주로 수행하지만 학교·학급경영 직무 수행을 위해 학급사무를 관리하는 일도 한다. 교사의 역할에 대해 자세히 정리되어 있는 명문화된 규정은 없지만 각 시도별 교육청 및 연구원에서 만든 교직실무 관련 교재를 확인해 보면 학사사무 및 각종 사무 관리에 대해 중요하게 기록되어 있다. 또한 학급경영 평가의 내용으로 사무 관리 분야를 항목화함으로써 학급사무 관리에 대한 중요도를 높게 평가한다.

실제 학교 현장에 나오면 학생과 수업하는 시간을 제외하고는 대개 많은 시간을 컴퓨터를 통해 공문서를 작성하며 업무를 처리하는 것으로 할애한다. 그만큼 교사의 업무에서 사무 관리 분야는 수업만큼이나 큰 비중을 차지한다고 할 수 있다. 따라서 이러한 학급사무에 대한 명확한 이해와 정리가 필요하다.

2) 학급사무 관리의 영역

교사가 수업 외에 행하는 모든 업무가 학급사무의 영역이 된다. 학급은 교사와 학생이 함께 어우러져 만드는 공간이다. 따라서 교사 및 학생과 관련된 모든 일이 학급사무의 대상이 되며 그와 관련하여 처리되는 결과물이 학급사무의 관리 대상이 된다.

학생과 관련한 업무로 학생의 기본적인 정보를 처리하고 작성하는 활동이 있으며, 학급경영 및 학생의 성장을 위해 다양한 결과물을 처리하는 활동도 있다. 사무관리란 이러한 업무를 관리하는 차원에서 벗어나 효율적으로 처리하고 활용하는 일련의 활동을 말한다.

교사와 관련한 업무로 크게 학교에서 행해지는 모든 교육과정수행 간에 이루어지는 활동이 있다. 원활한 학교교육과정 운영을 위해 맡은 업무를 추진하는 모든 활동이 교사의 사무 관리 분야에 포함된다. 학교교육과정 내용은 앞에서 확인하였기 때문에 이를 효과적으로 수행하기 위한 교사의 업무에는 어떤 것이 있는지 자세히 살펴보는 것이 바람직하다.

3) 학급사무 관리의 주체

학급사무 관리의 주체는 교사다. 학교교육과정 운영을 위해 진행되는 업무는 그

범위나 폭이 다양하기 때문에 교사는 학급 내에서 이루어지는 사무 외에도 학교 업무와 관련된 다양한 사무를 맡고 있다. 따라서 교사는 교육공무원으로서의 다양한 업무를 이해하고 맡은 사무에 대해 빠르게 이해하고 적응하는 것이 필요하다.

4) 학급사무 관리의 고려사항

학급사무 관리는 실제로 경험하는 방법이 가장 유용하며 직접 경험이 어려울 때는 다양한 사례를 확인함으로써 학급사무에 대해 많이 이해하고 고민해 보는 과정이 필요하다. 교사는 평소 경험하지 못한 다양한 업무를 맡기 때문에 많이 물어보고 알아보지 않으면 능숙하게 업무를 처리하기 어렵다. 또 학급사무는 교사 자신에게만 해당되는 문제가 아니다. 학급사무의 경우 대개 전체 학급이 함께 결과물을 냈을 때 업무의 마무리가 지어지기 때문에 한 교사가 학급사무 처리를 잘못하면 다른 교사 역시 업무를 마무리할 수 없다. 이와 같이 학급사무 관리에서 나타날 수 있는 다양한 문제를 효과적으로 처리하기 위해 다음의 고려사항을 확인해 볼 필요가 있다.

● 고려사항 ●

가장 먼저 고려할 사항은 경험이다. 학급사무는 교사가 되기 전까지는 평소에 접하기 어려운 업무이기 때문에 실제로 이를 경험해 봄으로써 학급사무에 대한 이해를 넓히는 것이 중요하다.

두 번째로 교사는 학급 및 학교에서 진행되는 다양한 학급사무를 완전하게 이해하기 어렵다. 이해하기 힘들거나 어려운 부분은 경력이 있는 교사 혹은 멘토 교사에게 적극적으로 물어봄으로써 학급사무를 이해하는 것이 중요하다.

마지막으로 교사는 평소의 업무처리에 세심한 관리가 필요하다. 교사가 맡은 업무는 다양한 정보를 포함한다. 특히 학급 내에서 이루어지는 사무는 개인정보 및 중요 정보가 많기 때문에 섬세하게 관리하고 정확하게 처리하는 것이 중요하다.

2. 학생 관련 사무

학생 관련 사무는 다양한 학급업무 중에서도 특히 학생과 관련한 결과물을 기록하고 처리하는 영역이다. 학생과 관련한 정보는 다른 업무와 마찬가지로 대개 컴퓨터를 이용하여 처리하고 관리한다.

1) 학생 기초조사서

학생의 실태를 파악하는 것은 효율적인 학급경영 및 학습지도를 위해 반드시 필요한 기초 작업이다. 학기 초 학생에 대한 기본적인 정보를 획득하고 이를 토대로 생활기록부로 작성하기 위하여 기초조사서를 작성한다. 기본적인 인적 사항과 학생의 발달 특성, 성격 특성, 연락처 등을 기록하게 되어 있으며 이를 기초로 하여 NEIS상의 생활기록부에 결과를 기록한다.

(1) 작성방법

학생 기초조사서의 경우 학기 초 가정에서 학부모가 직접 작성한다.

(2) 활용방법

다양한 학생 관련 사무 처리를 할 때 기초조사서의 정보가 사용된다. 기초조사서에는 학생의 기본 정보가 담겨 있어 개인정보를 획득해야 하는 업무에 유용하게 활용된다(기초조사서 예시자료는 제3장 참조).

2) 학급 비상연락망

(1) 작성방법

학급 비상연락망은 아동의 전화번호를 기록하는 것이 원칙이다. 최근에는 집전화보다 휴대전화를 많이 이용하기 때문에 대개 비상연락망은 학기 초에 아동의 휴대전화번호를 기록한다.

(2) 활용방법

대개 학기 중이나 방학 중에 학생에게 꼭 필요한 연락이 있을 때 사용한다. 특히 방학 중에는 학생에게 한 부씩 인쇄를 해 주어 선생님이나 다른 학생에게 전할 내용이 있을 때 사용토록 한다. 다만 개인정보 등의 유출이 있을 수 있으니 신중하게 관리하도록 지도할 필요가 있다.

예시자료 1 ┃ 학급 비상연락망

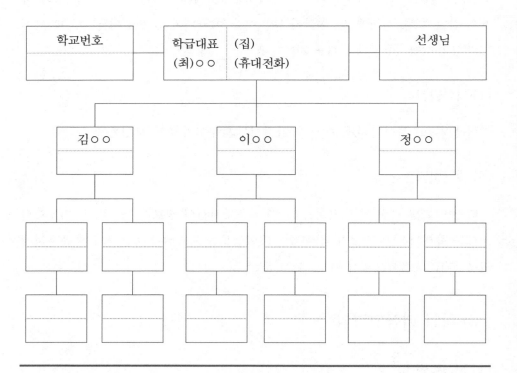

3) 아동 명부

(1) 작성방법

아동명부에 들어가는 정보는 모두 학생 기초조사서에 포함되어 있는 내용이다. 따라서 학기 초 모든 학생으로부터 기초조사서를 취합한 후에 작성할 수 있다. 생년월일, 보호자명, 주소, 전화번호 등 학생 관련 공문을 처리할 때 자주 들어가는 정보를 중심으로 해서 기록한다. 따로 문서를 작성하여 만들 수도 있고 NEIS상에 학생명부를 출력할 수 있는 기능을 활용하여 작성할 수도 있다.

(2) 활용방법

학급에서는 아동명부 한 부씩을 대개 교무실로 제출한다. 학교 차원에서는 학생의 최근 정보를 보유함으로써 특별한 일이 생겼을 때 이를 활용하여 업무를 처리할 수 있다. 아동명부 역시 기초조사서와 마찬가지로 중요한 개인정보가 많이 담겨 있어 유의해서 활용해야 한다.

예시자료 2 아동명부 예시

아동명부

번호	성명	성별	생년월일	보호자명	주소	전화번호	휴대전화	본교재학형제
1	김○○	남						
2	이○○	남						
...		여						
37		여						

4) 학생 교육 평가 집계

교육 평가와 관련한 집계표 및 통계사항 처리 역시 교사의 주요 사무다. 학기 초 학생의 학업성취 수준을 판단하기 위한 진단 평가에서부터 각 학기 진행되는 성취도 평가의 결과를 누적하여 기록함으로써 학업성취가 부족한 학생을 따로 관리할 수 있다. 또 학생의 전체적인 학습도달 수준을 한눈에 알아볼 수 있으며 이를 통해 학생 생활기록부를 작성하고 학년 진급·졸업 사정회의 때 기초자료로 사용할 수 있다.

학생 교육 평가 집계는 통지표 형식으로 가정에 배부된다. 통지표는 크게 두 가지 형식이 있다. 하나는 성적통지표로서 각 평가 시마다 학생이 성취한 평가 점수가 기록되어 배부되고, 다른 하나는 NEIS상에서 출력이 가능한 통지표로서 이 통지표에는 성적을 제외한 출결사항, 개인정보, 수상경력, 봉사활동, 교과발달사항 등이 기재되어 배부된다.

5) 성취도 평가 통지표

(1) 작성방법

성취도 평가 통지표는 엑셀파일로 작성한다. 엑셀파일의 매크로 기능을 활용하여 성적만 입력하면 바로 통지표로 뽑을 수 있게끔 프로그램화되어 있다. 현장에서는 이러한 문서를 활용하여 통지표를 작성한다.

(2) 활용방법

분기별 성적 통지표를 뽑을 때 활용한다. 그 외에도 통지표는 학업을 관리해 줄 수 있는 기초자료로 활용이 가능하며 성적을 기준으로 진행되는 방과후 프로그램이나 학교 학력향상 프로그램에 학생을 지원시킬 수 있는 기초자료의 성격을 갖는다.

예시자료 3 성취도 평가 통지표 예시

번호	이름	국어	사회	수학	과학	영어	총점	평균	석차
1	박○○	96	68	56	80	40	340	68.00	22
2	이○○	100	84	72	84	68	408	81.60	15
3	김○○	96	100	84	96	96	472	94.40	1
4	정○○	92	40	52	76	52	312	62.40	24
5	허○○	92	84	76	92	88	432	86.40	11
6	문○○	96	88	96	88	96	464	92.80	3
7	최○○	96	72	80	76	76	400	80.00	18
8	이○○	100	64	68	68	92	392	78.40	19
9	서○○	96	88	64	92	88	428	85.60	13
10	오○○	92	84	36	88	36	336	67.20	23
11	정○○	100	76	64	80	88	408	81.60	15
12	지○○	100	88	76	92	96	452	90.40	5
13	윤○○	88	44	16	80	36	264	52.80	25
14	유○○	100	80	84	92	68	424	84.80	14
15	공○○	96	88	92	92	84	452	90.40	5
16	기○○	100	84	64	84	72	404	80.80	17

6) 학력 관리 카드

(1) 작성방법

학생의 학업성취 수준을 객관적이고 주관적인 면을 모두 고려하여 작성한다. 학생 기초조사서 판독과 학생면담, 학부모상담 등을 통해 얻은 학생에 대한 정보를 기록하고 수업 시간에 관찰한 학생의 학습 습관 및 학력에 관한 모든 사항을 꼼꼼하게 기록한다.

(2) 활용방법

학력 관리 카드는 학생의 발달사항을 눈으로 확인하여 1년 동안의 학업성취도를 분석하는 자료로 활용한다. 또한 다음 학년으로 이관함으로써 학년이 올라감에 따라 이전 교육과정에서 미흡했던 부분을 파악하여 학생이 다음 교육과정 진행에 원활히 참여할 수 있도록 준비해 줄 수 있는 자료로 사용된다.

예시자료 4 아동 학력 관리 카드(1)

맞춤형 학력 관리 카드 한국초등학교		학년 – 반	성 명
		6 – 4	김 ○ ○
		담 임	홍 길 동 (인)

성 별	생년월일	가정환경 및 특기사항
여	00. 03. 07.	가정환경상 특이사항은 없으나, 수업 시간에 집중도가 다소 떨어져 주의집중이 요구되며 다른 과목과 달리 수학을 어려워하며 도달수준이 낮음

학력 부진상황	부진 영역 (해당과목 ○표)		부진상황
	국어		1. 수학: 발전된 사칙연산에 대한 문제 풀이가 미흡하고 기본 개념이해도가 낮아 학습 부진 정도가 누적
	사회		
	수학	○	
	과학		
	영어		

성취도	3월 (교과학습 진단 평가)	목표 점수	4월(중간고사) 도달점수	6월(기말고사) 도달점수	10월(중간고사) 도달점수	2월(기말고사) 도달점수
국어	24	85				
사회	24	85				
수학	11	60				
과학	25	85				
영어	22	80				

지도 시기	지도 및 상담 내용	구제 여부

3. 학생 기록물 관리

학급 교육과정을 운영하면 학생과 관련해 다양한 기록물이 발생한다. 대표적인 예로는 일기장, 학습장, 오답노트, 독서록, 상담록 등이 있다. 이러한 결과물은 교사의 피드백을 거쳐 더 효과적인 기록물로 사용된다.

1) 일기장

일기는 개인정보가 그대로 드러날 수 있어 담임교사가 유의하여야 한다. 일기는 학생의 속마음 및 교우관계, 가족관계 등을 알 수 있는 좋은 자료다. 또 글쓰기를 싫어하는 요즘 학생에게 자신의 생각을 정리하고 기록할 수 있는 기회를 제공한다. 예전에는 단순히 자신의 신변상황을 쓰는 일기형식이 많았지만 요즈음은 신문일기, 독서일기, 관찰일기, 마음일기 등 다양한 형식으로 결과물을 기록한다.

2) 학습장

학습과 관련된 다양한 정보가 기록되어 있지만 개인정보 등 중요사항이 담겨있지 않다. 학생이 수행한 다양한 활동이 결과물로 남아 있어 포트폴리오로 활용하기에 적합하다.

3) 오답노트

오답노트는 학생이 틀린 문제를 직접 확인하고 다시 이해할 수 있는 여건을 마련해 주는 좋은 학습 피드백 자료다. 대개 가정으로 보내 학부모에게 학생의 학력관리 상태를 보여 줄 수 있는 기초자료로 사용한다.

4) 독서록

일기와 마찬가지로 바른 독서습관을 기르고 자신의 생각을 정리하고 기록할 수 있는 기회를 제공하기 위해 많이 사용한다.

5) 상담록

상담록은 중요한 개인정보가 많이 담겨 있어 암호를 걸어 문서화하거나 시건이 가능한 곳에 보관하여 작성한다. 학생과 관련해 문제상황이 있을 때 유용하게 활용할 수 있으며, 대개 1년이 지나면 문서파일은 틀만 남겨 놓고 정보는 삭제를 하는 것이 원칙이다. 그러나 주요 관리 학생이 있다면 다음 학년 담임교사에게 간단히 정보를 제공해 주는 기초자료로 사용이 가능하다.

4. 나이스

1) 업무포털

교육행정정보시스템은 NEIS(이하 나이스)란 명칭으로 더 친숙하게 다가온다. 2002년 말부터 도입되기 시작한 나이스는 교육행정의 효율성 증진과 교원 업무경감 등의 목적을 가지고 학교 현장에 도입되었다. 시행 초기에는 다양한 문제점이 이슈화되면서 쉽게 정착하지 못했지만 2006년 3월 이후부터 지금까지 전국의 모든 학교에 이 시스템이 정착되어 사용되고 있다. 나이스에 대해 알아보기 전 이를 포괄하고 있는 업무포털이라는 시스템에 대해 알아볼 필요가 있다. 업무포털이라는 행정업무사이트에는 크게 나이스와 에듀파인, 업무 관리 시스템이 있다. 학교 현장에서 이용되는 대개 90% 이상의 업무가 업무포털 내 다양한 시스템으로 처리가 된다. 나이스 또한 이 커다란 시스템 안에서 이용이 가능하다. 교직에 나가기 전 학급사무에 대해 자세히 이해하는 것은 어렵지만 업무포털을 이해함으로써 전반적인 흐름을 이해한다면 처음 맞이하는 행정업무에 당황함이나 어려움을 최소화할 수 있다.

예시자료 5 업무포털 메인 페이지(1)

업무포털은 교육청마다 따로 운영하며 교사는 해당 지역 교육청의 업무포털만 사용이 가능하다. 업무포털을 로그인하기 위해서는 교육부에서 제공하는 공인인증서가 필요하며 이는 교직 현장에서 업무담당자에게 신청서를 작성하여 부여받을 수 있다.

예시자료 6 업무포털 메인 페이지(2)

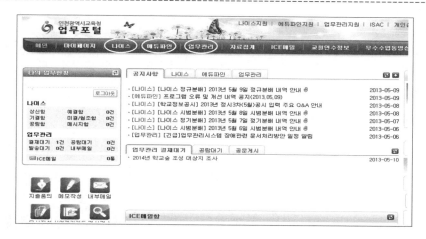

　　업무포털에 공인인증서를 활용하여 로그인 하면 앞의 페이지를 확인할 수 있다. 학교에서 처리하는 모든 공문 및 사무업무가 업무포털 시스템에서 처리되며, 특히 동그라미로 표시된 나이스, 에듀파인, 업무 관리 파트를 가장 많이 사용한다. 아래에서 더 자세히 설명하겠지만 나이스는 학교생활기록부와 관련된 일련의 업무를 수행하는 프로그램이며 에듀파인은 학교 예산 처리 과정과 연계되는 다양한 업무를 수행할 수 있는 프로그램이다. 마지막으로 업무 관리시스템은 모든 공문을 접수하고 처리하는 프로그램이다.

예시자료 8　나이스 메인페이지

　　나이스는 학교생활기록부가 전산화된 프로그램이다. 크게 두 가지 메뉴로 구성되는데, 한 가지는 교사 본인과 관련된 기본메뉴이고 다른 한 가지는 학생과 관련된 업무메뉴다.

1) 기본메뉴

　　기본메뉴는 교사 본인과 관련된 메뉴로 교육공무원으로서 교사의 기본정보가 수록되어 있고 이를 활용하여 다양한 업무를 진행할 수 있다. 메뉴는 총 9가지로 구성되어 있다.

(1) 복 무

복무는 교사의 근무와 관련된 메뉴다. 대개 연수, 출장, 초과근무, 휴가, 조퇴, 외출과 같은 근무상황을 기록할 수 있는 메뉴이며 교사는 근무를 수행하기 전에 등록하여 진행해야 한다.

(2) 급 여

월별 지급명세서와 연도별 총 급여 지급현황 및 다양한 소득자료에 대해 기록되어 있다. 급여메뉴의 작성은 대개 행정실에서 이루어지며 교사는 확인하는 정도에서 메뉴를 활용하고 있다. 참고로 교사의 월급일은 17일이며, 교사의 월급 외에 나오는 상여금으로 4, 11월에 나오는 성과상여금, 설날, 추석에 나오는 명절비 등이 있다.

(3) 연말정산

1년에 한 번 연말정산이 필요할 때 사용하는 메뉴다. 국세청에서 제공하는 자료를 바탕으로 연말정산 자료를 기입하면 자신의 소득수준을 고려하여 연말정산이 이루어진다.

(4) 교직원공제회 회원업무

교사가 되어 교직원공제회에 가입했을 때 사용 가능한 메뉴로 저축 및 대출과 관련된 메뉴로 구성되어 있다.

(5) 인사기록

교사 인사의 모든 정보가 담겨 있는 중요한 메뉴다. 개인신상, 가족관계, 병역 등의 기초정보부터 교직생활을 하면서 수행한 다양한 연수, 학위취득, 자격취득, 가산점 취득, 포상, 징계 등 모든 정보가 기록되어 있다.

(6) 전 보

교육 현장은 전보제도라는 것이 존재한다. 학교의 지역적 · 환경적인 특성을 고려하여 대개 3~4년간 한 번씩 다른 학교로 이동하게 되는데 이러한 전보 시 사용되는 메뉴다.

2) 업무메뉴

업무메뉴는 기존의 학교생활 기록부의 내용이 전산화되어 메뉴로 구성되어 있다. 일반적으로 학사 사무 관리는 출석부, 생활기록부, 건강기록부 등 학생 및 교육과정 운영에 대한 일체의 사무 담당을 일컫는다. 이러한 다양한 사무는 현재 나이스 프로그램을 통해 일원화되어 운영되고 있다. 업무메뉴는 학생과 관련한 다양한 영역의 정보를 기입함으로써 학기 말 통지표 처리에 유용하게 활용할 수 있다.

(1) 교육과정

학교교육과정 운영과 관련된 계획 및 결과를 작성하는 메뉴다. 아래 5가지 메뉴 중 시간표 관리를 주로 사용하며 학기 초에 기초 시간표를 저장하고 주별 시간표는 매주 담임교사가 등록한다. 시간표의 경우 교사 개인이 매주 교육과정에 맞게 작성할 수도 있으며, 또 학년교사 중 한 명이 대표로 작성하여 배부해 주며 이를 활용하여 등록할 수 있다. 출장 및 연가 등의 사유로 결원이 발생되면 결보강이 이루어지는데, 이때 시간표가 미리 등록되어야 결보강 처리가 되기 때문에 교사는 주별 시간표가 나오면 바로 시간표 관리 메뉴를 작성하는 것이 바람직하다.

구 분	세부내용
편제 및 교과	• 학교교육과정 시간배당 조회: 교과별 연간시수가 제시됨
담임편성 관리	• 담임교사 조회: 각 학급의 담임교사 정보가 제시됨

학사일정 관리	• 연간학사일정 조회: 방학, 휴무일 등 연간 학사일정이 간략하게 제시됨 • 월간학사일정 조회: 달력과 비슷하게 각 달의 학사일정이 간략하게 제시됨 • 연간수업일수확보 계획표: 연간 수업일수 및 공휴일 수가 자세히 제시됨
시간표 관리	• 기초 시간표 관리: 연간 학급운영에 기본이 되는 기준 시간표를 등록함 • 반별 시간표: 각 주차별 학급 시간표를 등록하고 관리함 • 결보강: 출장 및 연가 등의 사유로 결원이 발생할 시 보강시간과 교사에 대한 정보가 제시됨 • 교사별시간표 조회: 기초 시간표를 토대로 학급운영에 기본이 되는 교사별 시간표 정보가 제시됨(전담교과 등을 제외한 실 수업과 관련한 시간표 정보가 제시됨)
학교일지 관리	• 학교일지작성: 학교 차원에서 강조하는 전달사항 및 기타사항, 교직원 복무상황을 기록함(매일 담당자가 작성하며 방학 때는 해당 날짜의 근무인원이 기록함)

(2) 학 적

학생 기본 학적과 관련된 메뉴다. 기본정보를 입력하는 메뉴로 학기 초 학생에 대한 조사가 이루어지면 이를 바탕으로 작성할 수 있다. 대개 1학년 때 입력된 정보가 그대로 적용되기 때문에 2~6학년 교사는 수정된 사항 정도만 확인해 줄 필요가 있다.

구 분	세부내용
기본 학적 관리	• 기본신상 관리: 학생의 기본정보, 주소, 가족사항, 학적사항 등을 기록하고 관리함 • 학적현황 조회: 재학 여부, 학생명, 우편번호 및 주소와 같은 정보가 제시됨 • 학생이동부: 전입, 전출 등과 같은 학생이동사항이 제시됨
출결 관리	• 출결 관리: 날짜별로 결석, 지각, 조퇴, 결과 등을 기록할 수 있으며 결석의 경우 병가, 무단, 기타, 출석인정 등의 항목으로 나눠 기록함 • 담임용출결통계: 연간 학급의 출결 현황을 한눈에 알아볼 수 있도록 정보가 제공됨

(3) 학생생활

학교생활기록부에 기록되는 다양한 학생생활 결과를 입력하는 메뉴다. 학급에서 이루어지는 교육과정에는 교과학습, 창의적 체험활동, 스포츠클럽, 각종 대회, 진로교육 등 다양한 활동이 있다. 이러한 다양한 활동 중 학교생활기록부에 반드시 기록되어야 하는 사항을 정리할 수 있는 메뉴다.

구분	세부내용
창의적 체험활동	• 자율·동아리활동 누가기록: 개정 교육과정에 따른 창의적 체험활동 중 자율·동아리활동과 관련된 이수시간 및 활동내용을 기록함 • 봉사활동 누가기록: 개정 교육과정에 따른 창의적 체험활동 중 봉사활동과 관련된 이수시간 및 활동내용을 기록함 • 진로활동 누가기록: 개정 교육과정에 따른 창의적 체험활동 중 진로활동과 관련된 이수시간 및 활동내용을 기록함 • 학생부자료기록: 개정 교육과정에 따른 창의적 체험활동 관련 학생부자료를 기록함
학교스포츠클럽 관리	• 학교스포츠클럽 학생부자료기록: 교내에서 실시하는 스포츠클럽 이수시간 및 활동내용을 기록함 • 학교스포츠클럽 학생부자료 조회: 교사가 기록한 스포츠클럽 관련 정보가 제시됨
수상 경력	• 학급별 수상 관리: 연간 학생의 수상 내역과 관련한 정보가 제공됨
진로희망사항	• 진로희망사항: 학생의 특기, 진로희망, 진로희망을 위해 노력하는 사항 등을 기록하며 5학년 이상의 학생을 대상으로 작성한다.
행동특성 및 종합의견	• 행동특성 및 종합의견: 학교생활기록부에 반영되는 행동발달사항을 기록함 • 행동특성 및 종합의견 조회: 교사가 기록한 학생의 행동발달사항에 대한 정보가 제공됨
국가학업성취도	• 평가결과 조회: 학생별 국가학업성취도 결과 정보가 제공됨 • 정보공시근거자료 조회: 학교 전체의 과목별 우수학력, 보통학력, 기초학력, 기초학력미달 인원수 정보가 제공됨
국가학업응시현황	• 응시자 제출정보등록: 학업성취도 응시대상자에 대한 기본 정보를 기록함 • 응시현황통계: 학급별 학업성취도 응시현황과 관련된 정보가 제공됨

(4) 성적

학생 성적을 기록하는 메뉴다. 수행 평가 결과를 기록할 수 있으며 학기 말에 교과별 성취수준을 줄글로 풀어서 기록할 수 있다.

구 분	세부내용
학생 평가	• 교과 평가: 각 교과 및 영역별 평가결과를 '우수, 보통, 노력 요함'의 3단계로 기록함 • 학기말 종합의견: 학기말 각 교과별 성취수준을 학생별로 줄글로 풀어 기록함 • 교과학습발달상황: 교사가 기록한 교과별 종합의견 정보를 확인함
성적 조회	• 개인별성적 조회: 각 교과 및 영역별 평가를 개인별로 일괄적으로 확인함 • 교과별성적 조회: 각 교과별 성적을 일괄적으로 확인함
학업성취도	• 수행 영역 분석표: 학부모가 수행 평가 영역을 확인할 수 있도록 학생 평가 내용을 학부모서비스에 반영함(나이스는 일부 내용을 학부모가 인터넷으로 열람하여 확인할 수 있도록 연동되어 있다)

(5) 학생부

학교생활기록부 내용을 확인하고 출력할 수 있는 메뉴다. 학교생활기록부에 기록되는 내용은 학적, 학생생활 등의 메뉴에서 작성되며 학생부 메뉴에서는 이미 다른 카테고리에서 작성된 자료를 가져와 오류를 확인하고 반영하는 활동을 한다.

구 분	세부내용
학교생활기록부	• 자료검증: 학교생활기록부에 제시되는 다양한 정보의 오류 여부를 확인함 • 개인별 조회: 나이스에 교사가 기록한 다양한 학교생활기록부 내용을 학생 개인별로 확인함

정정대장 관리	• 정정대장작성: 학교생활기록부에 변동사항이 있거나 수정사항이 생기면 정정대상작성을 통해 수정함(학교생활기록부 수정은 별도의 협의회를 거쳐 승인을 받아야 수정 가능) • 정정대장 조회: 교사가 작성한 정정대장을 확인함
생활통지표	• 통지표자료 반영 및 마감 관리: 생활통지표에 들어가는 학생 출결, 행동발달사항, 교과별 종합의견 정보를 확인 후 최종 반영함 • 종합일람표: 학급별 모든 학생의 통지표 관련 내용을 한눈에 확인할 수 있음

(6) PAPS

PAPS란 학생건강체력 평가시스템의 줄임말로 학생의 체력지수를 평가하고 기록하는 메뉴다. 크게 심폐지구력(오래달리기), 유연성(앉아 윗몸굽히기), 근력·근지구력(악력), 순발력(50m달리기), 비만(키, 몸무게) 등의 정보를 기록한다.

구 분	세부내용
측정결과 입력	• 학급별 필수 평가 입력: 심폐지구력(오래달리기), 유연성(앉아 윗몸굽히기), 근력·근지구력(악력), 순발력(50m달리기), 비만(키, 몸무게) 정보를 기록함 • 개인별 평가 입력: 개인별로 필수 평가를 기록함
평가결과 조회	• 학급별 조회: 학급별로 PAPS 필수 평가 기록정보를 확인함 • 종목별 조회: 종목별로 PAPS 필수 평가 기록정보를 확인함 • 개인별 조회: 개인별로 PAPS 필수 평가 기록정보를 확인함 • 개인별 이력 조회: 개인별로 매 연도의 PAPS 기록정보를 확인함
통계 및 현황	• 등급 / 점수통계: 학년별로 필수 평가 항목에 대한 1~5등급까지의 인원수 정보를 제공함 • 측정기록통계: 필수 평가 항목의 측정기록에 대한 학생의 평균값 정보를 제공함

(7) 보 건

건강기록부를 작성하고 확인할 수 있는 메뉴다. 학생 인적 사항, 예방접종 상황,

키 · 몸무게, PAPS 자료 등을 기록할 수 있으며 최근에는 학생의 정서발달과 관련하여 ADHD 검사나 인터넷 중독 등의 검사 결과를 기록할 수 있다.

구분	세부내용
표본학생 관리	• 소아발육표준 조회: 성별로 구분 지어 각 키별 표준체중, 비만체중에 대한 정보가 제공됨
건강기록부 관리	• 반별등록: 학생 인적 사항, 예방접종사항, 키 · 몸무게, PAPS 자료를 기록함 • 항목별등록: 학생 인적 사항, 예방접종사항, 키 · 몸무게, PAPS 자료를 항목별로 기록함
건강기록부 정정대장 관리	• 정정대장등록: 건강기록부에 변동사항이 있거나 수정사항이 생기면 정정대장작성을 통해 수정함(건강기록부 수정은 별도의 협의회를 거쳐 승인을 받아야 수정 가능)

(8) 체 육

학교교육과정에서 운영된 스포츠클럽 활동 내용을 기록할 수 있는 메뉴다.

구분	세부내용
학교스포츠클럽 관리	• 학교스포츠클럽종목 조회: 학교에서 시행가능한 스포츠클럽이 코드화되어 제시됨(검도, 골프 등 111여 가지 항목) • 학교스포츠클럽 관리: 학교스포츠클럽 구성원 및 지도교사 등에 대한 정보가 제공됨 • 활동내역 관리: 학교스포츠클럽의 참가일시와 인원, 시간, 내용 등을 기록함

(9) 교원능력개발 평가

교원 평가와 관련된 자료를 입력하는 메뉴다. 정확한 평가를 위해 교사의 교육활동 소개자료를 등록할 수 있으며 이에 따라 자기 평가를 실시할 수 있다. 이 외에도 동료교원을 평가할 수 있는 항목이 있으며 후에 이러한 평가결과를 세부적으로 확인할 수 있다.

구 분	세부내용
평가개요	• 교육활동소개자료 등록: 동료교원, 학생, 학부모가 볼 수 있는 교사 교육활동소개자료를 기록함(학급운영 계획, 업무 계획 등을 자세히 기록)
동료교원 평가	• 자기 평가하기: 교사의 태도, 교사-학생 상호작용 등 10개의 평가 지표 항목을 기준으로 자신을 평가함 • 동료교원 평가하기: 교사의 태도, 교사-학생 상호작용 등 10개의 평가지표 항목을 기준으로 교장, 교감, 동학년교사를 평가함
평가결과	• 나의 평가결과: 교사 자신의 동료 평가, 학생만족도조사, 학부모만족도조사 결과를 확인함 • 개인합산표: 나의 평가결과가 수치화되어 평어 및 점수 정보를 제공함 • 능력계발 계획서 작성: 나의평가결과를 토대로 교사의 우수점 및 개선점을 기록하고 반성함

5. 에듀파인

모든 행정업무와 마찬가지로 학교에서 진행되는 모든 업무도 예산을 기본으로 하여 이루어진다. 한 해 예산에 대한 심의가 이루어지고 그에 따라 예산이 배정되면 교사는 자신이 맡은 업무에 대한 예산만큼 사업을 기획하고 진행할 수 있다. 하지만 예산에 대한 지출은 교사 본인이 하는 것이 아니라 행정실에서 업무를 수행한다. 다만 교사는 이를 진행하기 전에 사업을 계획하고 문서화하여 아래 에듀파인이라는 시스템에서 품의서를 작성해야 한다.

예시자료 9   에듀파인 메인페이지

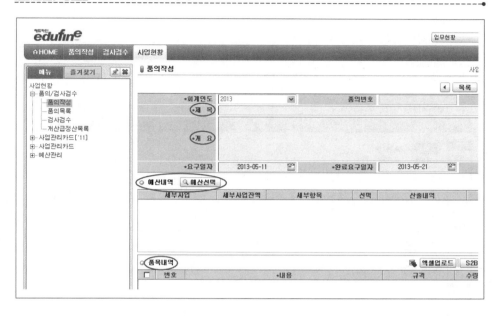

에듀파인에서 예산과 관련한 업무를 처리하는 작업을 품의를 작성한다고 한다. 교사가 품의를 작성해서 관리자에게 결재를 받으면 행정실에서는 이를 확인하여 교사가 품의한 내용대로 예산을 집행한다. 품의 작성 시 제목 및 개요, 그리고 예산을 지출하는 이유에 대해는 간단하고 명료하게 작성한다. 예산내역에서 해당되는 예산을 선택하고 아래 품목 내역에 엑셀파일 등을 활용해서 지출하는 부분에 대해 규격, 수량, 단가 등을 정확하게 기록하면 품의 작성이 완료된다.

6. 업무 관리

업무 관리 시스템은 공문서를 생산하고 접수하는 공간이다. 학생 생활기록부와 관련한 부분을 나이스에서 처리하고 예산과 관련한 부분을 에듀파인이라는 프로그램에서 처리한다면 그 외의 모든 공문처리 및 사무 관리 분야는 업무 관리 시스템에서 수행한다고 할 수 있다. 상부 조직에서 내려오는 공문부터 하부 조직에서 올라오는 공문까지 접수에서 분류, 처리, 생산 등의 모든 업무를 업무 관리시스템에서 진행한다.

예시자료 10 업무 관리 시스템 메인페이지

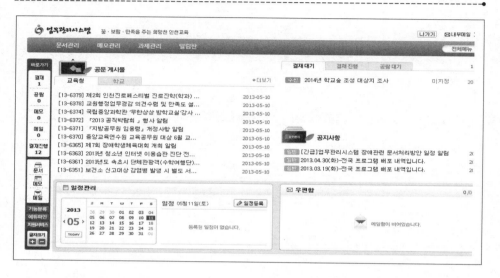

┌─ ● **업무 관리 시스템을 이해하기 위한 간략 용어 정리** ● ─────────────

- **기안**: 공문서를 작성한다는 의미다.
- **공람**: 다른 이도 문서를 열람할 수 있도록 지정해 주는 것이다.
- **결재**: 공문서를 기안하면 결재를 득해야 공문서로서의 효력이 발생한다.
- **발송**: 내부에서 처리하는 공문서를 제외한 외부 처리문서의 경우 결재에서 그치는 것이 아니라 결재가 끝난 후에 발송 버튼을 최종적으로 눌러야 해당 공문서가 외부로 제출된다.

1) 공문서 작성

한해 평균 각 학교당 약 8천여 건이 넘는 공문서가 접수·생산·발송되고 있으며 맡은 직무에 따라 공문서를 처리하는 건수는 다르다. 공문서란 행정기관이나 공무원이 직무상 작성·접수한 문서를 말한다. 교육공무원인 교사 역시 다른 행정

공무원과 마찬가지로 모든 업무를 공문을 작성하고 접수함으로써 수행하기 때문에 공문서 작성과 관련한 기본 원칙을 이해하는 것이 바람직하다.

예시자료7 공문서 기안문 확인

'감사합니다. 고맙습니다.'
인천연수초등학교

1. 수신자: 인천광역시 동부교육지원청 교육장(교수-학습지원과장)
   (경유)

2. 제목: 2013년 초중 융합인재교육 기초직무연수 대상자 신청

3. ① 관련: 동부교육지원청 교수-학습지원과-12755(2013. 6. 5.)호
   ② 2013년 초중 융합인재교육(STEAM) 기초직무연수 대상자를 붙임과 같이 신청
   합니다.

4. 붙임 동나21(연수초)융합인재교육 직무연수 신청서 1부. 끝.

인천연수초등학교장

★교사(초등)　김○○　　　　교장(초등)　　최○○

협조자　교사(초등)　　박○○

시행　인천연수초등학교-6221　　（　　　　）접수　　　　　　（　　　　　）
우 406-811　　　　　　　　　　　　　　　　／　www.yeonsu.es.kr
전화　　　　　　／ 전송　　　　　／　　　　　　／ 비공개(6)

꿈을 주시는 선생님, 끼를 키우는 우리들

- 수신자: 수신자의 경우 공문서를 작성할 때 그 경로를 지정할 수 있다. 따로 글로 작성하는 것이 아니라 일련의 경로를 선택하면 된다.
- 제 목: 제목은 공문서 작성페이지에서 그 내용을 쉽게 알 수 있도록 간단하고 명확하게 기재하면 된다. 제목의 마지막은 길게 늘어뜨리지 않고 보고, 조사, 추천 등과 같이 짧고 간결하게 끝내는 것이 바람직하다.
- 본 문: 본문 첫 줄에는 이 문서를 작성하는 관련 문서를 명시하는 것이 바람직하다. 관련 문서가 있을 경우에는 '1. 관련: 서울특별시교육청 교수-학습지원과-1325(2013.2.15)호.'와 같이 이 문서를 작성하는 이유가 담긴 문서를 작성하여 준다. 만약 관련 문서가 없다면 '~계획 관련입니다.'라고 간단히 일러 주는 것이 좋다. 본문 두 번째 줄에는 이 문서를 통해 전달하고 싶은 내용을 간략하게 적어 준다. 예를 들어, 보고 문서의 경우 '아래와 같이 보고하겠습니다.' 또는 '붙임과 같이 보고하겠습니다.' 등과 같이 간단 명료하게 문서를 작성하는 이유를 기술한다. 그 이하 본문에는 자세한 내용을 기록한다. 내용이 너무 길어질 경우 붙임파일만 첨부하여 파일 제목을 명시하여 주고 그렇지 않은 경우에는 가장 핵심이 되는 내용을 간추려서 보는 이가 어떤 내용의 문서인지를 파악할 수 있도록 작성하여 준다.
- 붙임파일: 붙임파일의 경우 실제 첨부하는 파일의 제목을 그대로 명시하여 주는 것이 바람직하며 총 몇 개의 붙임파일을 첨부하였는지 숫자로 기록하여 주어야 한다. 공문서를 접수하는 사람의 경우 많은 업무를 처리하다 보면 붙임파일을 놓치거나 확인하지 못하는 경우가 생길 수 있어 공문서에는 내가 보낸 내용에 대해 접수자가 쉽게 알아볼 수 있도록 모든 정보를 간략하게 나타내 주는 것이 필요하다. 붙임파일에 대해 기록이 끝나면 꼭 마지막에 '끝.'이라는 단어를 넣어 그 부분까지 접수자가 확인하면 됨을 알려 주는 것이 바람직하다.

(1) 문서 관리

공문서를 작성하고 관리하는 공간이며 모든 공문서를 종합적으로 확인할 수 있는 공간이다. 공문서를 기안하기 위한 다양한 샘플문서가 저장되어 있어 이를 활용하여 공문서를 작성할 수 있다. 또 결재 중인 공문, 공람된 공문, 발송대기 중인 공문, 접수받은 공문, 내가 처리하는 공문, 학교에서 생산되는 모든 종류의 공문 등 다양한 문서를 확인할 수 있다.

(2) 과제 관리

학기 초에 업무 관리 시스템 담당자가 학교업무와 관련된 다양한 과제카드를 만든다. 모든 공문을 한 폴더에 저장할 수 없기 때문에 공문의 성격과 업무 특성에 맞춰 과제카드에 나눠 공문을 분류한다. 과제 관리에서는 내 업무와 관련된 과제를 부여받을 수 있으며 내 업무와 관련한 다양한 공문서를 확인할 수 있다.

(3) 결재 / 결재진행

공문서를 기안했을 경우 수시로 확인해야 하는 부분이다. 대부분의 공문처리의 경우 기안에서 끝나는 것이 아니라 결재가 최종적으로 이루어졌는지 확인해야 하고 이를 통해 업무를 추진해야 한다. 특히 외부문서의 경우 발송처리가 중요한데 새내기 교사의 경우 발송처리의 중요성 및 개념을 이해하지 못해 업무를 그르치는 경우가 많다. 공문서는 제출 기한이 명시되어 있어 그때까지 업무를 마감하지 못하면 일처리가 어려워진다. 새내기 교사의 경우 공문서를 잘 작성하여 최종결재까지 득하였는데 발송처리를 누르지 않아 외부로 문서를 제출하지 못해 학교평가에서 나쁜 점수를 받는 경우가 종종 있다. 업무를 담당하는 교사는 결재상태, 발송상태를 꾸준히 확인하여 업무가 성공적으로 마무리될 수 있도록 신경 써야 할 것이다.

(4) 공문게시물

학교 내부에서 생산된 문서를 제외한 나머지 문서를 확인할 수 있는 공간이다. 흔히 교육청이나 교육청 관련 기관, 교육부 등에서 기안한 문서를 확인할 수 있다. 대개 업무와 관련된 문서는 해당 업무담당자에게 바로 전해지지만 공문게시물에만 나와 있고 실제 담당자에게 전해지지 않는 공문서도 있다. 따라서 업무 담당자는 이 게시물 공간을 잘 확인하여 학교 업무가 원활히 진행될 수 있도록 업무를 처리해야 한다.

7. 학교 내 업무 파악하기

교사의 업무는 학생과 관련한 영역, 나이스와 관련한 영역 외에도 대개 에듀파인 시스템과 업무 관리 시스템에서 이루어지는 일반 행정 업무와 관련한 부분이 있다. 학교 내에서 교육과정을 운영하기 위해서는 다양한 업무를 진행해야 하며 이를 효율적으로 관리, 진행하기 위해 적절한 업무분장 및 조직구성이 필요하다. 다음 내용을 통해 제시된 신규교사 및 예비교사는 학교에서 운영되고 있는 다양한 업무를 확인해 봄으로써 사전 교육기관에서 배우기 힘든 교육현장 업무의 실제를 확인하여 학교 업무의 전반적인 흐름을 이해해야 한다. 학교 내 업무는 해당 학교의 교육과정 운영상 차이 때문에 학교마다 다른 형태로 조직되어 운영된다. 다음은 기본적인 업무 분장의 형태를 기록한 것으로, 예비교사에게는 학교가 어떤 흐름으로 운영되고 있는지 분위기를 살펴볼 수 있는 자료가 된다.

1) 교무부

구 분	세부내용
교무기획	교무일반, 교육과정운영, 교직원포상, 각종위원회, 인사자문위원회, 학교경영 평가, 학교자율화, 학부모단체, 학예회 등 학교 업무 전반에 걸쳐 주요업무를 도맡아 진행함
특수교육	특수학급 운영 및 특수교육과 관련한 업무를 도맡아 진행하며 대개 특수학급 교사가 업무를 맡음
정보공시	인터넷에 제공되는 학교 정보공시 자료와 관련된 업무를 맡으며 업무량이 많지 않아 교무부에서 주관하는 기초업무 등을 따로 배정받아 처리함
방과후학교	방과후 학교 기획 및 강사 관리 등의 업무를 맡으며 최근 방과후 학교에 대한 관심이 높아짐에 따라 업무량이 증대함
학 적	NEIS 운영과 학적과 관련한 업무를 수행함

돌봄교실	맞벌이 학부모의 경우 학생을 늦은 저녁까지 보살피는 데 어려움이 있어 학교차원에서 돌봄교실을 운영하여 어려움을 해소해 주고 있으며 이와 관련한 업무를 수행함
교과서	교과서 및 교사용 도서 출납과 관련한 업무를 수행하며 업무량이 많지 않아 교무부에서 주관하는 기초업무 등을 따로 배정받아 처리함
행사, 홍보	각종 교내외 행사를 주관하며 학교 홍보와 관련하여 학교신문 및 포스터 제작, 게시판 관리 등의 업무를 수행함
진학	6학년 총책임을 맡으며 중학교 진학 및 졸업업무, 예비중학생제도 운영 등과 같은 업무를 맡음

2) 연구부

구 분	세부내용
연구기획	연구일반, 현장연구, 장학협의회, 연수, 장학, 동호인활동, 교과연구회, 교원 평가, 공개수업 등 교사의 자기계발과 평가, 연구와 관련된 전반적인 업무를 맡아 진행함
학력향상	학력향상을 위한 자료 제작 및 학력 평가 업무를 맡으며 추가적으로 학습부진아와 기초학력자에 대한 지도 및 관리와 관련한 업무를 수행함
영어교육	영어교육 및 어학실 관리, 원어민과 영어회화전문강사와 관련된 업무를 수행함
도서관	도서관 운영 관리, 독서교육 및 행사 진행 등과 관련한 업무를 수행함

3) 교육정보부

구 분	세부내용
정보기획	컴퓨터실, 시청각기기, 정보기기 관리, 하드웨어 구입 및 관리, 정보연수 등 교내외에서 진행되는 정보 관련 전반적인 업무를 맡아 진행함
정보시스템	학교홈페이지 관리, 잉크·토너 등 전산소모품 관리, 소프트웨어 구입 및 관리 등 정보 관련 업무 중 규모가 작은 업무를 맡아 진행함
방송	학교방송 및 방송기자재 관리, 방송부 운영 등 방송 전반에 걸친 업무를 수행함

4) 윤리생활부

구 분	세부내용
윤리기획	윤리일반, 인성교육, 배움터지킴이 업무, 재난대비교육, 청렴 및 공직기강, 학교폭력과 관련된 업무를 수행하며 최근 공무원 윤리의식과 학교폭력에 대한 사회적 관심이 커져 많은 업무를 맡아 진행함
향토애호	향토애호교육, 효교육, 이웃돕기 등과 같이 학생의 사회성을 기르는 활동을 업무로 맡아 수행함
진로교육	진로교육 및 학급·전교어린이 회의 업무를 맡아 수행함
생활지도	안전교육, 교통안전교육, 녹색어머니회 등의 업무를 맡고 있으며 추가적으로 교내외 생활지도와 관련된 업무를 맡아 수행함

5) 과학부

구 분	세부내용
과학기획	과학일반, 과학실 운영, 과학행사, 교내에서 진행되는 각종 과학대회 등 과학과 관련된 업무 전반을 맡아 진행하고 있으며, 특히 4월 과학의 달의 경우 전체적인 운영 계획을 수립하여 진행함
영재교육	영재, 창의성, 발명 등 과학적인 사고력을 높일 수 있는 다양한 업무를 맡아 수행함

6) 체육환경부

구분	세부내용
체육기획	체육일반, 체육행사, 체육시설 관리, 각종 체육대회 참가, 체육동아리, 청소년단체 등의 업무를 맡아 진행하고 있으며 최근 학교스포츠클럽 활성화 및 동아리 활성화 등 학생의 자발적이고 활동적인 프로그램 조성에 대한 분위기가 높아짐에 따라 많은 업무를 맡아 수행함
환 경	환경교육, 환경미화, 경제교육과 관련된 업무를 맡아 수행함
대회지도	각종 체육대회지도 및 체육 기자재 관리 등의 업무를 수행함
보 건	보건교육, 건강검사, 체질검사, 성교육, 양성평등교육, 건강기록부 관리 등 보건과 관련된 전반적인 업무를 수행하며 주로 보건교사가 업무를 맡아 진행함
학교급식	학교급식업무, 급식실 관리, 영양교육 및 관리 등의 업무를 수행하며 영양교사가 업무를 맡아 진행함
컵스카우트	교내 청소년단체 업무를 맡아 진행하며 스카우트 외에도 학교별로 다양한 청소년단체가 구성되어 있음
걸스카우트	

7) 행정실

구분	세부내용
행정업무	추가적으로 행정실에서 주관하는 행정업무를 간단하게 제시하면 교사가 수행하는 교육 관련 행정업무 외에 모든 업무를 맡아 진행함. 크게 재정과 관련된 분야로 학교회계, 급여, 수납 등의 업무가 있으며 시설과 관련된 분야로 학교 방호, 시설 및 수목 관리, 소방설비 관리 등의 업무가 있음. 또 서무와 관련된 분야로 일반서무, 제증명, 서류발급 등의 다양한 업무를 맡아 진행하며 교사와 유기적인 관계를 맺어 상호 업무를 지원함

8. 학급조직 구성 평가하기

체크리스트는 자신의 현재 상태를 파악할 수 있는 가장 기본적인 자료이자 스스로 피드백을 할 수 있는 기초 자료로서의 역할을 한다. 앞에서 얘기한 다양한 학급사무에 대해 이해하고 이를 관리할 수 있는 자신만의 방법을 만들었는지 스스로 판단해 보자.

항 목	그렇다	보 통	아니다
1. 학생과 관련된 다양한 사무를 이해하고 있는가?			
2. 학기 초에 필요한 학생기초정보 관련 사항을 숙지하고 준비하였는가?			
3. 학생교육 평가와 관련한 교사 자신만의 운영 계획 및 기록물을 준비하였는가?			
4. 학생 기록물을 관리하는 자신만의 방법을 생각해 보았는가?			
5. 공문서 작성하는 방법에 대해 이해하고 실제 샘플을 작성할 수 있는가?			
6. 나이스에서 이루어지는 업무에 대해 이해하고 있는가?			
7. 업무 관리 시스템의 메뉴를 이해하고 있는가?			
8. 학교에서 이루어지는 다양한 업무를 이해하고 있는가?			
9. 교사의 적성에 가장 적합한 행정업무를 고려해 보았는가?			

질문에 대한 자신의 대답을 주의 깊게 검토한 후 다음에 답하시오.
➡ 앞으로 개선할 사항은?

➡ 잘된 점은?

학습과제 및 실천활동

1. 학생에 대한 기본정보를 파악할 수 있는 다양한 질문에 대해 고민해 보고 이를 바탕으로 학습지를 작성하여 보자.
2. 학생 기록물 관리의 경우 정형화된 틀이 없기에 교사의 교육관에 맞춘 재량으로 진행되고 있다. 교사로서 자신의 학급경영목표를 이해하고 학생 기록물에 대한 자신의 활용방안 및 처리방안을 생각해 보자.
3. 나이스, 에듀파인, 업무 관리 시스템의 기본 성격을 이해하고 다양한 사무 관리의 경우 어느 시스템을 활용하는 것이 바람직한지 고민해 보자.
4. 학교 내 일반 행정업무에 대해 이해하고 자신의 적성 및 전공에 맞는 행정업무를 생각해 보자.
5. 자신이 행정업무의 한 부서장이라고 가정해 보자. 자신이 학교교육과정 운영에서 특색 사업을 진행해야 할 위치에 있다면 어떠한 사업을 진행하는 것이 자신의 교육관에 맞는 사업이 될지 이야기해 보자.

참고문헌

교육과학기술부, 한국교육학술정보원(2013). 나이스 교무업무 사용자 설명서.
교육과학기술부, 한국교육학술정보원(2009). 학교회계시스템 메뉴얼.
서울교육연구정보원(2011). 서울교육 교직실무편람.
조동섭, 이승기, 송윤선, 이현석, 장수진, 나인애, 박선주, 안병천(2008). 새내기 교사가 알아야 할 교직실무 100가지. 파주: 교육과학사.

제12장

학부모와의 관계 형성하기

나는 3월에 신규 임용된 새내기 교사다. 3월 4일 5학년 7반 아이들과의 첫 만남을 가졌다. 학생 실태 파악은커녕 아직 학생의 이름과 얼굴도 익히지 못했는데, 3월 15일 학부모 총회, 3월 25~29일 학부모 상담주간이 계획되어 있다.

대학에서 학부모상담과 교육에 관한 강좌를 듣기는 했는데, 학부모 총회와 상담을 어떻게 준비해야 할지 난감하다. 5학년 학부모는 나보다 나이가 많을 것이고, 벌써 4번 이상의 학부모 총회 경험과 상당수의 학부모상담 경험이 있을 것이다.

걱정이 되어 동학년 선생님께 여쭈어 보았더니, 어떤 선생님께서는 학부모와의 관계는 불가근불가원(不可近不可遠)이라고 하시고, 어떤 선생님께서는 안 그래도 어린데 우유부단하게 보이면 1년 동안 학부모에게 휘둘린다고 하신다. 경력이 10년이 넘는 선생님께서도 학부모와의 관계는 갈수록 더 어렵다고 하신다.

학부모를 어떻게 맞이해야 할지, 어떤 말을 해야 할지, 어떤 것을 준비해야 할지, 학생에 대해 어떻게 이야기해 주어야 할지 고민이다. 교사로서 학부모와의 만남과 상담을 어떻게 준비해야 할까?

〈안강민, 제일초등학교 교사, 교직 경력 1개월〉

학교에서 교사가 학생을 전담하여 교육하기 이전부터 자녀교육의 일차적인 주체는 학부모였고, 학생 교육에 영향을 미치는 중요한 변인 중 하나가 부모의 자녀에 대한 관심과 노력이다. 학교교육이 가정교육과 조화를 이룰 때, 학교교육목표가 구현될 수 있다. 학급활동과 교육이 원활하게 이루어지기 위해서는 교사와 학부모의 상호 신뢰와 협력이 필수적이다.

효과적인 학급경영을 위해서는 학부모와 긍정적 관계를 형성하고 신뢰를 얻는 것이 중요하다. 교사와 학부모는 학생 교육을 위해 서로 도움을 주고받는 관계가 되어야 하고, 자연스러운 만남을 통해 학생의 교육문제를 함께 고민하고 나누어야 한다. 이를 위해 교사는 교사와 학부모 관계의 특성, 학부모 교육활동 참여의 의의 및 영역, 학부모와의 상담 및 의사소통 방법을 숙지하고, 전문성을 지니고 있어야 한다.

특히 학부모에게 신뢰감을 주기 위해 학부모 총회, 학부모 공개수업, 학부모상담은 매우 중요하다. 따라서 학부모 총회와 공개수업, 학부모상담의 준비방법과 유의점을 정확히 알고 학급 특성에 맞게 전략적으로 접근해야 한다.

1. 교사와 학부모 관계의 특성

교사와 학부모와의 관계는 학생을 매개로 하고 만남을 전제로 한다. 학생이 입학하거나 진학하면서 새로운 담임교사를 만나게 되고, 이때 비로소 담임교사와 학생의 부모는 교사와 학부모라는 관계가 형성된다. 교사와 학부모 관계의 특성을 구체적으로 살펴보면 다음과 같다(조동섭 외, 2008). 첫째, 교사와 학부모의 관계는 직접적 관계라기보다는 학생을 매개로 한 간접적 관계다. 교사는 학부모로부터 권한을 위임받아 학생을 직접적으로 대면하며 인격적인 영향을 끼치게 되고, 동시에 이를 통해 학부모와 관계를 형성하게 된다. 둘째, 교사와 학부모와의 관계는 불완전한 정보를 토대로 하는 관계다. 교사는 학부모의 성격, 학식, 교양 등에 관한 정보를 충분히 얻을 기회가 없기 때문에 학생이 학부모로부터 어떻게 교육받고 영향을 받는지 알기 어렵다. 부모 역시 자녀가 교사로부터 어떻게 지도를 받는지에 대한 정보를 충분히 가지고 있지 못하다. 이러한 관계에 따라 자칫 불신이나 오해가 생길 가능성이 있다. 셋째, 교사와 학부모의 관계는 학급의 편성에 따라 일정기간 동안만 유지되며, 학생의 학년 진급, 졸업 등으로 단절되는 단기적 관계다. 따라서 교사와 학부모 모두는 자기책임과 의무를 소홀히 할 가능성이 있다.

2. 학부모 교육활동 참여의 의의

학부모의 교육활동 참여는 학부모가 학교와 의사소통을 하면서 학부모 교육, 수업참관, 자원봉사, 학교행사 등 다양한 활동 등에 협력·지원·자문·조언하고, 나아가 학교의 중요한 의사결정에 영향을 미칠 의도로 직접·간접적으로 관여하는 것으로 정의할 수 있다. 학부모는 학교교육에 대한 직접적인 이해당사자로 학교 현장에서 교사의 역할을 보완하고, 협력·지원하여 교육적 효과를 높이고 학교교육에 대한 책무성을 제고하기 위하여 학교교육에 대한 참여가 필요하다(조동섭 외, 2009). 학부모가 학교교육에 참여하면 교육활동의 협조자로서 교사의 입장을 공감하는 기회를 가질 수 있다. 이러한 참여가 학급 전체는 물론 그 자녀에게도 도움이 되는 일이므로 적극적으로 학부모 자원을 활용할 필요가 있다. 학교교육에 학부모 자원을 활용하기 위해서는 다음과 같은 학부모 교육 참여 방법을 고려할 수 있다(박남기, 김근영, 2007; 조동섭 외, 2009).

1) 학습지도자로서의 참여

학부모는 자신의 자녀에 대한 학습지도자로서 학습내용의 보충 또는 심화에 실질적으로 중요한 영향을 미칠 수 있다. 학교에서는 학습과제 정책의 수립, 과제의 도달 목표, 수립 절차, 시간, 지도방법, 학교의 과제 평가 등에 대한 사항을 학부모에게 지도하고 자원으로 활용할 수 있다.

2) 일일교사로의 참여

어버이날과 스승의 날과 같은 특별한 날에 일일교사제를 실시함으로써 학부모 자원을 활용할 수 있다. 참여 방법은 특정 주제에 대해 학부모를 선정하여 수업을 의뢰하거나, 교과별로 특정 교과내용에 대해 전문적인 지식을 가진 학부모를 초빙하여 수업을 의뢰할 수 있다.

3) 봉사자로서의 참여

초등학교에서는 교실청소, 급식봉사, 녹색어머니회 봉사, 도서관 사서 도우미 봉사, 체육행사 및 과학행사 시 교육기부 등과 같은 봉사자로서 학부모를 참여시킬 수 있다. 학부모의 자원봉사를 받으면 교육활동의 협조자로서 교사의 수고를 공감하는 좋은 기회가 될 수도 있다. 그러나 학부모의 학부모가 반강제적인 당번제로 교육기부에 참여할 경우는 강한 거부감을 가질 수 있으므로 학부모의 자발성과 자율성에 근거하여 학부모의 교육기부를 운영할 필요가 있다.

4) 학교교육 정책결정자로서의 참여

최근 학교운영위원회가 운영되면서 학부모는 학부모위원으로서 학교운영의 내용과 방법을 결정하는 중요한 역할을 담당하고 있다. 학부모위원은 학부모 전체회의에서 직접 선출된다. 학교운영위원회에서는 학교목표 설정, 교육과정, 교원인사, 학교재정, 기타 영역에 대한 심의 권한을 가지고 학교발전기금 조성·운영에 관한 사항을 심의·의결한다.

3. 학부모 총회

학생과의 첫 만남이 중요하듯 학부모와의 첫 만남도 중요하다. 학부모와의 관계에서는 신뢰감이 중요한데, 이러한 신뢰감을 줄 수 있는 첫 만남이 바로 학부모 총회다. 학부모 총회는 3월 중순에 학교에서 날짜와 일정을 정해 주고 가정통신문을 보낸다. 학급담임교사는 가능한 한 많은 학부모가 참석할 수 있도록 다시 한 번 날짜와 시간을 학생에게 공지해 주는 것이 좋다. 학부모 총회는 교사가 수립한 학급경영 계획을 알리고 학부모의 요구사항을 수렴하여 반영하는 시간이며, 학급운영방향에 대한 공감을 얻고 협조를 구하는 기회가 될 수 있다.

1) 준 비

(1) 학급안내 자료 보내기

학부모 총회가 시작되기 전 많은 교사가 새 학년을 시작하면서, 1년간의 학급운영 계획을 가정통신문 또는 학급안내장 형태로 가정에 보낸다. 미리 보내는 유인물은 학부모 총회에 참석하지 못하는 학부모에 대한 배려가 되기도 하고, 학부모 총회에 참석하시는 학부모께 담임교사를 미리 소개하는 배려이기도 하다.

예시자료 1 학급안내 자료 항목 예시

〈○○초등학교 ○학년 ○반 학급안내 자료〉

- 학급특색
- 우리 반 친구들
- 선생님 소개 및 교육관 안내
- 선생님 연락처
- 시정 운영 계획표
- 학급활동 준비물(학습용품, 사물함에 보관할 물건)
- 학급활동 안내(요일별 숙제, 아침자습, 일기와 독서지도)
- 학부모님께서 도와주실 일

최근에는 학급안내 자료에 다양한 아이디어를 적용해서 브로슈어 형태의 학급안내 자료, 담임교사의 편지 형태의 학급안내 자료 등을 보내기도 한다.

(2) 학부모 총회 준비 자료 제작하기

학부모 총회 준비 자료는 학부모 총회에서 학부모에게 학급경영 계획을 소개하고 학부모 교육을 할 수 있는 프레젠테이션 자료를 말한다. 학부모 총회 식순에 따라 학급안내 자료의 내용에 가정학습지도 방법, 건의사항의 내용을 포함한다. 그밖에 아이의 가정학습 및 생활지도를 위한 자료를 제시하고 교육한다. 예를 들어, 인터넷 사용 지도방법, 경제교육, 등하교시 교통안전지도, 성교육방법 등이 있다.

학부모 총회 준비 자료 예시

우리 반 친구들

담임소개

- 이름 : 000
- 00교대졸업
- 00대학원졸업
- 교육총경력: 0년 0개월
- (00초, 00초, 00초) 근무

임원 선출 및 안내사항

- 학부모회 – 3명 이상 – 3시40분 급식실
- 도서어머니회 – 2명 – 다음주 수요일
- 녹색어머니회 – 2명 – 3시40분 급식실

담임 교육관

- 학습적 측면:

- 인성적 측면:

- 심동적 측면:

우리 학급 노력중점

🔹 학급특색사업1
- 자연 친화 활동을 통한 바르고 고운 마음 가르기
(1인 1식물 가꾸기, 친환경 교육활동 ...)
🔹 학급특색 사업2
- 인천e스쿨을 통한 자기주도적 학습능력 신장
인천e스쿨 회원가입 및 학습하기(수학)
🔹 학급특색사업3
- 학교생활 신용마일리지 운영 및 등급에 따른 권한 부여
(효도, 독서, 자기주도적 학습, 발표, 숙제, 준비물, 협동, 태도, 봉사 등)

아침자습 운영 계획

- 월: 독서
- 화: 영어공부
- 수: 책 읽어주는 어머니
- 목: 줄넘기
- 금: 창의성 학습

일기와 독서록 지도

- 일기: 주 3회 이상 작성, 검사는 여자 화요일, 남자 수요일

- 독서기록장: 주 1회 검사, 검사는 목요일

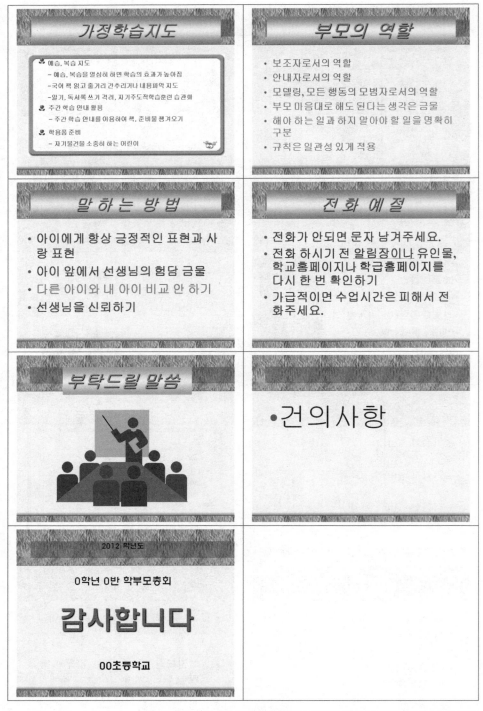

출처: 검단초등학교 안병천 선생님의 학부모 총회 학급경영 소개자료(1학년)

┌─ ● 기타 학부모의 관점에서 세심한 준비사항 ● ─────────────┐

　학부모 총회에 참석한 부모님을 배려하고 의미 있는 시간이 되도록 하기 위해서 여러 가지 세심한 준비를 하기도 한다.

- 복도나 칠판에 미리 좌석표를 부착하고 자녀의 자리에 앉아 보도록 하는 방법이 있다. 학부모의 자녀가 앉아서 공부하는 자리가 어디인지 알고 자녀 입장에서 선생님을 어떤 시선으로 공부하고 있는지 느껴 보는 좋은 방법이다.
- 책상 위에는 학급안내자료를 한 부씩 인쇄하여 올려 두는 것이 좋다. 학급안내자료와 함께 어머니께 보내는 편지 또는 올해의 각오 등의 자녀 편지를 함께 올려 두면 좋다.
- 책상 속에 올해 공부할 새로운 책을 넣어두게 하고 학부모가 오시면 책을 꺼내서 한 번 살펴보시도록 하는 방법이 있다. 내용을 보고 난 후 담임교사가 교육과정 등에 대한 이야기를 하면 이해를 도울 수 있다.
- 칠판에 학부모 총회 일정을 써 주는 것이 좋다.

└───┘

2) 진 행

(1) 학부모 맞이하기

　앞으로 학부모와 원활한 관계를 지속하기 위해서는 학부모를 맞이할 때 적극적으로 대화하는 방법이 좋다. 다과를 준비하는 것도 자리를 편안하게 만드는 방법이 될 수 있다. 총회가 시작하기 전까지는 부담 없는 대화를 나누고, 편안한 분위기에서 학부모끼리도 서로 인사하도록 유도한다.

(2) 학급활동 안내 및 학부모 교육하기

　준비해 두었던 자료로 학급활동을 안내하는데, 신뢰를 줄 수 있고 전문성이 느껴질 수 있도록 이야기를 전달한다. 중요한 점은 교사의 교육관과 1년간의 학급운영을 어떻게 할 것인지 정확하게 전달하는 것이다. 그리고 학급경영 계획에 대한 공감과 차이를 살피고 차이가 있다면 이를 반영하도록 한다.

　초임교사가 학부모 총회를 운영하다 보면 학부모 교육에 소홀하기 쉽다. 하지만 학교에서 교육하도록 내린 지침을 정확하게 전달하는 일과 학급활동 참여나 가정에서의 자녀지도 방법에 대한 교육은 매우 중요하다. 학부모 교육에서도 전문성 있게 준비를 해서 자신 있게 교육해야 한다.

예시자료 3 학부모 총회 시 담임 프로그램 예시

2013 우리 학급 교육목표 및 특색사업

- 교육목표: 밝고 맑은 품성을 지닌 예절 바른 어린이
- 특색사업: 기본생활 습관의 정착
- 노력중심
  - 자기가 맡은 일 열심히 하기
  - 책 즐겨 읽기
  - 친구를 사랑하는 마음 갖기
  - 질서 잘 지키기

담임의 학급경영 비전	
생활지도 면	학습지도 면
• 기본규칙과 질서 잘 지키기 • 역할과 책임 의식 고취 • 친구를 배려하는 마음가짐 • 환경을 사랑하는 마음 갖기 • 친구의 장점 찾아 칭찬하기 • 하교 시간에 맞추어 돌아오지 못할 때 미리 부모님께 허락 받기 • 안전사고 방지 -등하교 안전 8시 30~40분에 학교 도착 -교통 규칙 잘 지키기	• 가정 학습과제 관리 -바르게 글쓰기 지도(자세, 연필 잡는 법) -숙제 검사(예습 복습과 함께 중요 과제) • 자율 학습 능력 신장 • 예습 복습 철저(기본 숙제로 생각) • 준비물 잘 갖추기 • 발표력 신장 • 학습 결과에 대한 칭찬과 격려 • 제시간의 학습량을 제때 처리하기 • 의문 나는 점은 함께 고민하여 해결하기

학부모님께 요구하고 싶은 사항

- 자녀에게 모범이 될 수 있는 행동을 합시다(어머니처럼 부지런하라).
- 자녀에게 독서하는 모습을 보여 줍시다.
- 주간학습과 알림장을 잘 살펴보고 적절하게 학습 과제를 확인해 주십시오.
- 자녀의 말만 믿고 행동하지 맙시다.
- 수업 시간 중 전화 문의를 자제해 주세요(방과후, 하루 전, 같은 반 학부모와의 정보 교환).
- 아무리 화가 나도 아동 앞에서 담임의 험담을 하지 맙시다.
- 감시자가 아닌 어머니의 역할을 해 주세요(관심).

기타 사항

당일 학급 각종 어머니회 선출 내용: 학부모회 (2명이상) / 독서어머니회 (4명) / 녹색어머니회(1~3학년: 학급당 8명, 4~6학년 학급당 6명 이상)

출처: 목향초등학교 남해진 선생님의 학부모 총회 담임프로그램 자료(5학년)

(3) 학부모 단체 임원 조직하기

학부모 총회에서는 녹색어머니회, 도서어머니회, 학부모회 등의 학부모 참여가 필요한 단체에 참가할 분을 정하는데, 학급마다 몇 명씩의 인원이 참여하도록 권장한다. 이때 담임교사는 학부모의 학교교육 참여의 중요성에 대해서 설명하고 자발적인 참여를 유도한다.

3) 학부모 실태 파악 및 학급경영 계획에 반영

학부모 총회를 통해 전반적인 학부모 실태를 파악하고, 요구사항을 수렴하여 학급경영 계획에 반영해야 한다.

예시자료 4 학부모 실태 파악 예시

실 태	교육과제
• 자녀에 대한 과잉보호 및 자녀교육에 대한 기대 심리가 강함	• 신뢰받는 교육활동을 전개를 위한 학급교육활동 홍보
• 학교교육에 대한 신뢰감이 있으나 자녀 중심적인 경향이 있음	• 교육과정운영의 내실화와 통신문으로 학부모 교육 실시
• 자녀의 소질 계발에 적극적이고 다양한 체험학습을 원함	• 교육과정과 연계하여 1인 1특기 신장 지도 및 자기주도적인 학습방법 학습 강화
• 가정 학습의 조력자로서의 역할 수행이 잘 이루어지는 편임	• 홈페이지 및 SNS 운영으로 학부모와의 소통 강화
• 엄격한 예절, 인성교육을 바라면서도 체육, 학예와 특히 지식교육도 강조함	• 기초학력 충실히 다지기
• 맞벌이 가족의 증가로 방과후에 방치되는 학생이 있음	• 학부모 학교교육 참여 기회 확대
	• 생활지도와 안전지도 프로그램 운영 및 내실화

출처: 검단초등학교 안병천 선생님의 학부모 실태 파악 자료(6학년)

┌─ ● 학부모 총회 시 유의점 ● ────────────────────┐

● 학급환경 구성을 다 마치지 않았더라도, 깨끗하게 교실을 정리해 놓아야 한다. 깨끗한 분위기는 선생님의 학생 지도에 대한 좋은 이미지를 만들어 준다. 학부모 총회 날에는 학생 책상, 사물함도 깨끗하게 정리하도록 지도한다. 이 또한 선생님의 학생 지도가 드러나는 부분이기 때문이다.

● 학생의 개인적인 이야기는 전체 학부모가 있는 자리에서 하지 않도록 한다. 학급에서 일어난 일이나 학급생활에서 이름을 거론하게 되는 부분은 개별적인 만남에서 이야기하도록 한다.

● 학부모님의 질문에 대해서 개인적인 의견을 답하기보다는 학교의 공식적인 입장을 전하도록 한다.

● 학교에 간 첫해에는 학교마다 사정이 다르므로 학사일정 등에 대한 안내가 있을 때 답을 할 수 있도록 맡은 학년의 학사일정과 행사활동 등에 대해서 미리 파악해 두어야 한다. 만약 잘 모르는 질문이 있을 경우는 잘못 전달해서 이를 정정하기보다는 알아보고 안내해 드리겠다고 말하는 것이 좋다.

└──┘

4. 학부모상담

원활한 학부모상담과 교육 참여를 유도하기 위해서는 교사가 먼저 학부모를 교육의 주체 및 동반자로 인식하고, 학부모가 편한 마음으로 학교를 방문하고 학급운영에 적극적으로 참여할 수 있는 환경을 마련해 주어야 한다(조동섭 외, 2009). 최근에는 대체로 3월에 학부모 총회를 전후로 1주일, 11월의 교원능력개발 평가를 전후로 한 1주일을 학부모상담주간으로 운영하고 있다.

교사는 학부모가 오면 어떤 이야기를 먼저 해야 할지 모르겠다고 하며, 또 학부모를 만나는 것은 부담스러운 일이라고 말한다. 그러나 교육을 제대로 하기 위해서는 교사와 학부모가 자주 만나 의견을 모아 나가야 하고 교육관을 일치시키려는 노력이 필요하다. 학교의 상담주간 운영 예시는 다음과 같다.

예시자료 5 학부모상담주간 운영 예시

〈2013학년도 1학기 상담주간 운영내용〉

- 기간 및 일시: 2013. 3. 25.(월) ～ 3. 29.(금) 5일간
- 운영 시간: 수업 종료 후 ～ 20:00 (적절한 시간은 담임과 조절 가능함)
- 대상: 1～6학년 전체 학생 (학급 단위로 개인별 30분 정도 실시)
- 실시 방법
  - 개별 상담 신청서 접수 후 담임과 상담시간대 조절
  - 학교방문상담, 전화상담, 알림장, 학급 홈페이지 상담방을 통한 상담 등 여건
    에 맞게 실시

－－－－－－－－－－－－－－－ 신 청 서 －－－－－－－－－－－－－－－

학생: (　)학년 (　)반 이름(　　　) 상담신청자 (　　　) 학생과의 관계 (　　　)

상담 신청일	2013년 3월 (　)일 (　)요일		연락처(전화번호)	
상담방법	방문상담 (　)　전화상담 (　)　학급홈페이지 상담방 활용 (　)　알림장 (　)			
상담 시간(원하는 시간에 O 표시)				
오후 2시 ～ 2시 30분		오후 4시 ～ 4시 30분		오후 6시 ～ 6시 30분	
오후 2시 30분 ～ 3시		오후 4시 30분 ～ 5시		오후 6시 30분 ～ 7시	
오후 3시 ～ 3시 30분		오후 5시 ～ 5시 30분		오후 7시 ～ 7시 30분	
오후 3시 30분 ～ 4시		오후 5시 30분 ～ 6시		오후 7시 30분 ～ 8시	

출처: 목향초등학교 2013 학부모상담 운영 안내 자료

학급 담임교사는 학부모로부터 상담신청서가 회신되면, 〈예시자료 6〉과 같이 학부모상담 신청에 대한 회신서와 설문지를 통해 학부모가 하고 싶어 하는 이야기를 미리 들어 보는 것이 좋다. 학부모가 구체적으로 학교나 학급에 대해 무엇을 궁금해하는지, 자녀에 대해 어떤 점을 상의하고 싶은지 등을 미리 파악해서 상담의 흐름을 잡아 가면 더 깊이 있는 논의를 할 수 있다.

예시자료 6 학부모상담 회신서 및 사전 설문지 예시 ───────────────●

5학년 ( )반 ( ) 어머님께

부모님과의 상담시간은
2012년 3월 ( )일 ( )요일 ( )시 ( )분입니다.
상담방법(방문상담, 전화상담, 홈페이지 활용상담, 알림장)

─────────────── 절   취   선 ───────────────

학기 초 상담을 하는 이유는 담임이 아이들과 1년 간의 생활을 준비하면서 아이에 대하여 정보를 수집하기 위해서입니다. 우리 아이가 무엇을 잘하는지, 우리 아이가 학교생활에 있어서 고쳤으면 하는 것이 무엇인지, 그리고 건강상 특이사항 등 담임선생님이 참고해야 할 것을 알려 주시기 바랍니다.

교육은 교사와 학부모, 학생이 삼위일체가 되어야 잘 이루어진다고 합니다. 이번 상담을 통하여 우리 아이가 좀 더 성장할 수 있는 계기가 되었으면 좋겠습니다. 다음 내용을 작성하시어 담임선생님께 제출해 주세요.

5학년 ( )반 이름 ( )		
5학년이 되어 달라진 점	학습 면	
	생활태도 면	
	친구관계 면	
우리 아이의 장점		
우리 아이가 고쳤으면 하는 점		
상담하고 싶은 내용		

출처: 목향초등학교 남해진 선생님의 상담 운영 자료(5학년)

◆ 학부모와의 대화 방법

대화의 장애요소에는 대화 표현 장애, 대화 내용 장애, 대화참여자 관계 장애(대화의 걸림돌 사용 또는 승자가 되려는 욕구), 심리적 원인, 동작언어(목소리, 표정, 눈, 몸짓, 행동, 근접거리)의 잘못된 사용이 있다. 즉, 대화의 성공요소는 대화표현방법, 내용, 관계설정, 심리적 안정, 동작언어의 적절한 사용 등이다. 학부모와의 성공적인 상담을 위한 대화방법을 정리해 보면 다음과 같다.

● 학부모와의 대화방법 ●

- 심리적으로 안정감 있게 대화할 수 있도록 따뜻한 분위기를 만들어야 한다. 이야기를 잘 들어 주고 개인적인 대화도 비밀이 보장된다는 믿음을 주어야 한다. 그렇게 되면 친밀감을 형성하게 될 것이다.
- 대화 내용은 긍정적인 이야기를 중심으로 시작해서 문제행동으로 이야기를 진행한다.
- 화자와 청자 입장에서 대화의 걸림돌을 없애려는 노력이 필요하다. 화자 입장에서는 훈계나 설교를 삼가고, 논리적인 논쟁을 피한다. 비평과 비난, 캐묻기 등을 하지 말아야 한다. 청자 입장에서는 반론이나 자기 방어적인 반응, 고집 부림 등을 피해야 할 것이다.
- 학부모가 여러 가지 이야기를 하도록 격려한다. 이는 학부모가 하는 말의 뜻과 감정을 공감해 줌으로써 가능하다.
- 몸짓, 행동을 바람직하게 사용해야 할 것이다. 흔히 팔짱을 낀 자세는 대화가 단절되는 느낌을 준다. 학부모를 만나면 개방된 자세로 약간 앞으로 기울이는 자세가 좋다. 시선을 접촉하고 몸을 이완하고 편한 자세로 응대한다.
- 대화를 통해 다양한 해결책을 탐색해 보고 마지막 결정은 부모가 할 수 있도록 도와야 한다.

● 학부모 대화 시 유의점 ●

- 학교를 방문한 학부모의 부담스러운 마음 등을 알고 대응해야 한다. 교사보다도 학부모가 더 방문자 입장에서 대화를 부담스러워할 것이고, 교사와의 대화에서 혹시 자녀에 대한 문제점이 화제가 될까 걱정할 것이다.
- 학부모의 의견을 잘 청취하고 학부모의 입장을 적극 지지해 주어야 한다.
- 부모와의 대화 시 표현은 긍정적인 어휘를 사용한다. 학생에 대한 이야기 등에서 부정적인 어휘의 사용은 대화를 경직시킨다. 긍정적으로 순화된 용어를 사용하면 상호 신뢰할 수 있고, 공감을 얻는 대화가 가능하다.

5. 학부모 대상 공개수업

학부모에게 수업참관이 갖는 의미는 무엇일까? 학부모는 수업참관을 통해 자녀의 생활하는 모습을 보고, 이를 통해 자녀를 보다 잘 이해하는 기회를 갖고자 한다. 교사에게 수업참관이 갖는 의미는 무엇일까? 학생의 실태를 파악하는 기회가 되기도 하지만 학교교육 전반에 대해 학부모에게 알리고 이해받는 기회가 되기도 한다.

1) 학부모 대상 공개수업 준비

(1) 수업 과목과 차시 선택

학부모 공개수업에서는 전문성을 발휘할 수 있는 과목과 차시를 선택하는 것이 좋다. 학부모는 1~2회의 공개수업을 통해 교사의 교육활동을 단적으로 판단할 가능성이 크다. 따라서 수업 과목을 정할 때 가장 자신 있는 과목을 선택하는 것이 좋다. 심화과목으로 전공한 과목 중에서 선택하는 것을 추천한다.

또한 차시를 정할 때는 학습자의 흥미를 끌 수 있고, 학생의 활동이 활발하게 전개될 수 있는 차시를 정하는 것이 좋다. 더불어 학부모는 자신의 자녀에게 관심이 집중되기 때문에 여러 학생이 발표를 고르게 많이 할 수 있는 차시를 정하는 것도 고려해야 한다.

(2) 수업 준비

먼저 수업의 자료 준비는 일반적인 수업보다 조금 더 준비하는 것이 좋다. 다만 욕심을 너무 부려 시간을 초과하지 않도록 주의한다. 학습활동 중 1~2개는 교구를 활용하거나 협동학습, 게임 등을 이용하여 활발한 수업으로 이끄는 것이 좋다.

수업 시작 전 학부모가 교실에 도착할 때 학생이 어수선할 수 있으므로, 그동안 학생의 사진으로 만든 동영상을 교사와 학생이 함께 볼 수 있도록 준비하거나 수업 시작 전 학부모와 인사하는 시간을 갖고 수업에 집중하도록 미리 연습하는 것이 좋다.

2) 학부모 대상 공개수업 실행

학부모의 관심은 본인의 자녀에게 쏠려 있는 경우가 많다. 학부모는 공개수업을 통해 자녀가 선생님에게 잘 집중하는지, 선생님의 지시에 잘 따르는지, 학습활동을 잘 이해하는지, 학습활동에 적극적으로 참여하는지, 친구와의 상호작용은 괜찮은지 등에 관심을 기울인다.

따라서 교사는 학생 전체에게 골고루 시선을 주고 잘 집중하고 있는지 살피면서 수업을 진행해야 한다. 공개수업 경험이 적은 새내기 교사가 공개수업을 진행하다 보면 수업을 시연하는 것에 집중하면서 학생 개개인에게 관심을 주지 못하는 경우도 발생할 수 있으므로 주의해야 한다. 학생에게 시선을 골고루 주는 것과 함께 발표의 기회도 골고루 돌아갈 수 있도록 해야 한다. 평소에 학생의 발표 태도나 습관 등을 파악해 두고 발표의 순서 등을 미리 고려해야 한다.

● 학부모 대상 공개수업 시 유의점 ●

- 학부모는 교사가 자신의 자녀에게 관심을 갖고 있는지를 중요하게 생각한다. 학부모 대상 공개수업에서도 발표의 기회, 시선, 칭찬 등에서 공평하게 기회를 주고 따뜻한 관심을 주고 있는지를 살핀다. 따라서 칭찬과 시선, 발표 기회를 공평하게 주는 것이 매우 중요하다.
- 학부모는 학급의 분위기가 따뜻한 분위기일 때 신뢰감을 느낀다. 학부모가 교실에 들어올 때 미소로 웅하고 학생에게도 부드러운 목소리로 대한다. 또한 수업을 할 때는 학생에게 존댓말을 사용한다.
- 발표의 순서를 잘 고려해야 하는데 평소에 발표를 잘하지 않던 학생은 먼저 발표를 시켜 주고, 평소에 발표를 많이 하는 학생은 난이도가 어려운 질문에 주로 발표를 시켜야 한다. 처음에 쉬운 문제부터 발표가 왕성한 학생에게 기회를 주면 수업 후반에 어려운 문제의 경우도 발표를 시키게 되어 오해를 일으킬 수 있다.

---

6. 학부모와의 관계 형성 평가하기

교사와 학부모 관계의 특성을 이해하고, 학부모와의 관계를 적절하게 형성하고 있는지를 점검하고 진단하는 과정이 필요하다. 다음 15개의 문항은 학부모와의 관계 형성을 평가하기 위한 체크리스트다. 이를 참고하여 학부모의 교육활동 참여의 필요성을 이해하고 학부모와의 만남(총회, 상담)을 계획, 실행, 평가할 수 있는지를 스스로 판단할 수 있도록 돕고자 한다.

항목	그렇다	보통	아니다
1. 교사와 학부모 관계의 특성을 이해하는가?			
2. 학부모 교육활동 참여의 의의를 이해하는가?			
3. 학부모와의 협력적 관계 구축을 위해 노력하였는가?			
4. 교사 및 학급안내 자료를 학부모에게 제공하였는가?			
5. 학급경영을 위해 학부모 실태를 파악하였는가?			
6. 학부모의 요구를 수렴하여 학급경영 계획을 작성하였는가?			
7. 학부모와의 대화방법 및 상담 기법을 알고 있는가?			
8. 학부모 총회 시 유의사항을 알고 있는가?			
9. 학부모와의 대화 시 유의사항을 알고 있는가?			
10. 학부모 대상 공개수업 시 유의사항을 알고 있는가?			

질문에 대한 자신의 대답을 주의 깊게 검토한 후 다음에 답하시오.
➜ 앞으로 개선할 사항은?

➜ 잘된 점은?

학습과제 및 실천활동

1. 교사와 학부모 관계의 특성을 이야기해 보자.
2. 학부모의 교육활동 참여의 필요성을 이야기해 보자.
3. 신규교사로서 학부모 총회 자료를 체계적으로 준비해 보자. 학부모 총회에서 활용하기 위해 학급특색, 경력 소개 및 교육관, 학급운영 방침, 교육방침, 학부모의 과제 등에 관한 자료를 작성해 보자.
4. 6학년 교사라고 가정해 보자. 학년 수준을 고려하여 학부모상담 계획을 체계적으로 작성해 보자.
5. 3학년 교사라고 가정해 보자. 5월 3주에 학부모 공개수업이 계획되어 있다. 교사로서의 자신의 강점이 최대한 발휘되도록 학부모 공개수업의 과목과 차시를 정하고, 세부 계획을 작성해 보자.

참고문헌

박남기, 김근영(2007). 학부모와 함께하는 학급경영. 서울: 태일사.

조동섭, 이승기, 송윤선, 이현석, 장수진, 나인애, 박선주, 안병천(2008). 새내기 교사가 알아야 할 교직실무 100가지. 파주: 교육과학사.

제13장

학교폭력 및 안전사고에 대응하기

결국 오늘 사건이 터지고 말았다. 또래보다 덩치도 크고 성격이 거칠어서 범철이는 내가 항상 관심을 가지고 지켜보던 아이였다. 학기 초에 작년 담임선생님도 내게 '범철이는 요주의 인물'이라고 신신당부를 했었다. 그래도 그동안에는 학급친구와의 사소한 몸싸움이나 말싸움 정도였는데 이번에는 심각하다.

우리 반에는 유난히 장난기가 많고 친구를 잘 놀리는 영빈이라는 아이가 있는데 내가 회의 때문에 잠깐 자리를 비운 사이에 둘 사이에 생긴 말싸움이 주먹다짐으로 번진 것이다. 영빈이는 앞니가 부러지는 큰 부상을 입었다.

영빈이 부모님은 화가 많이 났고 이번 일에 대해서 그냥 넘어가지 않겠다는 뜻을 밝혔다. 심각한 학교폭력문제로 신고하겠다고 한다. 하지만 범철이 부모님도 먼저 시비를 건 것은 영빈이라며 항변하고 있는 상황이다. 일단 이런 일은 처음이라 너무 당황스럽다. 게다가 나는 당시 사건현장에 없었기 때문에 정확한 판단이 어렵다.

교실에서 발생하는 각종 안전사고와 학교폭력으로 인한 문제상황에서 현명하게 대응하려면 무엇을 알아야 할까?

〈정병재, 은지초등학교 교사, 교직 경력 3년〉

- 학급의 학생과 관련된 폭력 사건에 적절히 대응할 수 있다.
- 학교에서 발생하는 안전사고에 적절히 대응할 수 있다.

1. 학교폭력

　　최근 학교폭력의 심각성은 사회적 관심으로 부각되고 있다. 학교폭력은 다음과 같은 경향을 띠고 있다(관계부처합동, 2012). 첫째, 학교폭력의 최초 피해 및 가해 연령이 낮아지고 있다. 피해학생 중 53.6%가 초등학교 때 최초로 학교폭력을 경험하였고, 가해학생 중 58.0%가 초등학교 때 최초로 학교폭력을 행사하는 것으로 나타났다. 둘째, 중학생의 학교폭력 발생 비율이 가장 높다. 학교폭력대책자치위원회 총 심의건수 중 중학교가 차지하는 비율이 전체의 69%를 차지한다. 또한 국민신문고에 신고된 학교폭력 민원도 지속적으로 증가하고 있으며, 중학교 증가율이 초등학교의 7배, 고등학교의 2배 수준인 것으로 나타났다. 셋째, 가해자와 피해자의 구별이 불분명한 경우가 많다. 학교폭력은 가해자와 피해자의 구별이 불분명하고, 그 원인이 복합적인 경우가 많아 문제해결에 전문적인 조사와 상담이 필요하다. 학교폭력 피해 경험이 있는 학생은 다시 폭력을 당하지 않기 위하여 다른 학생에게 폭력을 행사하는 악순환이 발생한다. 넷째, 신체적 폭력보다는 정서적 폭력이 증가하고 있다. 단순한 신체적 폭력이 아닌 강제적 심부름(금품갈취 포함) 46%, 사이버 폭력 34.9%, 성적 모독 20.7% 등 언어적 또는 정신적 폭력이 증가하고 있다. 마지막으로, 학교폭력의 집단화 경향이 나타나고 있다. 학교폭력 피해학생 중 66.2%가 2명 이상의 가해자에게 폭력을 당하고, 가해학생의 수가 '6명 이상'인 경우가 16.3%에 이르는 것으로 나타났다. 학생이 피해를 입지 않기 위해 일진 등의 조직에 가입하고, 학교별 일진이 정보를 공유하여 피해자를 지속적으로 괴롭히는 문제까지 발생하고 있다.

학교폭력의 문제가 심각함에도 불구하고 이에 대한 학교의 대응과 관련하여 교원의 온정주의적 시각과 학교폭력에 대한 은폐경향이 문제로 제기되었다. 그동안 학교에서는 학교폭력이 발생하여도 가해자에 대한 적절한 처벌보다는 교육적 차원의 계도에 치우쳐 학생이 문제의 심각성을 깨닫게 하는 데 미흡한 측면이 있었으며, 학교의 부적정 이미지에 대한 우려와 관련 교원에 대한 인사상 불이익 등을 우려하여 학교폭력을 은폐하려는 경향이 있어 왔다.

최근 일련의 사례는 학교폭력에 대한 적절한 대응이 얼마나 중요한지를 보여 주고 있다. 학교폭력을 견디지 못하여 학교를 자퇴하거나 극단적으로 자살하는 경우를 볼 수 있다. 담임으로서 학교폭력의 발생을 미연에 방지할 수 있는 조치를 취해야 하는 동시에 학교폭력이 발생하였을 경우에 적절한 대응을 통하여 피해자를 보호하고 가해자에게 적절한 교육과 처벌을 해야 한다.

1) 학교폭력의 개념 및 유형

(1) 법령상 개념

「학교폭력 예방 및 대책에 관한 법률」제2조에 따르면, 학교폭력은 학교 내·외에서 학생을 대상으로 발생한 상해, 폭행, 감금, 협박, 약취·유인, 명예훼손·모욕, 공갈, 강요·강제적인 심부름 및 성폭력, 따돌림, 사이버 따돌림, 정보통신망을 이용한 음란·폭력 정보 등에 의하여 신체·정신 또는 재산상의 피해를 수반하는 행위를 말한다. '따돌림'이란 학교 내외에서 2명 이상의 학생이 특정인이나 특정집단의 학생을 대상으로 지속적이거나 반복적으로 신체적 또는 심리적 공격을 가하여 상대방이 고통을 느끼도록 하는 일체의 행위를 말한다. '사이버 따돌림'이란 인터넷, 휴대전화 등 정보통신기기를 이용하여 학생이 특정 학생을 대상으로 지속적·반복적으로 심리적 공격을 가하거나, 특정 학생과 관련된 개인정보 또는 허위사실을 유포하여 상대방이 고통을 느끼도록 하는 일체의 행위를 말한다.

(2) 학교폭력의 유형

　신체적 폭력의 경우 가해자와 피해자가 명확하게 드러나기 때문에 처벌이 비교적 쉬우나, 언어적 및 심리적 폭력의 경우 피해자의 정신적 고통은 신체적 폭력 이상이지만 폭력에 대한 처벌이나 대응이 어렵다. 또한 문제가 발생했을 때 이를 감지하는 데 신체적 폭력에 비해 언어적·심리적 폭력이 더 어렵다. 학교폭력의 유형과 유형별 예시는 다음 〈예시자료 1〉과 같다.

　예시자료 1 　학교폭력의 유형과 예시

유 형	학교폭력예방법 관련	예 시
신체폭력	상해, 폭행, 감금, 약취 · 유인	• 일정한 장소에서 쉽게 나오지 못하도록 하는 행위(감금) • 신체를 손, 발로 때리는 등 고통을 가하는 행위(상해, 폭행) • 강제(폭행, 협박)로 일정한 장소로 데리고 가는 행위(약취) • 상대방을 속이거나 유혹해서 일정한 장소로 데리고 가는 행위(유인) 　※ 장난을 빙자해서 꼬집기, 때리기, 힘껏 밀치는 행동 등도 상대학생이 폭력행위로 인식한다면 이는 학교폭력에 해당
언어폭력	명예훼손, 모욕, 협박	• 여러 사람 앞에서 상대방의 명예를 훼손하는 구체적인 말(성격, 능력, 배경 등)을 하거나 그런 내용의 글을 인터넷, SNS 등으로 퍼뜨리는 행위(명예훼손) 　※ 내용이 진실이라고 하더라도 범죄이고, 허위인 경우에는 형법상 가중 처벌됨 • 여러 사람 앞에서 모욕적인 용어(생김새에 대한 놀림, 병신, 바보 등 상대방을 비하하는 내용)를 지속적으로 말하거나 그런 내용의 글을 인터넷, SNS 등으로 퍼뜨리는 행위(모욕) • 신체 등에 해를 끼칠 듯한 언행(죽을래 등)과 문자메시지 등으로 겁을 주는 행위(협박)

금품갈취	공갈	• 돌려줄 생각이 없으면서 돈을 요구하기 • 옷, 문구류 등을 빌린다며 되돌려 주지 않기 • 일부러 물품을 망가뜨리기 • 돈을 걷어 오라고 하기 등
강요	강제적 심부름, 강요	• 속칭 빵 셔틀, 와이파이 셔틀 등 • 의사에 반하는 행동을 강요하는 행위(과제 대행, 게임 대행, 심부름 강요) • 폭행 또는 협박으로 상대방의 권리행사를 방해하거나 의무 없는 일을 하게 하는 행위(강요) ※ 속칭 바바리맨을 하도록 강요하는 경우, 스스로 자해하거나 신체에 고통을 주게 하는 경우 등이 강요죄에 해당됨
따돌림	따돌림	• 집단적으로 상대방을 의도적이고 반복적으로 피하는 행위 • 싫어하는 말로 바보취급 등 놀리기, 빈정거림, 면박 주기, 겁주는 행동, 골탕 먹이기, 비웃기 • 다른 학생과 어울리지 못하도록 막기 등
성폭력	성폭력	• 폭행·협박을 하여 성행위를 강제하거나, 유사 성행위, 성기에 이물질을 삽입하는 행위 • 상대방에게 폭행과 협박을 하면서 성적 모멸감을 느끼도록 신체적 접촉을 하는 행위 • 성적인 말과 행동을 함으로써 상대방이 성적 굴욕감, 수치감을 느끼도록 하는 행위 등
사이버 폭력	사이버 따돌림, 정보통신망을 이용한 음란·폭력정보 등에 의해 신체·정신 또는 재산상 피해를 수반하는 행위	• 특정인에 대해 모욕적 언사나 욕설 등을 인터넷 게시판, 채팅, 카페 등에 올리는 행위 • 특정인에 대한 허위 글이나 개인의 사생활에 관한 사실을 인터넷, SNS, 카카오톡 등을 통해 불특정 다수에 공개하는 행위 • 성적 수치심을 주거나 위협하는 내용, 조롱하는 글, 그림, 동영상 등을 정보통신망을 통해 유포하는 행위 • 공포심이나 불안감을 유발하는 문자, 음향, 영상 등을 휴대전화 등 정보통신망을 통해 반복적으로 보내는 행위

출처: 교육과학기술부(2012).

※ 이것이 궁금해요!!
Q) 학교폭력인지 아닌지 애매한 경우가 있는데?
A) 학교폭력의 기준은 때리거나 괴롭히는 가해자 입장이 아닌, 모든 것을 피해자 입장에서 생각해 보면 답이 나옵니다.
  '나는 장난으로 했는데 상대방이 상처를 받았다'면, 이것은 학교폭력입니다.
Q) 돈을 빌린 것인지 갈취한 것인지?
A) 돈을 빌려 간 사람에게 언제든 갚으라고 편안하게 말할 수 있으면 빌려 준 것이고, 무서워서 갚으라고 말 못하면 갈취예요. 뺏는 것입니다.
Q) 장난과 폭력의 차이는?
A) 장난은 모두가 즐겁게 웃어야 해요. 폭력은 어느 한쪽이 정신적으로나 육체적으로 괴로운 거죠. 한쪽이라도 괴로우면 폭력입니다.
Q) 친구의 미니홈피 방명록에 장난으로 '나쁜 X, 못된 X'라고 몇 자 적었는데, 이것도 학교폭력인가요?
A) 평소 사용한 '나쁜 X, 못된 X, 도둑 X, 미친 X' 등등은 모두 언어폭력이며, 이것은 상대방의 인격을 비방하는 모욕에 해당합니다. 휴대전화로 욕설문자를 보내는 것도 모욕, 협박에 해당된다는 것 잊지 마세요.

2) 학교폭력 사안별 기본 대응요령

담임교사는 학교폭력의 양상에 따라 적절한 대응 수준을 결정하여 신속하게 조치해야 하며, 인지한 모든 학교폭력은 '학교폭력 전담기구'에 반드시 신고하여야 한다. 학교폭력의 양상은 가해학생에 대한 우선출석정지를 요구하여야 할 상황, 담임교사가 자체적으로 해결할 수 있는 상황, 일반적인 절차를 거쳐야 하는 상황으로 크게 나누어 볼 수 있다.

(1) 가해학생에 대한 '우선출석정지'를 할 수 있는 경우

「학교폭력예방 및 대책에 관한 법률」 제17조 제4항에 의거하여, 2명 이상의 학생이 고의적 지속적으로 폭력을 행사한 경우, 폭력을 행사하여 전치 2주 이상의 상해를 입힌 경우, 학교폭력에 대한 신고, 진술, 자료 제공 등에 대한 보복을 목적으로 폭력을 행사한 경우, 학교의 장이 피해학생을 가해학생으로부터 긴급하게 보호할 필요가 있다고 판단하는 경우에 학교장은 가해학생에 대한 우선출석정지를 할 수 있다.

우선출석정지를 취하여야 할 만큼 중대한 사안일 경우에는 담임교사 또는 학교폭력 책임교사가 가해학생과 피해학생을 즉시 격리하고, 신고한 학생이 있으면 신변 보호 조치를 신속하게 실시하고, 가해학생, 피해학생, 신고한 학생의 보호자에게 학교폭력 발생사실을 즉시 통보한다. 또한 학교폭력 전담기구에 우선 신고하고, 학교폭력 전담기구 소속 교사와 함께 초기 사안 조사를 실시한 후 학교장에게 신속하게 보고하여 '출석정지'를 하도록 요청해야 한다. 이후 학교폭력 전담기구는 신고를 받은 후 7일 이내에 학교폭력대책자치위원회를 개최하여 조치 결정을 하고 학교장에게 보고한다.

(2) 담임교사가 자체 해결할 수 있는 사안

가해행위로 인해 피해학생에게 신체·정신 또는 재산상의 피해가 있었다고 볼 객관적인 증거가 없고, 가해학생이 즉시 잘못을 인정하여 피해학생에게 화해를 요청하고, 이에 대해 피해학생이 화해에 응하는 경우에 해당하는 사안은 담임교사가 자체적으로 종결할 수 있다. 만일 담임교사가 사안 인지 후 3일 이내에 해결하지 못하는 경우에는 일반적인 절차를 거쳐야 하는 사안으로 처리한다.

이 경우에 또래상담, 또래중재, 학생자치법정, 학급총회 등 학생이 스스로 문제를 해결할 수 있는 또래 프로그램을 활용한다. 담임교사가 자체 해결한 사안인 경우에도 사안 발생 사실과 담임교사의 조치사항에 대해 학교폭력전담기구에 알리고 사건을 종료한다.

예시자료 2 **또래 프로그램의 종류와 특징**

구분	프로그램 특징
또래상담	• 또래가 상담자가 되어 동료학생의 눈높이에서 고민을 상담하고 함께 문제해결 • 갈등의 이상징후 발견 및 예방에 초점 ※ 서울 신연중학교: 또래상담반 운영 결과 폭력 발생건수 절반 이하로 감소
또래중재	• 학급에서 신뢰(추천 등)받는 학생이 훈련을 통해 중재자가 되어 학생 간 문제를 해소하고 교사·전문상담사 등 갈등조정전문가는 이를 지원 • 갈등 발생 후 조정 및 화해에 초점

	※ 인천 연수초등학교: '갈등 윈윈프로젝트' 운영 결과 학생 간 갈등문제해결
학급총회	• 갈등상황 발생 시 담임선생님을 중심으로 학급학생 모두가 참여하여 토론을 통해 갈등해결 모색(소규모 학교의 경우 학년총회 운영 가능) ※ 노르웨이, 학급총회가 중심이 되는 '올베우스 프로그램'을 통해 학교폭력 60% 이상 감소
학생자치법정	• 경미한 학칙위반 등의 사안에 대해 상·벌점제와 연계하여 학생 스스로 변론하고 자율적 징계 실시 ※ 경기 행신고등학교: 자체 학생 변호인단 조직 등 '행신 로스쿨' 운영을 통해 학생의 교칙에 대한 이해도 제고 및 발표력·논리력 향상의 긍정적 효과 발생

출처: 관계부처합동(2012).

담임종결 사안의 여부와 관련하여 담임이 독자적으로 결정하여 판단하는 것이 아니라 학교폭력전담기구의 결정에 따라야 한다. 담임종결 사안의 경우에 다음 〈예시자료 3〉과 같이 확인서를 작성하여, 피해학생과 가해학생에게 발생한 사실 및 이와 관련한 양 당사자 간의 합의에 대한 근거를 명확히 남겨 놓아야 한다.

예시자료 3 담임종결 사안 확인서 양식

확 인 서

• 피해학생
 －성 명: △△△ (학년 반 번)
 －주 소:
 －전 화:

• 가해학생
 －성 명: □□□ (학년 반 번)
 －주 소:
 －전 화:

2013년 4월 17일 13:00경 ○○○에서 □□□가 △△△에게 피해를 입힌 사실이 있음을 인정하고 화해를 요청하였고, 이에 대해 피해학생 △△△가 가해학생 □□□의 화해에 응하여 담임교사에게 자체 해결해 주시도록 부탁을 드리며, 이후 추가적인 학교폭력 사안 발생 등 특별한 사유가 없는 한 폭력대책자치위원회 제소를 하지 않을 것을 확약하고 후일의 증거로서 이 합의서에 서명 날인합니다.

2013년 4월 18일

위 피해학생: (인)
보호자: (인)
위 가해학생: (인)
보호자: (인)

• 입회인
 −성 명: 담임   (인)
 −주 소:
 −전 화:

출처: 인천광역시교육청(2013).

(3) 일반적인 절차를 거쳐야 하는 사안

가해학생에 대한 우선출석조치 대상이 아닌 폭력 사안 또는 담임교사가 자체 해결할 수 있는 폭력 사안이 아닌 경우에는 일반적인 절차를 거쳐야 한다. 이 경우에 가해학생과 피해학생을 즉시 격리하고, 신고한 학생이 있는 경우 신변 보호 조치를 신속하게 실시한다. 또한 가해학생, 피해학생, 신고한 학생의 보호자에게 학교폭력 발생사실을 즉시 통보한다. 학교폭력전담기구에 우선 신고하고, 해당 학생을 대상으로 초기 사안 조사를 실시하여 전담기구에 통보한다. 이후 학교장은 가해학생에 대한 선도가 긴급하다고 인정되는 경우 선도 조치를 하고, 학교폭력 전담기구에서 신고받은 후 7일 이내에 학교폭력대책자치위원회를 개최하여 조치 결정을 하고 학교장에게 통보한다.

3) 학교폭력 사안 발생 시 교사의 기본적인 대처 자세

(1) 피해학생에 대한 지속적인 관심과 배려

학교폭력 사안이 발생하였을 때, 피해학생의 입장에서 사안을 바라보고 피해학생을 보호하기 위해 적극적으로 대응하며 피해학생이 가해학생에게 보복당하지 않도록 지속적인 관심과 따뜻한 배려를 제공하여야 한다.

(2) 폭력에 대한 적절한 조치

가해사실이 경미하다고 판단하여 가해자에게 가벼운 훈계만 하였을 경우, 가해학생은 피해학생이 가해사실을 보호자나 교사에게 알렸다는 이유로 전보다 더 심하게 괴롭힐 수 있다. 따라서 가벼운 훈계 조치 이외에 다른 조치를 하지 않았을 때 오히려 사건이 더 커질 수 있다는 사실을 유의해야 한다. 교사의 부적절한 대처는 피해학생에게 더 큰 피해를 줄 가능성이 있으므로 주의해야 한다.

(3) 가해학생에 대한 특별 관리

교사는 교장이나 다른 교사와 상의하여 가해학생에 대한 적절한 사후 조치나 감독 등 특별한 관리가 이루어져야 한다. 예를 들어, 다른 교사에게도 어떤 학생이 누구를 괴롭히는 것으로 보이니 평상시 이상한 징후가 보이면 즉시 이야기해 달라고 하고, 이 학생에 대해 좀 더 유심히 관찰해 줄 것을 부탁하도록 한다.

(4) 피해학생에 대한 관심 제고

교사는 다양한 방법으로 학생의 상황 등을 확인하는 것이 중요하다. 학교폭력으로 더 이상 피해를 입지 않도록 예방하기 위해서 가해학생에 대한 지속적인 관찰과 더불어 피해학생에 대해서도 보복성 폭행이 있는지를 지속적으로 확인하여야 한다. 이때 피해학생을 교무실이나 상담실에서 면담하는 공식적인 방법뿐만 아니라 등하교 시간이나 쉬는 시간에 복도에서 만나게 되면 간단하게 물어보는 비공식적인 방법을 활용하는 것도 중요하다. 공식적인 개인면담은 피해학생이 큰 부담을 가질 수 있으므로, 비공식적인 방법을 통해 피해학생의 부담을 줄일 필요가 있다. 이러한 방식은 피해학생이 자신의 상황을 쉽게 알릴 수 있으며, 다른 학생에 대해서는 교사가 피해학생에 대해 많은 관심을 가지고 있다는 사실을 알리는 효과도 있다.

(5) 학생과의 연락망 구축

교사가 가해학생 또는 피해학생의 행동을 지속적으로 직접 관찰하기는 어렵다. 이를 극복하기 위해서는 교사가 부재 시 교실의 상황이나 기타 학생의 상황을 알려 줄 수 있는 연락망을 구축하는 것이 중요하다. 연락망은 공식적인 비상연락망을 이용할 수 있으며, 또한 교사가 부재 시 학급의 문제 상황을 알려 줄 수 있는 특정 학생을 지정하는 방법을 활용할 수도 있다. 비공식적인 연락망은 학급반장 또는 다른 학생을 지정할 수 있다. 이러한 조치는 학교폭력뿐만 아니라 학생지도를 위해 기본적으로 취하여야 할 조치다.

(6) 다른 학생의 피해 여부 확인

학교폭력이나 성폭력 사건을 접하게 되면 교사는 해당 사건에 온 관심을 기울이게 된다. 그러나 단순히 해당 사건의 처리에 급급한 나머지 해당 사건과 관련된 다른 사건이 있는지 확인하지 못하는 경우가 있다. 우발적인 폭력이 아닌 집단 따돌림, 상습적 폭행 등의 경우 가해학생이 한 학생만 괴롭힌 경우는 많지 않다. 그러한 경우 교사가 전체 폭력 사안의 일부만 파악하고 있을 수 있다. 따라서 가해자와 폭력의 양태 등을 고려하여 이러한 사건이 다른 학생에게도 일어났을 가능성이 높은 경우 이를 철저히 조사하여야 한다. 이때 일반 학생을 대상으로 간단한 방식으로라도 유사 사건이 있는지 조사할 필요가 있다.

(7) 사례를 통한 학교폭력 예방 안내

학교폭력예방차원에서 학부모를 대상으로 가정통신문을 보낼 경우에 구체적인 사례를 소개하고 이러한 학교폭력을 예방하기 위해 주의할 것을 당부하는 내용이 중심이 되도록 할 필요가 있다. 예를 들어, 인근 중학교나 고등학교 학생이 초등학교 학생을 대상으로 폭행을 하거나 돈을 빼앗는 경우가 발생한 경우 초등학교에서는 이러한 상황을 구체적으로 서술하고 보호자의 주의를 바란다는 내용이 들어가는 것이 좋다. 구체적인 사례 없이 '학교폭력 추방의 날 행사'나 '학교폭력자진 신고 기간 안내' 등의 가정통신문은 큰 실효성이 없음을 인식해야 한다.

4) 학교폭력 관련 교내 담당 조직

학교폭력을 직접 목격하거나 다른 학생이나 학부모를 통해 인지하였을 경우에는 이에 적합한 조치를 취하여야 한다. 학교에는 「학교폭력예방 및 대책에 관한 법률」에 따라서 학교폭력 사안을 담당하기 위한 학교폭력전담기구와 학교폭력자치위원회가 구성되어 있으므로 이를 확인하고 필요시 활용하여야 한다. 따라서 교사가 학교폭력 사안을 직접 목격하였거나 학생이나 학부모를 통해서 인지하였을 경우에는 학교폭력전담기구에 신고하여야 한다.

(1) 학교폭력전담기구

학교에 설치하는 학교폭력전담기구는 교감, 전문상담교사, 보건교사 및 책임교사(학교폭력문제를 담당하는 교사)로 구성된다. 학교폭력전담기구는 학교폭력에 대한 실태조사와 학교폭력예방 프로그램을 구성하여 실시하며, 학교폭력 사안이 발생하였을 경우에는 학교폭력 신고를 접수받고 관련 학생과 보호자에게 통보하고 피해 및 가해사실에 대해 조사한다. 또한 집중보호 또는 관찰대상 학생에 대한 생활지도를 담임교사와 함께 실시한다.

(2) 학교폭력대책자치위원회

모든 학교에는 학교폭력의 예방 및 대책에 관한 사항을 심의하기 위해 학교폭력대책자치위원회를 두고 있다. 학교폭력대책자치위원회는 학교폭력의 예방 및 대책수립을 위한 학교 체제 구축, 피해학생의 보호, 가해학생에 대한 선도 및 징계, 피해학생과 가해학생 간의 분쟁조정 등을 심의한다.

5) 학교폭력 사안 처리 절차

학교폭력 사안이 발생하였을 경우에 일반적인 처리 절차는 다음의 〈예시자료 4〉와 같다. 학교폭력이 발생하였을 경우에 신고접수 및 교장보고, 즉시조치, 사안 조사, 관련 학생 또는 보호자 면담, 사건보고 등은 학교폭력전담기구에서 담당하며, 학교폭력자치위원회는 전담기구에서 조사 작성한 자료와 피해학생 및 가해학생의 의견진술을 청취하고 피해학생에 대한 조치와 가해학생에 대한 조치를 심의하고 결정하여 학교장에게 보고하고 학교장은 이에 따라 조치하는 과정을 거친다(인천광역시교육청, 2013).

예시자료 4 학교폭력 사안 처리 절차

- 학교폭력 사건 발생 인지: 사건 발생을 인지한 교사, 학생, 보호자 등은 학교폭력 전담기구에 신고한다.
- 신고접수 및 교장 보고: 학교폭력전담기구는 신고된 사안을 신고대장에 반드시 기록하고, 학교장과 담임교사에게 보고한 후 피해자 및 가해자의 보호자에게 통지한다. 사안이 중대한 경우에 학교장 및 자치위원장에게 즉시 보고한다.
- 즉시조치: 학교폭력전담기구는 신고 접수와 동시에 다음 사항을 조치한다.

🌑 **가해자와 피해자의 즉시 격리 조치**

피해학생과 가해학생을 즉시 격리하여 피해학생이나 신고 또는 고발한 학생이 가해학생으로부터 보복행위를 당하지 않도록 조치한다.

🌑 **피해학생에 대한 즉시 조치 사항**

－아동·청소년의 성보호에 관한 법률에 따라 성폭행에 대해서는 반드시 수사기관에 신고하고, 성폭력 전문상담기관 및 병원을 지정하여 정신적·신체적 피해를 치유하도록 한다.

－피해학생의 신체적·정신적 피해를 치유하기 위한 조치를 취한다.

－피해학생의 보호가 긴급한 경우에, 학교는 피해학생에게 심리상담 및 조언, 일시보호, 또는 그밖에 피해학생의 보호를 위하여 필요한 조치를 할 수 있다(「학교폭력예방 및 대책에 관한 법률」제16조). 교장은 긴급조치에 대해서 학교폭력자치위원회에 즉시 보고하여 추인을 받는다.

🌓 **가해학생에 대한 조치**

가해학생에 대한 선도가 긴급한 경우, 학교장은 가해자에게 피해학생에 대한 서면사과, 피해학생 및 신고고발 학생에 대한 접촉, 협박 및 보복행위의 금지, 학교에서의 봉사, 학내외 전문가에 의한 특별 교육이수 또는 심리치료, 출석정지 등의 조치를 취할 수 있다. 교장은 긴급조치에 대해서 학교폭력자치위원회에 즉시 보고하여 추인을 받는다.

- **사안 조사**: 학교폭력전담기구에서 구체적인 사안을 조사한다. 이를 위해 피해학생과 가해학생을 면담하거나, 주변학생을 조사하거나, 설문조사 등을 실시하고 객관적인 입증자료를 수집한다.
- **관련 학생 및 보호자 면담**: 학교폭력전담기구는 조사결과에 대해 해당 학생 보호자에게 알리고, 향후 진행 절차 등에 대해 통보한다.
- **사건보고**: 가해 및 피해사실 여부를 종합적으로 정리하여 학교의 장 및 자치원회(요청이 있는 경우)에 보고한다.
- **학교폭력대책자치위원회**: 학교폭력 사안에 대해서 피해학생에 대한 적합한 보호조치와 가해자에 대한 적절한 조치는 학교폭력대책자치위원회에서 심의하여 학교의 장에게 요청한다. 이때 피해학생 측과 가해학생 측의 진술을 청취하고 자치위원끼리의 협의를 통해 피해학생 보호조치와 가해학생 처벌 조치의 수위를 결정한다.

자치위원회는 피해학생의 보호를 위하여 필요하다고 인정될 때에는 피해학생에 대하여 심리상담 및 조언, 일시보호, 치료 및 치료를 위한 요양, 학급교체, 그 밖에 피해학생의 보호를 위하여 필요한 조치(수 개의 조치를 병과하는 경우를 포함한다)를 할 것을 학교의 장에게 요청한다. 다만 학교의 장은 피해학생의 보호를 위하여 긴급하다고 인정하거나 피해학생이 긴급보호의 요청을 하는 경우에는 자치위원회의 요청 전에 심리상담 및 조언, 일시보호 및 그 밖에 피해학생의 보호를 위하여 필요한 조치 등을 할 수 있다. 이 경우 자치위원회에 즉시 보고하여야 한다(「학교폭력 예방 및 대책에 관한 법률」 제16조).

자치위원회는 피해학생의 보호와 가해학생의 선도ㆍ교육을 위하여 가해학생에 대하여 피해학생에 대한 서면사과, 피해학생 및 신고ㆍ고발 학생에 대한 접촉, 협박 및 보복행위의 금지, 학교에서의 봉사, 사회봉사, 학내외 전문가에 의한 특별 교육이수 또는 심리치료, 출석정지, 학급교체, 전학, 퇴학처분조치(여러 개의 조치를 병과하는 경우를 포함한다)를 할 것을 학교의 장에게 요청하여야 한다. 다만 퇴학처분은 의무교육과정에 있는 가해학생에 대하여는 적용하지 아니한다.

자치위원회 또는 학교의 장이 학교폭력 사안에 대해 피해학생과 가해학생에게 내린 조치에 대하여 이의가 있는 피해학생 또는 그 보호자는 그 조치를 받은 날부터 15일 이내, 그 조치가 있음을 안 날부터 10일 이내에 지역위원회에 재심을 청구할 수 있다.

자치위원회가 가해학생에 내린 전학 또는 퇴학처분 조치에 대하여 이의가 있는 학생 또는 그 보호자는 그 조치를 받은 날부터 15일 이내, 그 조치가 있음을 안 날로부터 10일 이내에 「초ㆍ중등교육법」 제18조의3에 따른 시ㆍ도학생징계조정위원회에 재심을 청구할 수 있다.

6) 학교폭력 사안 처리 10대 유의사항

학교폭력은 예방이 최우선적으로 중요하지만, 만약 사안이 발생하면 법령에 근거한 절차에 따라 신속하면서도 적극적으로 대응하는 것이 중요하다. 학교폭력 사안을 장기화하지 않고 불필요한 민원 발생을 줄이기 위해 유의하여야 할 사항은 다음과 같다(http://stopbullying.or.kr).

- 학교폭력 사안 조사는 방과후 등 수업 시간 이외의 시간을 활용한다. 수업 시간을 이용한 조사는 관련되지 않은 학생의 학습권을 침해하여 민원의 소지가 있다.
- 사안 조사 시 강압적인 언어를 사용하여서는 안 된다. 조사과정에서 강압적인 언어 사용은 관련자와의 감정적인 싸움으로 변질될 수 있으며, 향후에 가해자 또는 관계자가 교사의 강요에 의한 거짓 진술이라고 주장할 수 있는 빌미를 제공할 수 있다.
- 학교폭력대책자치위원회를 개최할 경우에 가해자와 피해자의 출석요청은 반드시 서면으로 하고 서면진술 진술권 포기 동의 등 불출석 시 조치방법을 서면으로 안내하여 이에 대한 향후 시비를 방지하여야 한다.
- 학교폭력대책자치위원회 결과는 반드시 '학교장 명의'로 서면통보하고, 재심 등 불복절차(「행정절차법」 제24조 제1항, 「학교폭력예방 및 대책에 관한 법률」 제17조의2)를 안내한다. 이러한 법적 절차의 준수는 학교폭력 사안 처리의 절차적 하자를 제기하는 민원을 예방할 수 있다.
- 학교폭력 사안은 반드시 학교폭력대책자치위원회에서 다루어야 한다. 이를 어기고 선도위원회에서 다루는 것은 명백한 법 위반이 된다. 학교폭력 사안을 선도위원회에서 다룰 경우에 피해학생이나 학부모가 학교폭력의 은폐나 축소 또는 학생부 기재 회피를 위한 것이라고 오해할 가능성이 있다.
- 학교폭력대책자치위원회에서 피해학생에 대한 조치결정 시 피해학생 및 보호자의 의견을 반드시 청취한다. 피해학생이나 학부모가 반대하는 조치를 할 경우에 거부할 가능성이 높다.
- 공개 자료와 비공개 자료를 명확히 구분하고 공개 또는 비공개 의무를 준수한다. 학교폭력대책자치위원회의 회의록과 같이 법률상 근거가 있는 경우를 제외하고, 가해자와 피해자 목격자 등의 진술서 등 사안 조사 자료는 비공개를 원칙으로 한다. 이는 「학교폭력 및 대책에 관한 법률」 제21조 비밀누설 금지 의무에 규정되어 있으며, 학교폭력예방 사안과 관련하여 학생 및 학부모의 보호 측면에서 매우 중요하다.
- 일사부재리의 원칙을 적용하여 동일한 사안에 대하여 재심 성격의 학교폭력대책자치위원회를 개최하여서는 안 된다.

- 성범죄 관련 사안을 인지한 경우에는 반드시 수사기관에 즉시 신고한다. 이는 「아동·청소년의 성보호에 관한 법률」 제22조 제2항에 따른 신고의무를 준수하는 것이다.
- 학교폭력 사안 발생 시 초기에 사안 처리를 적극적으로 하여 가해학생과 피해학생, 그리고 그들의 보호자와 신뢰를 구축하기 위해 노력해야 한다. 사안 처리와 관련하여 학부모가 학교, 교사에 대해 신뢰하지 못할 경우 학교의 사안 처리에 만족하지 못하고 사안이 장기화되는 사례가 많다.

2. 안전사고

교사에게 학교안전사고는 흔히 겪을 수 있는 문제 중의 하나다. 전국적으로 매년 십여 만 건 이상의 학교안전사고가 발생한다. 학교안전공제회에 접수된 학교안전사고 통계에 따르면, 2012년에 100,365건의 학교안전사고가 접수되었다. 학교안전사고는 학생이 물리적인 힘에 노출되거나, 넘어지거나, 다른 사람과 충돌하거나, 미끄러지거나, 떨어지는 등 여러 형태로 나타나며, 이로 인해 머리, 발, 손, 다리, 팔, 치아, 흉 복부 등 다양한 신체부분에 피해를 입고 있는 것으로 나타나고 있다(학교안전공제중앙회 사고발생통계, 2012).

교사가 교육하던 중 또는 담임을 맡고 있는 학급의 학생이 학교 안전사고를 당하였을 경우에 갖는 심적 부담이나 경제적 부담은 상당히 클 수 있다. 이에 대비하여 정부는 학교안전사고를 예방하고, 학생, 교직원 및 교육활동 참여자가 학교안전사로로 입은 피해를 신속하고 적절하게 보상하기 위한 학교안전사고보상공제 사업을 실시하고 있다. 교사로서 학교안전사고가 발생하지 않도록 예방하는 것이 중요하지만, 안전사고가 발생하였을 경우에 적절한 대응을 할 수 있어야 한다.

1) 안전사고 발생 시 대처법

학교안전사고 발생 시 교사는 다음과 같이 대처해야 한다(대구광역시교육청, 2012).

● **과학실험 중 사고**

　○○초등학교 4학년(남)

　• 사고개요: 2008년 12월 17일 14시 40분경 사고학생은 방과후 과학실험부 수업에서 식초와 탄산수소나트륨을 재료로 하는 실험을 마치고 약품을 수거하던 중 ○○○ 학생과 장난을 치다 식초가 눈에 튀어 각막손상 진단을 받은 사고

● **수영장에서 학교 현장체험 학습 중 사고**

　○○초등학교 2학년(남)

　• 사고개요: 2008년 8월 14일 9시 40분경 사고학생이 ○○수영장에서 학교 현장체험 학습을 하던 중 음식을 먹고 바로 물에 들어갔다가 물에 빠져 뇌손상 진단을 받은 사고

● **방과후 활동 중 쉬는 시간 사고**

　○○초등학교 2학년(남)

　• 사고개요: 2008년 1월 15일 사고학생이 방학 중 방과후 활동으로 ○○초등학교에 서 실시한 사물놀이에 참가하여 쉬는 시간에 창문으로 올라가 장난을 치던 중 3층 창 밖으로 추락하여 양측 대퇴부 원위부 골절, 좌측 주관절부 척골 주두골절, 우측 하악골 골절상 진단을 받은 사고

● **미술실 시설물에 의한 사고**

　○○중학교 1학년(여)

　• 사고개요: 2009년 4월 7일 15시 40분경 사고학생이 미술실에서 미술도구를 정리하 던 중 나무 사다리의 튀어나온 못을 미처 발견하지 못하고 밟아 발바닥에 상처 를 입게 된 사고

출처: 학교안전공제중앙회(2010).

(1) 신속한 응급조치 및 구호활동

　교과 시간 및 쉬는 시간, 점심시간 등에 안전사고가 발생했을 경우 일차적으로 담임교사는 신속하고 침착하게 부상당한 학생을 보건실로 이동시켜야 한다. 담임 교사의 섣부른 판단에 따라 경미한 사고로 생각하고 넘어가 버려서 추후 아동의 상 태가 심각해진다면 그 책임은 모두 담임교사에게 있기 때문에 반드시 보건실로 이 동시키도록 한다. 상황이 심각한 경우 또는 학교외부에서 행사 중 안전사고가 발 생한 경우 119에 신고하거나 신속하게 병원으로 후송해야 한다.

(2) 잔류학생에 대한 안전 및 후속 조치하기

후송 등 긴급하게 대처할 사안 발생 시 잔류 학생에 대한 안전 및 후속 조치를 취하여야 한다.

(3) 학교장에게 보고 및 학부모에게 통보

안전사고가 발생하였을 경우에 즉시 해당 학생의 보호자에게 연락을 하여 사고가 난 경위와 현재 학생의 상태를 가감 없이 전달하여 차후에 오해가 발생할 소지를 미연에 방지하는 것이 좋다. 또한 학교장에게 안전사고에 대해 보고한다. 입원치료 등 중대 인명 피해 사안 발생 시에는 신속하게 교육청으로 1차 구두 보고(학교 사안 인지 즉시: 1시간 이내)하고 2차 서면 보고(6하 원칙에 의거 5시간 이내)를 실시한다.

(4) 사고 경위 파악 및 증빙자료 확보

안전사고에 대해서 목격자의 증언을 청취하고 및 증거자료를 확보하여야 한다. 사고 경위를 조사할 때는 학생의 인권을 존중하고 심리적·정서적 안정에 유의하여야 한다. 사회적으로 물의를 야기할 우려가 있을 경우에는 개인적인 견해 표명을 자제한다. 사안에 따라 필요한 경우 교감, 학생부장, 설득력 있는 교사 등으로 대책위원회를 구성하여 발언 창구를 단일화함으로써 불필요한 오해의 발생 가능성을 사전에 예방한다.

(5) 불편부당한 처리

가해학생과 피해학생이 있을 경우 어느 한쪽을 편드는 인상을 주지 않도록 유의하여야 한다. 가해학생과 피해학생은 별도로 상담하는 것이 좋으며, 학부모상담을 통해서 학생지도에 협조를 구한다. 또한 피해학생에 대한 위문, 위로 등 성의 있는 자세로 신뢰를 구축하여야 한다.

(6) 조속한 안정화 조치 및 안전사고 재발 방지를 위한 추수지도

안전사고 발생 및 사고 처리 이후에 학교와 학생의 안정을 위해 노력하여야 하고 안전사고 재발 방지를 위한 대책을 수립하여 시행하여야 한다.

(7) 학교배상책임공제 제도의 적절한 활용

안전사고와 관련하여 분쟁이 발생하였을 경우에는 학교배상책임공제 제도를 활용한다. 학교배상책임공제에서는 피공제자 대상 상담, 학부모와의 합의ㆍ절충ㆍ중재, 소송대행 등의 법률지원, 교직원 대상 경호서비스 등을 시행하고 있다.

예시자료 5 학교 안전사고 처리 절차

단 계	처리 절차	유의점
사안 발생		
초기 대응	• 119 신고 • 현장 응급처치 및 보건실 및 인근병원 후송 • 담임 또는 교과교사는 반드시 병원까지 동행하여 외상이 없더라도 진단검사 실시	• 신속한 응급조치 및 구호활동
사안 조사	• 사고경위 파악 및 일지기록 6하 원칙에 따라 보고 　-사고발생 일시 및 사고 관련자 학년 성별 등 　-사고 원인 및 목격자 진술 　-교사 직무수행 및 사후조치 내용 반드시 포함 • 사고 즉시 학부모에게 연락하여 사고경위를 알려 주고 학생을 인계하여야 함	• 학교장 보고 및 학부모 연락
사안 처리	• 공제급여관리 시스템(www.schoolsafe.or.kr) 　-지체없이 사고 통지(사고 발생 시 담당 교사) • 치료 후 공제 급여 청구(사고 발생 시 담당 교사) • 공제회 　-학부모에게 송금 및 학교에 결정 내역 통지	• 공제회 사고통지 및 보상 청구
사안 종결	• 담임교사: 학부모에게 처리결과 확인 및 위로	사안 종결

2) 학교안전공제회 사고통지 및 공제

안전사고에서 민감한 사안 중에 하나가 바로 치료비에 대한 부분이다. 골절, 찰과상 등과 같은 경미한 부상은 상관없겠지만 눈, 치아와 같이 신체의 중요한 기관을 다쳤을 경우는 치료 비용이 만만치 않다. 과거에는 학교에서 안전사고가 발생하면 그 치료 비용을 교사 또는 학생 개인이 부담하였지만 다행히도 현재는 학교교육활동 중 발생한 학생의 안전사고에 대해 학교를 대신하여 학생의 손해를 보상해 주는 학교안전공제회가 설립되어 운영 중에 있다.

「학교안전사고예방 및 보상에 관한 법률」에서는 학교안전사고를 '교육활동 중 발생한 사고로서 학생·교직원 또는 교육활동 참여자의 생명 및 신체에 피해를 주는 모든 사고 및 학교급식 등 학교장의 관리·감독에 속하는 업무가 직접 원인이 되어 학생·교직원 또는 교육활동참여자에게 발생하는 질병으로서 대통령령이 정하는 것을 말한다.'라고 규정하고 있다. 학교수업 또는 특별활동 중에 발생한 사고로 신체상의 손해를 입은 경우 보상금을 신청할 수 있으며, 자살, 자해, 천재지변, 가해자 등으로부터 배상을 받을 수 있는 경우, 동일한 손해로 다른 곳으로부터 손해의 보상을 받을 경우, 등·하교 시 사고 등은 보상에서 제외한다(조동섭 외, 2008).

학교안전공제회는 대상에 따라 지역안전공제회에서 일을 처리하는 경우와 중앙안전공제회에서 일을 처리하는 경우로 다음과 같이 나누어진다. 교원이 교육활동 중 사고가 발생하여 학생의 학부모로부터 민사상의 배상을 요구받는 경우 지역안전공제회에서 학교배상책임공제 항목에 해당하는 업무대행서비스를 실시하고 있다.

(1) 지역안전공제회

- 교사 및 학생이 교육활동과 관련된 활동 중에 발생한 사고인 경우
- 교육활동 중 사고가 일어나 학교를 대상으로 배상 책임이 발생한 경우
- 교육활동 중 교사의 인솔 책임에 따른 배상 책임 발생 시

(2) 중앙안전공제회

학교 내·외에서 교육활동 중 교육활동자(학생, 교사 및 교육활동 참여자 제외) 이외의 제3자에게 발생한 신체 및 재산상의 피해인 경우(학교배상책임공제)

학교안전사고와 학교안전공제회의 보상사례

◗ 체육대회 연습 중 치아 부상
　　○○초등학교 2학년(여)
• 사고개요: 2008년 4월 3일 사고학생은 체육시간에 강당에서 반 학생들과 교내체육대
　　　　　회 단체 종목인 놋다리밟기 연습 중 다른 학생과 충돌하여 넘어지면서 바닥
　　　　　에 안면을 부딪혀 치아가 파열되는 사고를 당함
• 사고원인: 전방주시를 철저히 하고 자신의 신체를 보호하여야 할 의무 소홀
• 예방대책: 체육활동 시 사전 준비운동과 사고예방교육 강화
• 처리경과
　－공제회: 요양급여 지급
　－보상심사위원회: 추가 요양급여 지급 결정
　－보상재심사위원회: 추가 요양급여 지급 재결

출처: 학교안전공제중앙회(2010).

3) 안전사고로 인한 교권침해 대응 요령

(1) 교권침해 상황 및 대처방법

안전사고가 발생하였을 경우에 학교장 또는 관련 교사에게 금전보상요구, 폭언·폭행·협박, 부당한 인사요구, 허위사실 유포, 민·형사상 소송제기 등 부당한 교권침해가 발생할 수 있다. 각 교권침해 상황별 대처 방법은 다음과 같다.

예시자료 6 교원 침해 상황과 대처방법

교권침해 상황	대처방법
학교장 또는 담당교사에게 도의적인 금전보상 요구 시	• 금전 보상 요구에 절대 응하지 말고 관계기관과의 적법한 절차에 따른 처리 결과대로 처리한다는 점 통보 • 시·도교육청학교안전공제회에 요청하여 법적 절차(소송·법률 지원)에 따라 처리
학교에 난입하여 폭언, 폭행, 협박	• 경찰서 신고, 증빙자료(목격자 진술서) 확보 • 학교장은 관할 교육지원청에 사안 보고 • 교원에 대한 협박·폭행·폭언 등으로 해당 교원 또는 학교교육에 과중한 피해를 입혔다고 판단되면 학교장이 관련자를 사법기관에 고발하도록 권고
학교장 또는 교육청에 담임교체, 전보, 징계 등 부당한 인사 요구	• 교원의 신분상의 권리와 적법한 처리 절차를 안내하고, 계속 부당한 요구 시, 학교교육 분쟁조정위원회에 심의 요청
허위사실 또는 과장된 사실 언론 유포 및 민원제기 시	• 경과일지에 자세히 기록 • 증거 확보 후 학교장이 해당언론사 및 민원제기인에게 정정보도 요구 • 시·도교육청 교직원 무료법률상담서비스에 법률상담 의뢰
민·형사소송제기	• 시·도교육청학교안전공제회를 통해 변호사 선임 후 적극 대응

교권침해 상황 발생 시 교원단체의 지원을 받는 경우가 있으므로 적극적으로 활용할 필요가 있다.

금전 요구의 예

1. 개 요
- '01. 6. 11. 도자기공예 현장학습 후 다음 목적지로 출발하기 위해 승차하던 중 먼저 승차하여 앉아 있던 남학생이 올라오는 여학생에게 욕설을 함
- 이에 여학생이 승차하여 앉아 있던 남학생을 발로 차서 남학생의 치아를 부러뜨림
- 당시 인솔교사는 학습현장에서 학생에게 마무리 교육 중이었음
- 피해학생의 학부모는 담임교사에게 책임이 있다며 300만 원을 요구함

2. 한국교원단체총연합회의 지원
- 관계 법령 검토 결과 담임교사에게 손해배상책임을 묻기가 어렵다고 판단함
- 학교안전공제회에 치료비 요청 및 가 · 피해학생 학부모와 합의토록 유도하고 피해학생 학부모의 요구는 서류로 수령할 것을 전달

3. 결 과
가 · 피해 학생 학부모 간의 완전 합의로 교사와 학교 측의 피해 없이 종결됨

출처: 한국교원단체총연합회(2002).

---

(2) 교권침해 사안 처리 점권

교권침해 사안 발생 시 다음과 같은 처리 절차를 거치게 된다.

예시자료 7 교권침해 사안 처리 절차

단 계	조치내용	유의점
사안 발생	• 사안 개요 파악(교사 중심) • 학교장에게 즉시 보고	• 사안 관련 현장 증거 확보 　- 성폭력 사안 비밀엄수 준수
1차보고 (사안 인지 즉시)	• 절차 　학교 → 교육지원청 → 시·도교육청 　- 교원: 　- 학생:	• 학교 자체 대책반 구성 • 사안 발생 30분 이내 의무 보고 • 교육청 차원 지원 시스템 구축(보고받은 후 1시간 이내)
피해교사 보호조치	• 피해교사 상담 및 안전조치 • 상해의 경우 병원 호송(동행자 지정) • 법률적 처리 피해자 의견 수렴	• 학생이 가해자일 경우 학부모에게 통지 및 상담(필요 시 전문가 상담 및 치료 병행 조치) • 2차 피해 발생 방지 및 피해교사 업무 대행자 배치
사안 조사	• 동기, 내용, 시기, 관련자 등 조사 • 가해자와 피해자 양측 면담 실시 • 증거 자료 확보 • 법률적 조치 여부 결정	• 사고 경위 파악 및 일지 기록 • 학생 관련 학생징계위원회 개최 • 동료 교직원에 의한 사안은 교육청과 협의 후 법률적 조치 결정
2차보고 (5시간 이내)	• 사안 조사내용을 바탕으로 6하 원칙에 따른 상세 보고 • 보고 절차는 1차 보고와 동일	• 학생 안전사고 관련 교권침해 사안 발생 시 학교안전공제회에 소송·법률·경호 지원 요청(7일 이내 통지 의무)
법률적 조치	• 피해 교원과 학교장과의 협의 후 결정 • 중대사안 여부에 따라 학교장이 고발 • 학교 자체 고발이 어려울 경우 교육청과 사안 협의	• 교직원 무료 법률 상담을 통한 법률적 판단(교육청 법무담당) 　- 교사 학부모(일반인) 간 분쟁 발생 시 학교교육 분쟁조정위원회를 통한 적극적 대처
사후처리	• 재발 방지 대책 강구 • 가해자(학생)·피해자 상담 및 치료	• 지속적인 관찰을 통한 재발 여부 확인 • 상담활동 강화

3. 학교폭력 및 안전사고 대응 역량 평가하기

🌑 다음의 학교폭력 사례를 보고 내가 담임이라면 어떻게 대처할지를 생각해 보시오.

> 같은 반 친구인 영희, 희애, 순희, 은정은 2013년 3월경부터 배타적으로 어울리는 작은 집단을 형성하여 지냈다. 영희가 집단을 주도하면서 은정을 배척하였다가 다시 끼워주는 것을 되풀이하였다. 여름방학 이후부터는 은정이 말을 걸어도 아무런 대답을 하지 않는 등 은정을 의도적으로 배제하고, 은정이 입은 옷에 대해서 놀리거나 점심시간에 학교 급식소에서 은정이 같은 식탁에 앉아 식사하려고 할 때 다른 식탁으로 옮겨 피하기도 하였다. 은정은 이러한 일을 겪고 엄마에게 자신이 왕따라고 전학시켜달라고 요청하고 죽을 것 같다고 하고 있다.

🌑 다음의 안전사고 사례를 보고 내가 담임이라면 어떻게 대처할지를 생각해 보시오.

> 체육시간에 학생신체능력검사 중 마지막 50m 달리기를 하기 위하여 체조 및 순환운동 등을 마치고 사고학생(여)이 50m 달리기를 실시한 이후 기록 확인을 위해 기록자에게 걸어오던 중 쓰러져 의식이 없다.

🌑 학교폭력 및 안전사고 대응 자기 점검표

점검내용	예	아니요
학교폭력의 유형을 알고 있다.		
학교폭력 사안 중 우선출석정지를 할 수 있는 상황을 알고 있다.		
학교폭력 사안 중 우선출석정지를 할 수 있는 상황의 처리방법을 알고 있다.		
담임교사가 자체적으로 해결할 수 있는 학교폭력 상황을 알고 있다.		
담임교사가 자체적으로 해결할 수 있는 학교폭력 사안의 처리방법을 알고 있다.		
학교폭력 사안 발생 시 기본적인 교사의 대처 자세를 알고 있다.		
학교폭력 관련 교내 담당 조직을 파악하고 있다.		
학교폭력 사안의 처리 절차를 알고 있다.		

학교안전사고 발생 시 대처요령을 알고 있다.		
학교안전사고와 관련하여 교권이 침해되었을 경우에 처리 절차를 알고 있다.		

🌱 참고문헌

관계부처합동(2012). 학교폭력근절 종합대책.

교육과학기술부(2012). 학교폭력 사안대응 기본지침.

대구광역시교육청(2012). 창의적 체험활동 안전사고 예방 매뉴얼.

인천광역시교육청(2013). 2013년 학교폭력대책자치위원회 운영가이드.

조동섭, 이승기, 송윤성, 이현석, 장수진(2008). 새내기 교사가 알아야 할 교직실무 100가지.
　　　　　파주: 교육과학사.

학교안전공제중앙회(2010). 학교안전사고 사례집.

한국초등상담교육학회(2013). 학교폭력의 예방 및 대책. 서울: 학지사.

한국교원단체총연합회(2002). 교권침해예방 현장지침서.

※ 관련 법률

「학교안전사고예방 및 보상에 관한 법률」

「학교폭력예방 및 대책에 관한 법률 시행령」

「학교폭력예방 및 대책에 관한 법률」

※ 참고 홈페이지

http://stopbullying.or.kr

내 용

저자소개

- **조동섭**(제1장)
  서울대학교 대학원 교육학 석사·박사
  전 대통령자문 교육인적자원정책위원회 전문위원
      국가교육과학기술자문회의 수석자문위원
      한국교원교육학회 회장
  현 경인교육대학교 교수

- **김왕준**(제13장)
  서울대학교 대학원 교육학 석사
  미시간 주립대학교 박사
  현 경인교육대학교 교수

- **안병천**(제10장, 제12장)
  경인교육대학교 초등교육행정학 석사
  홍익대학교 교육학 박사
  현 인천검단초등학교 교사

- **김수미**(제2장, 제7장)
  경인교육대학교 초등교육행정학 석사
  현 인천발산초등학교 교사

- **김민규**(제4장, 제6장)
  경인교육대학교 초등교육행정학 석사
  현 안산삼일초등학교 교사

- **서석호**(제3장, 제8장)
  경인교육대학교 초등교육행정학 석사
  현 인천연수초등학교 교사

- **문준영**(제5장, 제11장)
  경인교육대학교 초등교육행정학 석사과정
  현 인천연수초등학교 교사

한 손에 잡히는
학급경영과 교직실무

2014년 2월 5일 1판 1쇄 인쇄
2014년 2월 10일 1판 1쇄 발행

지은이 • 조동섭 · 김왕준 · 안병천 · 김수미 · 김민규 · 서석호 · 문준영
펴낸이 • 김진환
펴낸곳 • (주)**학지사**

　　　　　　　121-838 서울특별시 마포구 양화로 15길 20 마인드월드빌딩 5층
대표전화 • 02)330-5114　　　　　팩스 • 02)324-2345
등록번호 • 제313-2006-000265호

홈페이지 • http://www.hakjisa.co.kr
커뮤니티 • http://cafe.naver.com/hakjisa

ISBN 978-89-997-0287-7　93370

정가 17,000원

인터넷 학술논문 원문 서비스 **뉴논문** www.newnonmun.com

이 도서의 국립중앙도서관 출판시도서목록(CIP)은 서지정보유통지원시스템
홈페이지(http://seoji.nl.go.kr)와 국가자료공동목록시스템(http://www.
nl.go.kr/kolisnet)에서 이용하실 수 있습니다.
(CIP제어번호: CIP2014002147)